Ele diz sim, ela diz não

Jeff Kahn *Annabelle Gurwitch*

Ele diz sim, ela diz não

Uma história de amor

Tradução
Helena Deccache

CIP-BRASIL. CATALOGAÇÃO-NA-FONTE
SINDICATO NACIONAL DOS EDITORES DE LIVROS, RJ.

G988e
Gurwitch, Annabelle
    Ele diz sim, ela diz não: uma história de amor / Annabelle Gurwitch e Jeff Kahn; tradução: Helena Deccache. – Rio de Janeiro: BestSeller, 2011.

Tradução de: You say tomato, I say shut up: a love story
Inclui Bibliografia
ISBN 978-85-7684-360-3

1. Gurwitch, Annabelle – Casamento. 2. Kahn, Jeff – Casamento. 3. Casamento – Estados Unidos – Estudo de casos. 4. Relação homem-mulher – Estados Unidos. 5. Pessoas casadas – Estados Unidos – Biografia. 6. Responsabilidade dos pais – Estados Unidos – Estudo de casos. I. Kahn, Jeff. II. Título.

10-6040
                        CDD: 306.8109
                        CDU: 392.3(73)

Texto revisado segundo o novo Acordo Ortográfico da Língua Portuguesa.

Título original norte-americano
YOU SAY TOMATO, I SAY SHUT UP: A LOVE STORY
Copyright © 2010 by Annabelle Gurwitch e Jeff Kahn
Copyright da tradução © 2011 by Editora Best Seller Ltda.

Publicado mediante acordo com Laura Dail Literary Agency, Inc
350 Seventh Avenue, Suite 2003, New York, New York, 10001.

Capa: Bruna Benuegnù
Editoração eletrônica: Abreu's System

Todos os direitos reservados. Proibida a reprodução, no todo ou em parte, sem autorização prévia por escrito da editora, sejam quais forem os meios empregados.

Direitos exclusivos de publicação em língua portuguesa
para o Brasil adquiridos pela
EDITORA BEST SELLER LTDA.
Rua Argentina, 171, parte, São Cristóvão
Rio de Janeiro, RJ – 20921-380
que se reserva a propriedade literária desta tradução

Impresso no Brasil

ISBN 978-85-7684-360-3

Seja um leitor preferencial Record.
Cadastre-se e receba informações sobre nossos lançamentos e nossas promoções.

Atendimento e venda direta ao leitor:
mdireto@record.com.br ou (21) 2585-2002

Para nossos pais, que nos aguentaram
quando éramos crianças.
Para nosso filho, que nos aguenta
agora que somos pais.

Em memória ao Dr. Columbus McAlpin,
que salvou a vida de nosso filho,
nossa sanidade e, talvez, nosso casamento

Sumário

	Introdução	9
1.	Vamos louvar a intolerância à lactose	18
2.	A história do Saab	32
3.	Um conto sobre duas gatinhas	48
4.	28 dias depois	66
5.	Faminto como um lobo	84
6.	Os anos de insônia	103
7.	O plano de 18 anos	127
8.	De volta à ativa	147
9.	Se arrastando até Cooperstown	159
10.	Eles não são os sogros de nossos pais	175
11	Eu estou bem, você é o problema	193
12	Vale tudo	213
13	O futuro cônjuge em choque	229
14	O estado de nossa união	247
	Agradecimentos	262
	sobre os autores	264

Introdução

O casamento é a única guerra em que você dorme com o inimigo.

CALVIN TRILLIN

Ele diz

Aos 12 anos, fui com minha turma de inglês do sexto ano assistir ao filme *Romeu e Julieta*, de Franco Zeffirelli. Daquele momento em diante, sonhei que algum dia encontraria minha Julieta. Eu me casaria com ela e a amaria com a mesma paixão e intensidade de Romeu. O fato de os dois terem morrido e o casamento ter durado menos de três dias não parecia afetar minha fantasia. Mesmo que vivessem, acho que o relacionamento deles não teria sobrevivido. Vamos encarar os fatos. Ser emocionalmente intenso, sexualmente energético e transcendentalmente eloquente o tempo todo pode começar a dar nos nervos de qualquer pessoa. No entanto, se eu encontrasse alguém para amar com apenas uma fração do amor que aquele Montéquio sentia por sua Capuleto, então me casar valeria a pena.

Foi uma busca longa, fútil e, muitas vezes, patética, até que conheci Annabelle. Pensei que finalmente encontrara minha linda, talentosa e superarticulada Julieta. Infelizmente, meu romantismo se perdeu em Annabelle, porque ela não é exatamente a pessoa mais romântica do mundo e não demonstra muito os sentimentos, a não ser em relação à gata e certos cortes de carne.

Em nosso relacionamento, sou eu quem lembra e faz planos para comemorar aniversários e até o Dia dos Namorados. Em função de seu dia a dia intenso e seu esquecimento geral, considero-me com sorte se Annabelle estiver na cidade no dia do meu aniversário, e mais ainda se lembrar da data. Para ganhar um presente dela, tenho de escolher o que quero (digamos um relógio antigo), comprar e entregar a ela o recibo, para ela me reembolsar. É por isso que me surpreendi, no ano passado, quando Annabelle se gabava por ter comprado o presente de Natal perfeito para mim. Ela falava sem parar sobre como eu ia adorar o presente e como ela pensara em mim dessa vez. Bom, o Natal veio e se foi. Então, por volta de março, finalmente perguntei a ela sobre o "presente perfeito" que nunca ganhei. Ela rapidamente respondeu que o site em que fizera o pedido informou que o item fora cancelado. Isso foi o mais perto que cheguei de receber um presente de Annabelle.

Basicamente, tínhamos necessidades conjugais diferentes. Annabelle deseja um diálogo intelectual com um acadêmico disposto a trocar a caixa de areia do gato. Eu anseio por um casamento que seja uma inspiração romântica, a celebração das paixões e, a longo prazo, a oportunidade maravilhosa para experimentar coisas bem safadas, ao estilo Kama Sutra. Se você não está casado com alguém que mexe com você, qual é o sentido? O casamento deve ser romântico e ir além do mundano. Não quero apenas uma experiência conjunta e conveniente, uma maneira de rachar as contas e as compras de supermercado. Posso cuidar de mim mesmo. Cozinho, limpo, lavo minhas roupas e faço minhas compras. É verdade que o casamento tende a ser doméstico e pragmático, mas quero ser casado pelo que não tenho, pelo que falta em minha vida, ou seja, alguém que me entende e beija muito bem.

Sim, as pessoas adoram dizer que você e sua esposa devem ser "melhores amigos" no casamento. Talvez seja verdade. Annabelle e eu jantamos fora, vamos ao cinema, viajamos, jogamos tênis, trocamos e-mails e provocamos um ao outro, mas, no fim das contas, em vez de dar um abraço ou um aperto de mão, como faço com todos os meus outros "melhores amigos", prefiro que Annabelle se sente na minha cara.

Annabelle e eu só concordamos naquilo de que não gostamos: American Airlines; nós mesmos quando estamos perto de nossos pais; comédias românticas sobre mulheres lindas que planejam o casamento de todo mundo, mas não arrumam um cara para si mesmas; ou quando esses mesmos personagens começam a cantar e dançar num número claramente coreografado que deveria parecer espontâneo. Detestamos isso.

Ainda assim, meu amor por ela é como uma luz que se recusa a apagar. Adoro o cheiro dela, as risadas e os sons fofos que ela faz quando ficamos abraçadinhos na cama, à noite. Há algo nela que me vira do avesso e me inspira. Desde que nos conhecemos, ela tem sido minha musa. Minha razão de ser numa vida cheia de incertezas caóticas, inseguranças constantes e filmes bastante questionáveis. É por isso que me casei com ela.

Acredito que Annabelle e eu, como milhões de outras pessoas, estamos numa nova fronteira do casamento. Ela me disse que há milhares de livros de autoajuda que alegam esclarecer esse assunto. Tentei ler alguns, mas fico nervoso e os jogo contra a parede. Gosto de pensar nesses autores como os Daniel Boones e Davy Crocketts da nova fronteira do casamento. Se eles são Boones e Croketts, então você deve pensar em Annabelle e em mim, e em nosso livro como Donner Party. Espero que nosso livro funcione como um guia alegre para todos aqueles que viajam pela mesma estrada difícil e sinuosa do casamento, enquanto fazem o melhor possível para evitar os caminhos escolhidos, para não ficarem presas conosco num trecho congelante e chuvoso. É nesse espírito que queremos fazer você rir e talvez até aprender com nossa profunda falta de sabedoria e perspectivas deturpadas. Porque quando se trata de estar casado, Annabelle e eu somos os gurus do erro. Aproveite!

Ela diz

Tolstói certa vez disse que é mais fácil amar toda a humanidade do que um homem de cada vez. Não acho que ele se referia ao casamento, mas poderia ter sido o caso.

Eu não era o tipo de garota que sonhava em crescer, se casar e se aquietar. Nunca brinquei de me vestir de noiva. Nunca empurrei carrinhos de bebê com bonecas dentro. Não, eu andava por aí vestindo uniforme de *Jornada nas estrelas* e tinha trolls cujos cabelos eu incendiava, e depois os jogava no trânsito para vê-los serem esmagados. Eu era esse tipo de garota. Tudo bem, tinha Barbies, mas elas nunca eram esposas nem mães. A minha Barbie morava numa casa perfeita em Malibu, e a julgar pelos acessórios que a acompanhavam, seria justo dizer que ela passava a maior parte do tempo experimentando roupas justas de poliéster e fazendo as malas para viagens noturnas, levando apenas calcinhas e escova de dente. Para onde ela ia? Eu não sabia, mas estava satisfeita por ela não ter glândulas sudoríparas e gostava de seu estilo livre. Queria ser exatamente como ela, vestindo apenas roupas de segunda mão.

Foi uma surpresa, até mesmo para mim, quando decidi me casar. Pela segunda vez! Como prova de que sou péssima em relacionamentos, quando meu primeiro casamento acabou, minha família ficou do lado do meu ex-marido. Na segunda vez, eu não tinha um plano. Esperava acabar em algum lugar entre *Nosso amor de ontem* e *Quem tem medo de Virginia Woolf?*.

Jeff e eu constituímos uma família em que os pais trabalham. Fazer um casamento dar certo está cada vez mais difícil. Pela primeira vez desde a Segunda Guerra Mundial, o número de casais que completam 25 anos de casamento, um marco, está diminuindo. Cada vez menos pessoas sobem ao altar. Há mais lares de solteiros do que casados nos Estados Unidos. A fragilidade da economia complica ainda mais as coisas. Até agora, Nova York teve um aumento de 20% nos pedidos de divórcio, enquanto a Flórida sofreu queda de 18%, aparentemente

INTRODUÇÃO

porque os baixos preços dos imóveis tornam mais difícil para os casais se separarem financeiramente. O que isso nos diz? Que é um milênio ruim para a felicidade matrimonial? Essa tendência pode ser explicada por estudos que refutam a noção aceita, mas antiquada, de que o casamento nos deixa mais felizes. Felizmente, Jeff e eu já não éramos muito felizes, então seguimos em frente e sobrevivemos, aos trancos e barrancos durante 13 anos de casamento.

O primeiro de nossos erros está em nossa discussão sobre o propósito do casamento em si. Enquanto Jeff pensa no casamento como uma extensão do romance, eu fujo dele. Antes de nossa união, passava muito tempo no que acreditava ser uma busca pelo amor romântico, mas que agora vejo como tentativas de conseguir transar. Quando levo em conta todo o tempo que perdi pensando em transar, em tentar transar e realmente transando, fico impressionada. Sem mencionar no tempo que eu passava tentando me afastar das mesmas pessoas com quem havia dormido, quando a onda de dopamina passava, o que muitas vezes acontecia logo depois do sexo. Essa experiência me deixou muito desconfiada desse estado emocional tóxico que Jeff deseja, conhecido como "amor romântico". Já tive romances passageiros, mas poderosos, com certos trabalhos da literatura russa, com um par de sapatos Christian Louboutin e com a palavra "palanquin". Além disso, muitas vezes acreditei estar apaixonada por homens de quem eu não gostava e que não gostavam de mim, aliás, nem sequer falavam a mesma língua que eu. Fora isso, por mencionar romântico revisionista, Jeff pode relatar as coisas divertidas que fazemos juntos, mas ele parou de jogar tênis comigo porque não me acha competitiva o suficiente. Ele se esqueceu desse detalhe, então eu ganhei. Quem não é competitivo o suficiente agora, hein?

Correndo o risco de soar cuidadosa demais, vejo o casamento como uma expressão de nosso amor, sim, mas também como uma união para lidar com coisas práticas como criar filhos, cuidar de pais idosos e garantir um seguro de saúde a longo prazo. Existe algo que acabe com uma ereção mais rápido do que a frase "seguro saúde a longo prazo"? No entanto, os horrores dessas experiências humanas demais são mitigados (um pouco) se forem compartilhados e superados com alguém que você ama profundamente. Eu me sentei no rosto de muitos caras, mas eu não teria procurado nenhum deles, quatro vezes em dois meses, depois de uma cirurgia dental, como fiz com Jeff no verão passado.

Jeff e eu não somos incentivadores do casamento. Nunca diria a alguém para se casar, permanecer casado ou se separar — a menos que essa pessoa estivesse presa à ideia de "viver feliz para sempre". Nesse caso, diria que isso é loucura. Apenas o "para sempre" não faria mais sentido — "e eles viveram para sempre"? Ao contrário dos contos de fada popularizados pelos filmes da Disney, o muito mais antigo *Tales of the Arabian Nights* é concluído com uma mensagem muito mais prática para as crianças. Esses contos folclóricos terminam com o aviso: "eles viveram felizes até que apareceu Aquilo que destrói toda felicidade (aparentemente a morte)." Muito mais realista.

No fim das contas, se Jeff e eu conseguirmos chegar às elusivas bodas de prata, este volume será prova de nosso amor. Por outro lado, se acabarmos nos separando, depois de ler este livro ninguém ficará surpreso!

O que nos mantém juntos? Nosso filho que adoramos loucamente? A profunda ligação que temos? A empatia profunda que sentimos um pelo outro? O plano de saúde de Jeff ser melhor do que o meu, ou apenas a exaustão e a inércia? Não sei. Sempre penso na cena do filme *Os bons companheiros*, quando o personagem do Robert De Niro diz ao personagem de Lorraine Bracco para ir para o beco porque ele tem vestidos ótimos para ela. "Ande logo, ande logo", ele diz. Mas, ao perceber o perigo na voz dele, ela se vira e corre. Vejo nosso casamento mais como pelo beco do que até o altar. E se Lorraine continuasse andando? É verdade, ela poderia ter morrido, mas, antes de morrer, teria se deparado com vestidos ótimos.

Jeff diz que somos gurus do erro. Acho isso muito bom, pelo menos estamos alcançando algo, mesmo que seja o fracasso. Jeff espera que você aprenda alguma coisa. Não estou certa disso, mas se já se perguntou se mais alguém está tão confuso, desmoralizado ou surpreso em relação ao casamento tanto quanto você, tenha mais confiança. Nós estamos tendo. É nesse espírito que ofereço nossa história.

"Casamento é como aquele programa *Everybody Loves Raymond*, só que não é engraçado. Os problemas são os mesmos, só que no lugar dos risos estão os gritos."

Paul Rudd em *Ligeiramente grávidos*

economia no casamento

O número de casamentos nos Estados Unidos tem uma média de 2,25 a 2,4 milhões todos os anos desde a década 1980, mas um terço desse número é de pessoas que se casaram de novo, então talvez estas sejam responsáveis pela consistência dessa média.

esqueça a crise dos sete anos

Os pesquisadores da Universidade de Wisconsin publicaram descobertas que sugerem que a chama esfria em três anos.
"As pessoas começam a ficar menos felizes nas recepções dos casamentos" (Professor Larry Bumpass).

a familiaridade leva ao desprezo

Não é apenas uma anedota — menos realmente é mais.
Um ensaio chamado "The Lure of Ambiguity", escrito por acadêmicos de Harvard, MIT e da Universidade de Boston, deixa claro que, em estudos repetidos, quanto mais as pessoas sabiam a respeito umas das outras, menos gostavam umas das outras.

o que fiz por amor?

75% das tentativas de suicídio são decorrentes de problemas de relacionamento.
11% dos assassinatos nos Estados Unidos são cometidos por pessoas íntimas da vítima.

conseguimos sobreviver ao casamento?

Charles Darwin se casou com algum receio. Ele estudou o assunto cuidadosamente, catalogando os prós e contras do matrimônio. A lista dele incluía:

PRÓS:
Companhia e amizade constantes na velhice
Objeto para ser amado e gracejado
É melhor do que ter um cachorro
Alguém para cuidar da casa
Os encantos da música e da conversa fiada das mulheres
Um autorretrato com uma bela esposa sentada no sofá

CONTRAS:
Talvez brigas
Gastos e ansiedade com os filhos
Impossibilidade de ler à noite
Gordura e ócio
Menos dinheiro para comprar livros
Menos liberdade para ir aos lugares
Não ser forçado a visitar parentes

1
• • • •
Vamos louvar a intolerância à lactose

Beijar é um meio de aproximar tanto duas pessoas que elas não conseguem enxergar nada de errado uma na outra.

RENE YASENEK

Assim como o universo, todo casamento tem um começo, quer seja o Big Bang, a mão de Deus ou os sites de relacionamento judaicos. Há lugares no mundo onde o casamento ainda é arranjado pelas famílias. Consideramos essa prática impressionante, já que entramos em pânico quando nossos pais escolhem um restaurante para nós. O momento, o motivo e o lugar onde duas pessoas se conhecem e se tornam um casal muitas vezes podem indicar o tipo de casamento que elas podem ter um dia. Por exemplo, há vários casamentos que começam e terminam em bares. Nosso encontro com certeza foi o precursor do casal caótico, imprevisível e intolerante à lactose que acabaríamos nos tornando.

Ele diz

Era o ano de 1989, e eu era um jovem escritor morando em Nova York, trabalhando no programa não oficial da MTV chamado *Inden-*

tured Survitude Writing. Então, quando recebi uma ligação da Fox para escrever um filme para a TV, agarrei a oportunidade de ir para Los Angeles. As pessoas da Fox foram tão gentis que me hospedar no condomínio de Oakwood, onde os apartamentos foram pessimamente mobiliados e decorados nos anos 1970: tapetes felpudos, cozinhas pintadas na cor abacate e uma piscina cheia de iranianos peludos e de sungas minúsculas. Em seguida, fui a uma reunião com os produtores Bob e Lou, que estavam loucos para me convencer a escrever o filme "imperdível" deles. Eles não tinham enredo, nem personagens, nem ideias. Só tinham o título: Cooties. Bob e Lou viraram produtores de filmes depois de trabalharem com marketing e estavam convencidos de que assim que eu pensasse em um conceito, um enredo, em personagens, em diálogos e deixasse a coisa bem engraçada, eles criariam um verdadeiro império de brinquedos Cooties, videogames Cooties, um hotel-restaurante-cassino Cooties e um parque temático Cooties. Todos nós ganharíamos muito dinheiro com o filme *Cooties*! Evidentemente, Bob e Lou eram completamente loucos, mas estavam pagando a conta, então voltei para Oakwood para pensar sobre *Cooties*, o filme.

Uma semana depois, Bob e Lou telefonaram para saber como o roteiro estava indo. Animadamente, disse a eles "é melhor comprarem logo os bilhetes para o parque temático Cooties, porque estou com tudo!". Eu não havia escrito uma palavra sequer. Aliviados com minha mentira de que o roteiro estava indo muito bem, Bob e Lou me convidaram para me juntar a eles numa comemoração de *Rosh Hashaná*. Como regra, não vou a festas de ano-novo judaicas (elas tendem a ser muito judaicas para o meu gosto), mas Bob e Lou prometeram que haveria garotas bonitas, então pensei "por que não me aventurar numa noite judaica?". Assim que cheguei na festa, eu a vi ao fogão, cozinhando *latkes* de batata. Logo fui acometido pela sensação de que olhava para minha futura esposa. Munido de uma confiança oriunda dessa visão profética, me aproximei e comecei a flertar com a jovem dos *latkes*.

O primeiro nome dela era Annabelle — perfeito! O sobrenome era Gurwitch — terrível. Mas a parte do Annabelle era tão incrível que superou a parte do Gurwitch. Annabelle era encantadora, com pele de porcelana e cabelos da cor do outono em Vermont. Ela adorava Bob Dylan, Isaac Bashevis Singer e o Tao Te Ching — a trindade sagrada das coisas que eu também adorava. Flertamos, brincamos, rimos e sentamos perto um do outro durante o jantar. Fiquei tão encantado com ela que dei uma escapada para ligar para meu melhor amigo em Nova York e dizer que havia encontrado "a mulher certa". No final da festa, ela anotou seu nome, telefone e endereço num guardanapo. "É isso aí!", pensei, "Me dei bem. Para sempre seremos Annabelle e Jeff". Enquanto a levava até seu carro, ela me disse que tinha tempo livre porque seu marido estava numa escola de Artes em Chicago. Depois ela entrou no Honda e foi embora. Fiquei ali, chocado, sem ar, como se Mike Tyson tivesse me atingido na boca do estômago. Eu precisava de ar! "Me desculpe, o que, o que dela?" A mulher dos meus sonhos era casada com um estudante de Artes? Era algum tipo de piada para divertir Deus no *Rosh Hashaná*? Espero que Ele tenha gostado, porque eu fiquei arrasado.

De volta a Nova York, eu não conseguia parar de pensar em Annabelle. Meus amigos literalmente me pediam para calar a boca. Como quis o destino e, durante o ano e meio seguinte, tive de me deslocar de Nova York a Los Angeles a trabalho. Eu planejava meus voos para estar no Farmer's Market o café preferido de Annabelle na mesma hora em que ela estaria tomando seu cappuccino matinal. (Topei com ela uma vez por acaso e, apesar do barulho do meu coração disparado, consegui escutá-la dizer que tomava café ali quase todos os dias, naquele horário.) Enquanto trabalhava em LA, tentava vê-la sempre que podia, e até ousei escrever cartas de amor para ela. Algumas pessoas viam essas tentativas de conquistar o coração de Annabelle como algo romântico, outros enxergavam isso como perseguição e insistiam para que eu buscasse ajuda profissional. Em uma tarde ventosa, Annabelle e eu estávamos em Venice Beach, e eu a beijei. Foi o momento mais romântico e apaixonado de minha vida. Acabamos passando a noite no apartamento dela, porque o marido estudante de Artes não ficava muito tempo em casa. Acho que teríamos transado naquela noite, mas, infelizmente, havíamos comido pizza no jantar. Essa época precedeu as cápsulas da enzima lactase, e mais tarde o queijo acabou comigo. Foi preciso toda a minha concentração para não soltar pum ou desmaiar de dor.

No dia seguinte, acordamos nos braços um do outro, e Annabelle me olhou nos olhos e disse que tinha um casamento feliz e que nunca mais poderíamos repetir o que havia acontecido. Respondi que ela estava apenas se enganando. Como permaneceria casada se éramos feitos um para o outro? Annabelle ficou muito indignada. Ela queria que nos tornássemos amigos. De repente, resolveu se comprometer com seu casamento. Não podia acreditar que, depois de chegar tão perto, eu teria de passar o resto da vida sendo amigo da mulher de meus sonhos. Maldito queijo!

Não demorou muito até eu me mudar permanentemente para a Costa Leste e saber que Annabelle, a esposa feliz, tornara-se uma divorciada feliz e estava saindo com RJ, o amigo de um amigo. Ele conhecia minha obsessão pela namorada dele, mas não se preocupava, segundo meu amigo, porque era um diretor jovem e gostosão de Hollywood, com coisas mais importantes com que se preocupar. Tomar conhecimento disso fez com que meu ego se reduzisse ao tamanho de uma ova de peixe.

Meu amigo me convidou para ir com ele à festa de aniversário de Annabelle. Pensei que se eu fosse e paquerasse outras garotas na festa dela, ela ficaria com tanto ciúme que perceberia que estava apaixonada por mim, não por RJ. Meu plano engenhoso nunca se concretizou, porque só havia homens lá. Annabelle me ignorou e foi de homem em homem como uma abelha sobrevoa um jardim infinitamente florido. RJ estava sentado no sofá, como um adolescente petulante que enchera a cara e procurava um rosto para socar. Sem querer ser esse rosto e irritado por ser ignorado pela aniversariante, fui embora, achando que nunca mais veria Annabelle. Então fiquei chocado quando ela me ligou do nada, um ano e meio depois. Ela e RJ haviam terminado, e ela praticamente me implorava para ir à pré-estreia de sua apresentação solo. Durante a exibição, anotei algumas falas engraçadas. Assim eu poderia citá-las mais tarde, quando a elogiasse pelo trabalho excelente. Mas ela ficou lívida comigo, me acusou de trabalhar em meus roteiros durante a peça dela e desligou na minha cara quando telefonei para me explicar.

Fiquei arrasado, e foi por isso que me surpreendi quando, muitos meses depois, Annabelle apareceu à minha porta, sem avisar, com sua nova gatinha incrivelmente fofa. Annabelle estava a caminho de Nova York para atuar numa peça, e precisava desesperadamente que alguém tomasse conta de Stinky. Como ela tinha coragem de me pedir para cuidar da gatinha dela depois de brigar e desligar o telefone na minha cara? Olhei diretamente para Annabelle e disse "é claro que Stinky pode ficar. Será um prazer cuidar dela". Talvez ela finalmente fosse ver que cara ótimo eu era e se entregaria de corpo e alma. Stinky era uma gata muito carinhosa. Ela me seguia por toda parte, queria carinho o tempo todo, desejava toda a minha atenção e dormia agarrada comigo à noite. Stinky era tudo o que eu queria de Annabelle, porém mais peluda e fazia cocô na caixa de areia. Quando Annabelle voltou, ela não me entregou nem seu corpo nem sua alma, mas me deu uma cópia de *Leap of Faith*, de Soren Kierkegaard. O livro significava que eu devia continuar tendo fé nela? Nunca saberei. É muito entediante ler filosofia escandinava cristã. Nunca passei da dedicatória: "Obrigada por cuidar de nós, Annabella e Stinky."

Tentei aceitar o fato de que Annabelle e eu não ficaríamos juntos. A vida tinha de continuar, minha carreira engrenava, eu tinha muitos amigos, saía com mulheres de vez em quando e frequentava um terapeuta muito bom. Estava satisfeito com minha vida no dia em que olhei pela janela e vi Annabelle parada ao lado de um caminhão de mudanças. Ela ia, sem brincadeira, tornar-se minha vizinha. Fiquei chocado, empolgado, nervoso. Devia ser o destino, um sinal dos céus. Fui dar a ela as boas-vindas com uma garrafa de vinho. Depois telefonei para chamá-la para sair, mas a ligação em espera entrou antes de ela me atender. Dois minutos depois, ela disse que estava prestes a terminar a outra ligação e me colocou em espera de novo. Dei uma olhada num roteiro de *Seinfeld*. Passei fio dental nos dentes. Cinco minutos depois, Annabelle voltou dizendo que a chamada se estendia mais do que ela esperava, mas que logo falaria comigo. Me colocou de novo em espera. Fui fazer xixi, pagar minhas contas de telefone, gás e luz. Dez minutos depois, ela voltou para dizer que estava no meio de um dramalhão com o namorado da vez e perguntou se eu me importaria em aguardar mais um pouco. Lavei roupa, fiz uma omelete de tofu, comi, lavei e sequei a louça. Uns vinte ou trinta minutos depois, ela ainda não retornara. Desliguei e abandonei oficialmente qualquer esperança em relação a Annabelle. Saí de meu apartamento e me mudei para o mais longe possível, em Hollywood Hills, e torci para ela nunca me encontrar.

Mais de um ano depois, entrei num restaurante, e lá estava ela. Por alguma razão, Annabelle parecia estar genuinamente, talvez até demais, feliz em me ver. Perguntou para onde fui, por que me mudei, por que não telefonava para ela. Annabelle me deu o novo número de seu celular e me pediu para ligar para colocarmos o papo em dia. Minha parceira de trabalho na época disse que se eu telefonasse para Annabelle depois de tudo pelo que ela me fizera passar, ela pessoalmente bateria em mim. Garanti que não telefonaria. Disse que havia esquecido Annabelle e que qualquer que tenha sido o feitiço que há cinco anos ela lançara sobre mim, eu não telefonaria. Afinal, eu não era um completo idiota.

No caminho para casa, liguei para Annabelle e planejamos sair, isso confirmou mais uma vez que quando se trata de uma mulher jovem, bonita e louca, com sentimentos conflitantes em relação a mim, sou um completo idiota. Graças a Deus.

Ela diz
Quando tinha 20 e poucos anos, minha ambição na vida era estrelar adaptações de vanguarda de dramas expressionistas alemães, em porões sem aquecedor, longe dos teatros da Broadway. Esse objetivo não fui muito difícil de ser alcançado, principalmente quando você não está interessada em adquirir luxos como comida ou mobília. Mas depois de dez anos conseguindo, com dificuldade, uma renda em Nova York e morando num estúdio onde se podia, literalmente, estar na cama, abrir a porta e fritar um ovo ao mesmo tempo, era hora de conquistar novos mundos. Era o ano de 1989, e eu me mudei para um bairro de classe média de Los Angeles, cheio de aspirantes a atores, lares para pessoas com problemas mentais, abrigos e judeus religiosos. É um bairro conhecido pelos locais como a "cidadezinha dos atores". Havia muitos membros do sindicato dos atores. Você podia se sentar na varanda, estudar as falas para o teste, olhar para o outro lado da rua e ver pessoas nas varandas vizinhas, falando sozinhas, e saber que ou elas eram loucas ou tratava-se apenas de atores revisando suas falas. Ou talvez fossem loucas, mas também atores decorando suas falas. Meu vizinho de um lado era George Clooney. Do outro lado, o filho de Erma Bombeck amassava nossos roteiros, e um futuro astro pornô morava do outro lado do corredor. Os atores promissores Sandra Bullock e Tate Donovan moravam do outro lado da rua, enquanto o resto do quarteirão era dominado por casais de judeus ortodoxos cujos duplexes estavam cheios de crianças. Depois de seis meses de testes e de trabalhar meio expediente como hostess de um antro de drogas, consegui um trabalho lucrativo na TV. Então, profissionalmente, as coisas melhoravam. Mas eu ainda não ti-

nha muitos amigos na cidade, por isso, quando fui convidada para uma festa de *Rosh Hashaná*, concordei alegremente em ir.

Ao chegar na casa, me acomodei na cozinha e comecei a cozinhar. Não me recordo de todos os detalhes daquela noite, mas me lembro disso: Jeff Kahn — engraçado, fofo — me deu muita atenção. Temos o mesmo gosto para música melancólica e literatura, e nos interessamos vaga e pretensiosamente por filosofia oriental. Mencionei que era casada? Isso mesmo. Acho que não relatei esse pequeno detalhe, mas por que o faria? Eu não estava disponível.

Meu marido de então era um artista anarquista anglicano. Você conhece o tipo: incrivelmente meigo, mas excessivamente excêntrico. Alto, magro, louro, estilo garoto de coral de igreja. Era hétero, mas, como muitos homens ingleses, ficava lindo de vestido. Tinha bom coração, mas era dado a discursos raivosos contra "os idiotas da TV" nos jantares com diretores da emissora em que eu trabalhava na época. Apenas o sotaque chique e a beleza dele me impediam de ser demitida. Decidimos impulsivamente nos casar na noite em que nos conhecemos, e de fato nos casamos um ano depois dessa data, não nos conhecíamos muito bem. Logo no começo, ele mencionou casualmente que seu objetivo de vida era falir na busca de sua arte. Achei que isso fosse uma hipérbole, mas, depois de alguns meses de casamento, descobri que o sentido era literal mesmo. Quando conheci Jeff, ele havia se mudado para Chicago para estudar Artes, e estava prestes a realizar seu sonho.

Devo relatar aqui que, por causa do casamento trôpego mencionado acima, eu estava tendo um caso, e a última coisa que queria era nova complicação. O cara era outra alma torturada, também casado, um budista obsessivo-compulsivo ou bipolar, talvez ambos, e viciado em muitas drogas de vários tipos. Era algo pouco aconselhável, mas muito divertido. Eu o via ter crise de abstinência por causa de uma ou outra droga, lia minha versão inglesa do Tao e escutava músicas espiritualmente ambíguas de Sinead O'Connor e Dead Can Dance. Minha vida estava um caos quando conheci Jeff Kahn.

Para completar, Jeff Kahn parecia ser exatamente o tipo de cara que evitei namorar a vida toda: legal, totalmente a fim de mim. Um balde de água fria. E ele era judeu. Eu obedecia minha regra desde os tempos de escola: um judeu por cama é o suficiente.

Minha família se mudou para Miami Beach quando eu tinha 12 anos. Não era a Miami Beach moderna de hoje. Era a do passado, onde sua tia solteirona passava os invernos num hotel judeu, e eu passei minha adolescência sendo apalpada por membros do BESHTY — a juventude do templo Beth Shalom. Depois de sair de Miami, estava ansiosa para expandir meus horizontes: eu só havia namorado homens de outras religiões e culturas. Não via um pênis circuncidado havia anos.

Ele claramente poderia virar um "amigo" e só devia estar interessado em mim porque eu estava indisponível. Acho que não poderia manter-me mais indisponível. Anotei meu telefone num guardanapo. Disse para ele me ligar, e nós sairíamos. Entre o anarquista ausente e o maníaco-depressivo casado, eu tinha um pouco de tempo livre.

Esse Jaff Kahn não apenas começou a me ligar em horários estranhos como também aparecia em minha casa sem avisar. Às vezes, eu recebia um telefonema e ele rondava a casa. Às 23 horas. Depois ele começou a mandar cartas obsessivas.

Uma citação: "Eu fui até você como um cavaleiro de armadura brilhante e ofereci meu coração, e, em troca, você me deu um chiclete!." Ele escreveu também: "Numa noite encantada, você pode ver uma estranha. Pode ver uma estranha cozinhando *latkes* num ambiente lotado." Ele estava dominado pela fantasia de que éramos feitos um para o outro. Era a mistura de um romance de Philip Roth e uma fixação de John Hinckley. Já tinha me casado com um cara que pediu minha mão na noite em que nos conhecemos; por que eu havia atraído mais um homem dominado pelo mesmo impulso? Não sabia se

Jeff era um romântico incurável ou se eu devia conseguir uma ordem de restrição.

Certa noite, ele apareceu, sem avisar, para deixar uma garrafa de uísque puro malte sabendo que meu marido estaria em casa. Era um pretexto para dar uma olhada nele. "O que há com aquele cara?", meu marido perguntou com seu sotaque britânico atraente. Eu não estava brincando quando respondi que não fazia ideia.

Jeff previu corretamente que meu casamento chegaria ao fim. Tive uma sucessão de namorados, e mesmo assim Jeff continuou em sua busca. Quando eu saía para tomar café da manhã, ele estava sentado numa mesa próxima. Depois houve a festa de aniversário em que ele apareceu. Não tenho ideia de por que Jeff agiu de forma estranha e foi embora sem dizer uma palavra. Havia muitos caras ótimos com quem ele poderia ter estabelecido ligações — ele não era aspirante a produtor de TV? A leitura da peça para a qual eu o convidei? Foi irritante. Sempre que tirava os olhos de minhas páginas, eu via claramente que ele escrevia. Nada que Jeff diga me convencerá de que ele não trabalhava num roteiro durante toda a apresentação. Foi muito rude! Se ele estava tão interessado em mim, por que continuava fazendo coisas que eu não entendia?

Jeff também tinha uma espécie de carreira como ator na época e ligava empolgado para dizer "Ei, serei o mensageiro número 5 em *Blossom* esta semana". Ou: "Estou gravando um filme novo chamado *Freaklândia — parque dos horrores*, em que interpreto o personagem Nosey. Passo três horas por dia colando um nariz de 30cm na testa. Você gostaria de visitar o set?." Isso também foi um balde de água fria para mim. Eu não queria mais namorar atores. Poderia dormir com eles de vez em quando, claro, mas namorar? De jeito nenhum. Já tive meu quinhão desse tipo de romance, inclusive com meu colega de novela, que me chamou pelo nome de meu personagem enquanto transávamos, e meu namorado classicamente treinado, que insistia para eu lavar a roupa dele porque "Hamlet não lava roupa!". Além disso, há algo em namorar atores que me broxa. Talvez isso tenha origem em minha experiência de ficar com eles nos trailers de maquiagem e saber quanto tempo eles passam se olhando no espelho, se enfeitando. Esse tipo de vaidade em mulheres é perdoável e algo que me acomete, mas em um cara? Eca! Vin Diesel com certeza está neste momento em um trailer, verificando os tons de blush, ao lado de Dwayne Johnson, também conhecido como The Rock, que aplica uma base. Não, obrigada.

Mas havia algo que eu gostava em Jeff, que me deixava atraída por ele, da mesma forma que é divertido descascar a pele queimada de sol ou ficar com uma música na cabeça e não conseguir parar de cantá-la, "você é linda, você é linda, é verdade", mesmo quando quer muito parar.

Ao longo dos anos seguintes, topava com Jeff e combinávamos um encontro durante o qual eu acreditava ser minha obrigação moral dissuadi-lo de correr atrás de mim, mas, ao mesmo tempo, irresponsavelmente me pegava beijando-o. Não finjo que essa era uma maneira respeitável de agir. Na verdade, eu estava completamente louca. Mas tinha 20 anos, era atriz, dada a namorar homens cujo único atributo memorável consistia em um sotaque interessante — a definição de completamente louca.

Em dado momento, uma coisa verdadeiramente improvável aconteceu. Eu me mudei para o apartamento vizinho ao de Jeff. Não conseguia acreditar. Tinha me esquecido totalmente de que ele morava lá. Durante o tempo em que morei naquele prédio, soube que os Estados Unidos tinham parado de pagar suas dívidas com a ONU. Enxerguei isso como um sinal e parei de namorar estrangeiros desafeiçoados. Decidi que deveria me abrir para uma nova ideia de quem seria a pessoa apropriada para namorar. Mas, quando rompi meus laços com a União Europeia, Jeff desapareceu do bairro.

Depois de um ano e meio, topei com ele num café. Foi como se uma lâmpada se acendesse em minha mente. Jeff Kahn — que cara ótimo! Ele não tomou conta de minha gata uma vez? Talvez faça sentido namorar alguém que parece gostar de mim, que compartilha minha intolerância à lactose e senso de humor, alguém cujo único interesse não seja me fazer testemunhar a desintegração de sua personalidade. Foi durante nosso primeiro encontro que confessei algo extremamente superficial. Na única vez em que quase havíamos tido relações carnais, hesitei porque havia visto a beirada da roupa íntima dele e me convenci de que ele vestia uma cueca apertada. Jeff abaixou as calças naquele momento e me mostrou que a cueca Calvin Klein que usava, como a que vestira naquele encontro de cinco anos atrás, era boxer. Começamos a namorar naquela mesma noite. Jeff ainda lamenta o fato desse engano com a cueca ter atrasado nossa união em anos, mas estou convencida de que essa confusão é o único motivo de estarmos juntos hoje. Considero esse capítulo todo de minha vida constrangedor e triste, mas Jeff se refere a esse início como "nosso cortejo romântico". Nunca concordaremos, mas, apenas para colocar as coisas em perspectiva, Jeff adora dizer às pessoas que ele estava tão encantado comigo que guardou o guardanapo que dei a ele na noite em que nos conhecemos. Só para deixar registrado, ele tem o telefone de outra garota no verso.

a vida de solteiro

Na primeira década do século XXI, diz o *The New York Times*, a proporção de americanos que nunca se casaram em cada grupo racial e étnico dobrou. Os casais tornaram-se minoria nos Estados Unidos em 2006. O censo descobriu que 49,7%, ou 55,2 milhões, dos 111,1 milhões de lares do país, em 2005, eram constituídos de casais — com e sem filhos —, quase mais do que a metade e menos do que os mais de 52% cinco anos antes.

local

Qual é o melhor lugar para arrumar alguém? Certa pesquisa perguntou aos casais onde eles haviam se conhecido:
- 38% se conheceram no trabalho
- 34% se conheceram por intermédio de amigos
- 13% se conheceram numa boate
- 2% se conheceram na igreja
- 1% se conheceu porque moram no mesmo bairro
- 1% das pessoas que se conhecem em academias acabam namorando

envelhecimento

Em 1900, a média da idade em relação ao casamento nos Estados Unidos era de 26 anos para o homem e 22 para a mulher. Durante o período de 1950-1960, essa média caiu para 23 para o homem e 20 anos para a mulher, mas desde 2005, a média da idade no casamento permanece de 27 anos para o homem e de quase 26 anos para as mulheres — a maior média de todos os tempos, de acordo com os dados do censo.

o fator X

Um spray nasal, Factor X, está sendo vendido como um produto que ajuda os homens a conquistarem as mulheres. O site publica depoimentos "de verdade":

> Eu tinha muito problema para atrair as mulheres. Eu me perguntava por que os outros homens conseguiam conhecer mulheres tão facilmente. Factor X mudou isso. Agora escolho com quem eu gostaria de sair!
>
> Pete (nome fictício porque ele não existe de verdade).

O spray libera o que tem sido chamado de "hormônio do amor": oxitocina. Dizem que o Factor X aumenta seu nível de dopamina em 500%, permitindo que você exale charme e aumente sua confiança, o que leva o outro a confiar em você e depois implorar para que você o dispa.

2
• • • •
A história do Saab

O amor é o triunfo da imaginação sobre a inteligência.
H. L. MENKEN

Casamento: um suvenir do amor.
HELEN ROWLAND

Alguns casais se conhecem, se apaixonam e ficam noivos em meio a um furacão de paixão e de oportunidade romântica. Chamamos isso de noivados pré-divórcio. Outros casais ficam juntos durante anos, mas nunca chegam a noivar. Dizemos que essas pessoas são felizes demais para se casarem. A trajetória de nosso relacionamento desde namorar a noivar não foi nem muito abrupta nem muito prolongada, mas também não foi perfeita.

Ele diz

Eu só tinha um problema com o fato de Annabelle, depois de cinco anos, gostar de mim de repente: eu não confiava nela. Ficava esperando pelo tradicional pé na bunda. Então, dessa vez, tive cuidado. Eu me continha mais do que costumava fazer quando ficava louco por uma garota e freava meu rolo compressor de necessidades emocionais para que, quando o inevitável acontecesse e Annabelle parasse de me beijar para dizer que gostaria que nos tornássemos amigos, eu estivesse preparado. Só havia um pequeno problema: isso nunca acontecia. Fiquei tão chocado quanto qualquer um. Annabelle transformava-se na perseguidora, na agressora, naquela que tinha as intenções no relacionamento, queria se certificar de que eu era tão a fim dela quanto ela era de mim. Era ela que estava emocionalmente insegura. Eu me sentia como um animal aprisionado, mas um animal aprisionado muito sortudo.

Sinceramente, não tinha uma namorada de verdade desde a metade da segunda gestão Reagan, então era um território muito desconhecido para mim. Como poderia saber com certeza, depois de todo esse tempo, que Annabelle e eu éramos feitos um para o outro? Sempre fui muito romântico em relação a ela, mas o que poderia acontecer depois do sexo? Desde o fim de meu último relacionamento sério (durante o caso Irã-Contras), eu havia namorado todas as mulheres no mundo livre e me dei conta de que, quando se trata de sexo, cada mulher apresenta seu próprio labirinto do que gosta e desgosta, do que deve ser feito ou não, e das coisas em que não se pode nem pensar. Algumas não gostam de sexo oral. Outras se recusam a realizar certas posições sexuais. Algumas gostam de um dedo na bunda; outras vão literalmente se virar e dar um soco em sua cara se você tentar fazer isso. Não que eu seja o Marquês de Sade. Eu sou tipo o primo de primeiro grau judeu dele, mais bondoso e gentil, Steven de Sadderstein. Então, inventei o termômetro da perversão, uma escala que registra até onde uma pessoa está disposta a se aventurar comigo no "reino dos sentidos". Os pontos variaram de garota para garota. Amelia, minha namorada de faculdade, era bissexual, cleptomaníaca e mentirosa patológica, mas conseguiu equilibrar isso de uma maneira legal sendo ninfomaníaca. Ela alcançou 10 pontos depravados no termômetro. Nicole, de Nova York, usava óleo de patchouli do rio Hudson, se banhava em lavanda e colocava incenso de morango em seu apartamento 24 horas por dia. Era como estar num prostíbulo turco — sem a prostituta —; ela alcançou 2 pontos. Gracie, de Oklahoma, trepava comigo em becos de cascalho perto dos bares de Wrigleyville, em Chicago — um doloroso, mas merecido, 8,5. Então, qual era a posição de Annabelle no termômetro? Bom, sem entrar em detalhes muito sórdidos que podem render anos de terapia ao nosso filho, Annabelle, apesar de não ser uma ninfeta colegial bissexual, conquistou um 9 apaixonado, inventivo e habilidoso. E ainda por cima, até onde sei, ela nunca mentia nem roubava nada.

Outro ponto de que eu não tinha certeza era do quão confortável me sentiria para passar a noite na companhia de alguém. Vamos encarar os fatos. É bastante revelador se, depois de ter muita intimidade com alguém, você quiser ver a pessoa na luz do dia. Para mim, fazer sexo com intenções conflitivas de tornar a coisa séria afeta direto minha glândula produtora de remorso. O subproduto era um princípio de TPE, ou Tristeza Pós-Ejaculatória. A TPE me deixava inquieto e autoconsciente, tornando muito difícil passar a noite (isso não é algo que me deixa orgulhoso). Consequentemente, criei a calculadora do aconchego. Ela contabilizava o tempo que eu ficava na cama depois do sexo, antes de inventar uma desculpa qualquer e ir embora. Kayla, a feminista muito bonitinha que me corrigia se eu chamasse qualquer mulher mais velha do que alguém com 11 anos de "garota", em vez de "mulher", marcou três horas na calculadora. Megan, uma ótima atriz de Chicago que morava em cima de uma boate de jazz, onde o som do baixo sacudia as paredes, alcançou quase uma hora e meia. Janet era safada, mas meio louca. Ela estava treinando para ser terapeuta, mas perseguiu meu amigo meses depois do término da relação. Ela conseguiu apenas dez minutos, pois eu tinha medo dela. Consequentemente, fiquei muito feliz quando o resultado de Annabelle foi muito alto! Além de não querer fugir no meio da noite, eu tive dificuldades para sair do lado dela de manhã. Era cálido e doce, sem o sentimento de culpa, o medo e a autodepreciação que eu sentia com as outras. Tudo bem, às vezes eu ia ao andar de baixo e soltava uns duzentos puns no sofá de couro dela, para que ela não escutasse. Achei que seria melhor do que soltá-los na cama e acabar revelando a verdadeira máquina de flatulência que eu sou. Haveria tempo o suficiente para chegar a esse assunto.

Então, depois de cerca de um mês de relacionamento, combinei de apresentar Annabelle aos meus melhores amigos de faculdade. Eles me ouviram falar dela durante anos, mas nunca a conheceram. Ao contrário de minha parceira de trabalho, uma mulher que não confiava em Annabelle, meus amigos homens não confiavam em mim. Eles viram muitas de minhas paixões passadas darem errado, e essa era a mãe de todas as paixões. Digamos que eles não acreditavam em mim quando eu dizia que, dessa vez, Annabelle estava a fim de mim. Mas, quando eles a conheceram e viram a afeição genuína dela por mim, ficaram extasiados por nós dois. Meu grande amigo Rick veio falar comigo quando Annabelle foi ao banheiro e me disse educadamente: "Ela é incrível. Não ouse estragar tudo, senão serei forçado a espancar você."

Mais tarde, enquanto Annabelle e eu nos beijávamos diante de seu apartamento dentro de meu Saab, ela ficou muito séria e declarou que achava que deveríamos morar juntos. Ela apresentou bons argumentos. Poderíamos dividir o aluguel de minha casa, não precisaríamos mais perder tempo negociando na casa de quem passaríamos a noite e, morando juntos, teríamos chances de descobrir nossa compatibilidade. Ela me lembrou de que Rick se gabara de ter ficado noivo recentemente e ido morar com a namorada depois de menos de um mês de namoro. Respeitosamente, sugeri que pensássemos sobre o assunto, que digeríssemos o que acontecia para que pudéssemos tomar decisões e fazer planos coerentes. Além disso, eu ainda não havia peidado na frente dela. Garanti a ela que Rick me bateria se eu estragasse tudo, então ela não precisava se preocupar. Annabelle me deu um pouco de sossego, mas da mesma forma que uma leoa se afasta da presa que persegue, para dar a ela a ilusão de segurança.

Cerca de um mês depois, pegamos o Saab e fomos para São Francisco, porque Annabelle queria que eu conhecesse a família da irmã dela em Tiburon, um bairro residencial depois da ponte Golden Gate. Nós nos divertimos ao longo dos 645km improvisando uma história que nos fez morrer de rir até São Francisco. Foi a vez em que mais me diverti com alguém sem estar nu. Pensei que esse tipo de criatividade espontânea e diversão íntima seria uma pedra angular duradoura em nosso relacionamento, então estava ansioso por cada segundo. (Nunca mais fizemos nada do tipo.)

Nossa diversão acabou de repente quando nos vimos perdidos em São Francisco, procurando, dentre todas as coisas, a ponte Golden Gate. Annabelle insistia que sabia para onde estava indo, mas ficávamos cada vez mais perdidos. Isso não nos levou a Tiburon, mas à nossa primeira grande briga. Perguntei se ela sabia que rua pegar, e ela respondeu que não se guiava por nomes de rua, e sim por pontos de referência e algum tipo de senso de direção interno. Eu disse que o método dela era muito idiota. Quanto mais tempo demorava a encontrar o lugar, mais frustrada e na defensiva ela ficava. E logo estávamos brigando. Meu sarcasmo era "inútil e rude". A inaptidão dela era "impressionante e patética". Finalmente ligamos para o marido da irmã dela, para pedir direções que continham nomes de rua e cruzamentos. No entanto, quando encontramos a ponte Golden Gate e chegamos a Tiburon, estávamos mais do que uma hora e meia atrasados e sem falar um com o outro.

Eu não sabia que a irmã dela havia feito um grande jantar no Shabat em minha homenagem. Também não fazia ideia de que Lisa, além da irmã mais velha e muito bem-sucedida de Annabelle, era a rainha do judaísmo no norte da Califórnia. Detesto religião organizada, então quando Lisa orientou seu filho de 7 anos a cantar o *Kiddush* — a bênção sobre o vinho — comecei a ficar nervoso. O garoto cantou o que pareceu ser o Antigo Testamento inteiro antes que pudéssemos tomar um gole de vinho. Não poder tomar vinho na hora que eu mais precisava foi totalmente irritante, mas quando olhei para Annabelle, percebi que ela sabia exatamente o que eu pensava e sentia exatamente o mesmo. De repente, a briga por estarmos perdidos se esvaiu.

No caminho de volta a Los Angeles, me senti muito próximo de Annabelle. As coisas estavam indo incrivelmente bem para nós. Disse a ela que refleti e que estava pronto para morarmos juntos. Mas ela havia mudado de ideia. Annabelle também pensara sobre o assunto e achava que não deveríamos morar juntos até que estivéssemos oficialmente noivos. Noivos? Annabelle ficou muito séria e me disse que queria "mais". Mais do que o amor doce, feliz, alegre, despreocupado e sexualmente incrível que estávamos curtindo? Se eu não conseguia me comprometer a "querer mais" naquele momento, então deveria pular fora. Foi o que ela disse. Pular fora? Levei cinco anos para pular dentro! Eu queria curtir a situação um pouco. Annabelle não se comoveu. Rick, meu amigo que ameaçou me bater caso eu estragasse tudo com ela, estava prestes a enviar convites de casamento, e eu hesitava em ficar noivo.

Demorei quase dois meses para encontrar o anel certo para Annabelle. Racionalizei que o tempo demorado para achar o anel de noivado ideal faria eu me sentir melhor em relação a apressar as coisas, o que era verdade, mas não tão crucial quanto o medo de que se desse a Annabelle um anel de que não gostasse, ela reavaliaria nosso relacionamento e me consideraria inadequado para ser seu parceiro da vida toda. Não que Annabelle seja superficial ou materialista; é apenas muito detalhista e crítica. Ironicamente, quando eu estava prestes a propor o noivado, meu amigo Rick e a noiva dele terminaram, se mudaram e cancelaram o deles. Carreguei o anel no bolso por um dia e meio, esperando pelo momento certo de pedir a mão dela. Então, me dei conta do que fazer: Annabelle nunca, até hoje, entra num carro sem se olhar no espelho. Então, colei a caixa do anel em forma de coração no espelho. Estava tudo pronto. Tudo que Annabelle precisava fazer era entrar no carro, abaixar o visor, se olhar e pronto, ficaríamos noivos! Havia chegado o momento por que eu tanto esperava desde que assisti a *Romeu e Julieta* no 6º ano. Meu coração estava batendo forte quando Annabelle entrou no carro e não se olhou no espelho. Eu não podia acreditar. E agora? Era para eu dirigir e deixar o anel colado ali? Eu precisava pensar depressa. "Você está com uma espinha?", eu perguntei, fingindo ver uma. Annabelle se apavorou. "Onde?" "No seu queixo." Ainda assim, ela não se olhou no espelho. "Sabia que é muito cruel me dizer desse jeito que estou com uma espinha?". Annabelle estava ficando muito irritada, e meu pedido de casamento perfeito ia rapidamente por água abaixo. "Talvez seja apenas uma sombra. Olhe você mesma." Finalmente, Annabelle abaixou o espelho e se examinou. Incrivelmente, ela estava tão preocupada com a espinha inexistente que nem viu a caixa do anel de noivado colada de maneira improvisada no meio do espelho. "Não estou vendo!" Ela se referia à espinha. "É verde." Falei da espinha, mas querendo dizer a caixa do anel. "É verde e tem o formato da droga de um coração!" "Do que você está falando? Não vejo nada!", ela gritou. A situação fugia do controle. Se meu pedido de casamento piorasse, acabaríamos terminando em vez de ficar noivos. Finalmente, Annabelle reparou. "O que diabos é aquilo?" Ela parecia completamente assombrada e irritada com tudo. Enquanto desgrudava a caixa, eu saí do carro e fui para o lado dela, fiquei de joelhos e a pedi em casamento. Pela primeira vez (e última), Annabelle ficou sem palavras enquanto processava o que se passava. Ela começou a rir e chorar ao mesmo tempo, e enquanto nos abraçávamos e nos beijávamos metade dentro e metade fora de meu Saab, acho que Annabelle soluçou um "Graças a Deus, eu amei meu anel". Interpretei isso como um "sim".

Mais tarde, abri o jogo sobre o sofá que eu visitava, havia cinco meses, para peidar quase todas as noites. Ela disse que eu estava sendo ridículo e que podia peidar na frente dela, até mesmo na cama se fosse preciso. E então começou. Annabelle não fazia ideia, na época, de que me permitir peidar na frente dela era como abrir a caixa de Pandora, só que uma com muitos gases.

Entretanto, antes de morarmos juntos, Annabelle, sem me dizer uma palavra, silenciosamente se livrou do sofá de peido.

Ela diz

Eu só tinha um problema em gostar de Jeff de repente: também não confiava em mim. Claro, achava que havia me apaixonado por Jeff, mas estava preocupada com minha débil capacidade de julgar as pessoas e com minha natureza volúvel. Depois algo aconteceu que selou ainda mais minha certeza. Na noite em que conheci os amigos de faculdade de Jeff, também me apaixonei por eles. Amigos desde os tempos de escola, todos eles eram ótimos — inteligentes, encantadores, engraçados e muito protetores em relação a Jeff. Eles me conquistaram imediatamente. Às vezes ajuda quando vemos as coisas através dos olhos de outra pessoa. Jeff não era apenas mais um cara qualquer que bolara uma campanha louca, com direito a poesia piegas, para me conquistar — isso poderia ter sido o suficiente para me levar para a cama no passado —, mas agora eu o via como um amigo leal e devotado que conquistara amigos leais e devotados. Amava Jeff por ele amá-los, e queria que ele me amasse tanto quanto os amava. Eu sabia que tinha de fazer a relação dar certo.

Enquanto Jeff estava ocupado medindo nossa compatibilidade no barômetro sexual dele, eu trabalhava no que achava importante: convencê-lo de que eu levava nosso relacionamento a sério. Queria fazer algo grande e corajoso, mas não sou boa nesse tipo de coisa, então decidi fazer um gesto menor. O que diz que sou uma pessoa gentil e responsável mais do que comprar para a pessoa amada uma luva para forno? Essa tentativa de ser digna de confiança produziu resultados inesperados, o que levou à minha alta pontuação no termômetro da perversão. A participação de Jeff nos grupos de improvisação da faculdade deixou uma marca indelével na personalidade dele. Meias, talheres — objetos inanimados de todos os tipos — têm personalidades, apelidos e vozes que os acompanham. A luva para forno tinha o formato da garra de uma lagosta e, na mão de Jeff, essa garra virava um personagem que ficou conhecido como Garoto Lagosta. O Garoto Lagosta começou a ter participações tântricas em nosso quarto regularmente. Foram os momentos em que mais me diverti sem roupa.

Jeff também parecia estar muito feliz e, depois de apenas um mês sem terminar com ele e fazendo pressão contínua em seu pênis, ele parou de duvidar de minha sinceridade. Foi mais fácil do que pensei. Precisava determinar se Jeff conseguiria sobreviver ao meu próprio sistema de medida de relacionamento, que eu chamava de termômetro de loucura de Annabelle. Ele conseguiria aguentar uma exposição prolongada ao meu tipo particular de loucura a longo prazo?

Gostaria de deixar registrado que existiram muitas mulheres bem-sucedidas e fascinantes ao longo da história que certamente merecem menção em meu termômetro de loucura. Se a escala vai de 1-10, então aqui estão alguns exemplos:

Catarina, a Grande, louca por poder, transou com um cavalo: um sólido 7.
Joana D'Arc, louca por Deus: um memorável 8,5.
Sylvia Plath, louca por ser louca, mas uma escritora brilhante: um belo 9.
Divas: Courtney Love, Britney Spears, Sarah Palin — todas ganham um
    10 perfeito.

Inicialmente, expus Jeff a uma variedade de atrizes loucas. Li para a TV um piloto que ele escreveu e estava produzindo. Quando não consegui o papel, passei dois dias chorando sem parar na cama, e depois saí da cidade para fazer um retiro zen, apesar de termos feitos planos elaborados e caros. Talvez o histórico colorido de namoros de Jeff tenha tido algum efeito. Ele parecia habituado à loucura feminina, e estava feliz por eu não ter roubado o cartão de crédito dele para pagar minha viagem.

O próximo vislumbre de Jeff aconteceu por causa da visita à minha irmã mais velha e muito equilibrada e à família saudável e respeitável dela no norte da Califórnia. Acho que devo explicar a história que Jeff tanto adorou inventar durante a viagem. Ela envolve todas as coisas que eu descobriria que Jeff ama: bobagem, histórias humilhantes sobre trabalho, encontros ao acaso, legumes e sexo. Eu era uma stripper que morava numa plantação de abóboras, e ele era garçom de uma espelunca na estrada. Nós nos conhecemos inesperadamente na plantação. Fizemos sexo. Na plantação, por assim dizer. (Eu não fazia ideia de que teria de dar continuidade a esse tipo de coisa pelo resto de nossas vidas.)

Para defender meu senso de direção "patético", devo dizer que encontrar a entrada para a ponte Golden Gate é como ficar rico nos Estados Unidos hoje: você pode vê-la se aproximando a distância, mas é mais difícil chegar lá do que você pensa. Quando chegamos na casa de Lisa, logo percebi que havia cometido um erro de julgamento. A família de minha irmã pratica o judaísmo como se treinassem para uma competição radical, e eu convidara alguém que tem horror a religiões institucionalizadas. Mas, por meio do reconhecimento de nosso desdém mútuo, nos demos conta pela primeira vez do quanto gostamos de menosprezar as coisas, o que rapidamente se transformou em uma de nossas atividades preferidas. Era o mais perto que tínhamos de um passatempo. Compartilhar nosso sofrimento nos aproximou ainda mais, embora, ironicamente, criar laços através do sofrimento seja mais judeu do que celebrar o *Shabat*.

Essa ocasião antecedeu a maior de minhas loucuras: anunciei que além de morar junto, deveríamos ficar noivos. Jeff se lembra disso como duas discussões distintas dentro do Saab, mas ele está enganado. Tenho certeza de que essas duas questões foram levantadas ao mesmo tempo no Saab, onde aconteceram tantos eventos importantes em nossas vidas, o que, para ser sincera, me faz parecer ainda mais louca do que Jeff se lembra.

Acho que meus argumentos foram bem convincentes. Havia o incentivo financeiro e o fato de que, se morássemos juntos, Jeff teria mais chances de fazer sexo pela manhã e um estoque sem-fim de dormir agarradinho.*

O problema era que eu estava apavorada com a perspectiva de juntar as escovas de dentes sem ter a segurança de que isso não seria apenas uma situação temporária. Tinha começado a me preocupar com o fato de que foi minha indisponibilidade que deixou Jeff atraído por mim, e que ele poderia me deixar quando morássemos juntos. Além de ficar com o coração partido, não teria onde morar, o que é meu pior pesadelo.

Cresci num lar em que não era incomum você acordar e descobrir que sua situação tinha mudado de maneira significativa. Isso resultou em várias mudanças pelo país. Quando eu tinha 5 anos, o Rolls-Royce de meu pai, com suportes para copos feitos de mogno, foi repentinamente substituído por um carro Ford, onde enfiamos todos os nossos pertences e nos mudamos para ficar com parentes até nos recuperarmos de novo. Desde aquela época, eu me agarro às residências como se elas fossem talismãs mágicos.

Depois de ser despejada do dormitório na NYU por causa de uma série de infrações que incluíam não estar mais matriculada na faculdade, me mudei para o quarteirão seguinte e morei em três prédios diferentes ao longo dos seis anos seguintes.

Quando cheguei em Los Angeles, me acomodei num estúdio e, em seguida, residi em outros quatro apartamentos, todos naquele mesmo prédio de atores. Cada mudança foi precipitada por um evento diferen-

---

* Minha temperatura corporal é mais baixa que o normal, então tudo bem dormir agarradinho, mas faço pelo calor. Não sou exigente. Não vejo diferença entre um mamífero ou um cobertor elétrico.

te. Primeiro: depois do divórcio, eu precisava de um novo espaço para recomeçar. Segundo: mais dinheiro, me mudei para um apartamento de dois quartos. Terceiro: para reduzir os gastos, voltei para um apartamento de um quarto. Quarto: comecei a fazer terapia, estava determinada a mudar minha vida inteira, mas só tive coragem de me mudar para o outro lado do corredor. Quinto: tudo bem, nenhuma grande razão, só o desejo de subir menos degraus. Depois de sete anos naquele prédio, finalmente reuni coragem para me mudar para outra parte da cidade e recomeçar, mas quando o acordo para uma hospedaria fofa que eu tinha procurado deu errado uma semana antes da mudança, acabei colocando todos os meus pertences num depósito e me hospedando num hotel residencial no coração de Hollywood. O tapete de felpo estava sempre úmido — o que era suspeito — tinha pulgas e meus vizinhos eram viciados, prostitutas e aspirantes a roteiristas.* Eu não aguentava ficar lá por mais do que uma hora e meia. Estava tão arrasada que comecei a sair com um homem cujo apartamento era igual ao que eu acabara de deixar. Essas foram as circunstâncias que antecederam minha mudança para o apartamento ao lado do de Jeff. Depois desse desastre, jurei que, se algum dia me mudasse de novo, seria para sempre, ou pelo menos estaria numa relação que oferecesse a ilusão de permanência, como faz o casamento.

Não sei o que era mais ridículo. Minha exigência ou o fato de Jeff ter comprado um anel. A narrativa de Jeff sobre a história de nosso noivado está correta, mas nunca saberei por que ele pensou que seu plano era uma boa ideia. Nenhuma mulher gosta que lhe digam que ela está com uma espinha no queixo. Nenhum homem gosta disso também. Há uma indústria bilionária de cosméticos inteiramente dedicada a vender

---

* O hotel Highland Gardens se gaba de que Janis Joplin e Jefferson Airplane moraram lá, o que significa que você podia ficar doidão inalando fios de tapetes antigos. Se isso lembra Oakwood, onde Jeff trabalhou em *Cooties*, é porque todas as espeluncas são iguais!

produtos que garantem que ninguém será avisado de que tem uma espinha durante um encontro. Você sabe perfeitamente quando tem uma marca, e cuidadosamente a esconde antes de sair. Essa é uma das regras não ditas dos estágios iniciais de um namoro: a pessoa deve esconder suas imperfeições. Foi por isso que fiquei envergonhada ao pensar que deixara passar uma espinha. Jeff pode não ter peidado na minha frente, mas eu ainda ia para cama de maquiagem. Além disso, era uma noite importante. Jeff deixou de mencionar que estávamos indo visitar amigos, e entre eles estaria um ex-namorado. Como todo mundo sabe, uma das ocasiões sociais que mais causam estresse é o encontro com um ex.*
Você precisa estar linda, mas não apenas linda. Você precisa estar linda a ponto de, apesar de não cobiçar mais a atenção dele e de ele não ser mais louco por você, sua mera presença o lembrar de que perdeu algo excelente e, falando nisso, você está ótima, melhor do que já esteve com ele. Essa mensagem é passada sem a necessidade de palavras, basta ele ver sua versão sem uma espinha verde gigante na cara! É por isso que fiquei tão apavorada.

A essa altura, todas as recomendações dadas por livros sobre relacionamentos se desintegraram: espere dois dias até retornar a ligação dele, não o convide para morar junto, deixe-o pensar que é ele quem toma as decisões importantes. Os guias nem sempre levam em consideração as loucuras mentais e emocionais da pessoa amada, porque na época em que ficamos noivos e decidimos morar juntos, acho que marquei 10 pontos no termômetro da loucura.

Nosso noivado também comprova o velho provérbio: tem sempre um chinelo velho para um pé cansado. O negócio é que esse "chinelo" não é necessariamente perfeito. É alguém cujas excentricidades comple-

---

* Certa vez, quando eu estava com uma gripe terrível, ia de metrô para casa depois de uma consulta com o médico, comendo uma barrinha de chocolate e lendo o *National Enquirer*, topei com um namorado dos tempos de escola. Eu imediatamente optei por um médico cujo consultório era mais perto de minha casa. Lição aprendida!

mentam suas excentricidades. E então, espera-se que ao longo dos anos vocês não vão enlouquecer um ao outro. Por mais que eu fosse maluca, Jeff ainda queria ficar comigo. Então quem é o louco da história? Ele ou eu? Acho que sabemos a resposta: Jeff.

Para que fique registrado, o amigo de Jeff, Rick, está casado e tem três filhos lindos com a mesma namorada com quem morou junto, noivou e terminou. Eles são casados há 12 anos, apenas um ano a menos que nós.

Eu realmente adoro o anel que Jeff escolheu para mim.

Se soubesse na época o que sei hoje, nunca teria dado aquele sofá. Teria mandado incinerá-lo.

"*40% das mulheres* afirmam que já atiraram sapato num homem."

Y. Kaufman, *How to Survive Your Marriage*
(Como sobreviver ao seu casamento)

não pergunte, não diga, não queira saber

A CNN informa que, apesar dos limites pessoais e das expectativas de privacidade variarem de casal para casal, a maioria das pessoas parece concordar que ser exposto aos comportamentos que se seguem está além do que é considerado aceitável: soltar gases, arrotar, fazer a sobrancelha, usar o banheiro, se pesar, cortar as unhas, fazer a barba, espremer espinhas e tirar meleca.

velho demais para se importar?

Um estudo de 2009 da Universidade de Chicago nos diz que se casar com mais idade faz com que o casamento dure mais tempo, mas por quê? "Pessoas que se casam muito tarde podem ter um casamento mais instável do que aquelas que se casaram com 20 e poucos anos. Os indivíduos, tendo se tornado mais céticos ou apenas mais práticos, se contentam com parceiros razoáveis."

preocupado com compromisso a longo prazo?
faça como as celebridades!

Pamela Anderson e Kid Rock só ficaram casados durante três meses, mas a união superou o casamento dela com Rick Salomon, com quem ela ficou junto durante dois meses. Robin Givens ficou casada com Mike Tyson por oito meses, o que é muito tempo comparado à união dela com o professor de tênis, que durou oito horas inteiras. Eles se casaram às 10 horas da manhã e tiveram diferenças irreconciliáveis às 16 horas. Esse casamento durou mais tempo do que a ligação do lendário Valentino com Jean Acker: eles ficaram casados por apenas seis horas.

você não está apenas ganhando um cônjuge, está aumentando o tamanho da cintura

Pesquisadores da Universidade da Carolina do Norte mostram que os jovens casais ganham de 2,5kg a 4kg.

procurando pelo amor nos lugares certos

Com mais de 20 milhões de pessoas procurando o amor na internet mensalmente, 120 mil casamentos por ano são atribuídos a sites de relacionamento. Um dos mais bem-sucedidos, pelo menos de acordo com o que o próprio site informa, o Jdate, alega ter ajudado 21 mil casais a encontrar o amor só em 2008.

3
Um conto sobre duas gatinhas

Nunca vá dormir com raiva. Fique acordado e brigue.
PHYLLIS DILLER

Namorar é uma coisa. Ver a pessoa amada aparando os pelos do nariz pela primeira vez é outra. Casais que coabitam veem de perto pela primeira vez o que as próximas décadas de convivência podem ter reservado para eles. Morar junto antes do casamento é como uma luta entre dois pesos-pesados nos primeiros assaltos. Você tenta descobrir os pontos fracos e as estratégias do outro antes de se sentir confortável o suficiente para começar a golpear. Isso também pode ser comparado à trajetória musical dos Beatles. Quando você pensa que está entendendo o que estão fazendo com "I Want to Hold Your Hand", eles atacam com "Let It Be". Morar junto, em muitos sentidos, é um *Magical Mystery Tour*.

Ele diz

Muito antes de Annabelle fazer as malas para se mudar para minha casinha em Hollywood Hills, eu era conhecido pelos amigos como o presidente não oficial do "Colegas de quarto sem fronteiras". Todos eram bem-vindos na casa do Jeff. Sempre havia alguém — amigos, amigos de amigos, e às vezes até uma ou duas celebridades — dividindo a casa comigo. Joan Cusack foi minha colega de quarto da faculdade e, anos mais tarde, o irmão dela, John, ficou em apartamento entre namoradas, casas e personagens de cinema. Ele me deixara ficar na casa dele em 1988, então era justo. Quando me mudei para Nova York, dormia no sofá-cama de Ben Stiller. Depois disso, dividi um apartamento confortável de um quarto com meu amigo mais antigo, Peter, que conheci no verão de 1972. Quando a namorada de Peter se mudou para lá, nós três dormíamos no mesmo quarto minúsculo. As pessoas me perguntam se isso foi desconfortável para mim e digo a mais pura verdade: quando queria me masturbar, me levantava e fazia isso no banheiro. Talvez a situação de ter um colega de quarto depois do outro tenha sido um efeito residual de ir para acampamentos de verão durante oito anos e do quanto eu gostava de dividir uma cabine com mais dez garotos: toda aquela camaradagem, as piadas sujas tarde da noite, roubar calcinhas das meninas, as masturbações. Outro motivo para compartilhar o mesmo teto era a necessidade de dividir o aluguel. Mesmo depois de ter mais dinheiro, eu ainda insistia em ter colegas de quarto. Em Los Angeles, os residentes da Pensão Kahn eram meus amigos: Rick, Diana, Victoria, o amigo de Rick, Larry Brandenburg, uma atriz chamada Kimmie, que sonhava ser extra nos filmes até que seu primeiro dia como extra a fez voltar para Indiana, uma alemã bonitinha que eu conheci num café — ela nunca me deu um centavo pelo aluguel, mas preparava o jantar todas as noites e, por último, meu primeiro colega de quarto, Evan, que veio de Chicago depois de se divorciar.

Então não poderia ser muito difícil morar comigo numa ótima casa de três quartos em Hollywood Hills. Eu não fazia o tipo do cara solteiro que vê os jogos de futebol americano sentado numa cadeira de plástico, segurando uma lata de cerveja e devorando um saco de pretzels. Não, eu era o protótipo do homem solteiro que vê os jogos de futebol americano sentado numa cadeira Stickley antiga, com uma taça de vinho francês e comendo macarrão tailandês e tofu com palitinhos. Eu alugava uma casa muito estilosa, de meados do século XX, decorada com várias obras de arte e mobílias feitas a mão, e uma mesa de jantar de teca da Indonésia. Eu tinha até uma cafeteira luxuosa. No entanto, Annabelle ainda insistia para eu mandar estofar de novo meu sofá Ethan Allen para ele não parecer tão Ethan Allen, e para eu tirar da parede meu amado pôster emoldurado de *Trust*, do Elvis Costello, e colocar no lugar dele um quadro imenso do traseiro de uma mulher na frente de uma banheira — trabalho do ex-marido dela. Alegremente concordei, acreditando que ao deixá-la refazer e redistribuir a decoração, abriria espaço para compartilhar a casa. Para garantir mais ainda que minha casa também era dela, concordei com a compra de um armário imenso, cavernoso, que engolia todos os equipamentos eletrônicos, para aplacar o desejo de Annabelle de que "ver TV não seria a atividade reinante em nossas vidas", ignorando a inconveniente verdade de que trabalhar para a TV era a atividade dominante de nossas vidas.

Outra preocupação de Annabelle era que, apesar do fato de ela vir morar comigo, eu não pedi a Evan que saísse. Além de ser um de meus melhores amigos, ele tem bom coração, é hilariante e talvez seja a única pessoa que conheço que peida mais do que eu. Como ele foi meu primeiro colega de quarto, achei apropriado que fosse o último. Consequentemente, não queria expulsá-lo sem dar tempo para encontrar outro lugar para morar. Que tipo de pessoa faria isso?

Faltando poucos dias para a chegada de Annabelle, me tornei muito consciente do fato de que ela exigia solidão e tinha hábitos domésticos de um animal feroz. Além dessas observações, reparei que ela podia ser impaciente, pavio curto, um pouco beligerante — até mesmo belicosa — e não hesitava em misturar isso tudo quando as coisas não saíam como queria. Esse comportamento me preocupava um pouco, mas atribuí isso ao estresse pós-mudança e acreditei que, uma vez que Annabelle se acostumasse com seu novo ambiente, ela se acalmaria. (Essa foi a última vez que pensei algo assim. Annabelle não se acalma.)

Certa manhã, a vi destruindo minha cafeteira ao tentar fazer um cappuccino, e quando ofereci instruções de como usá-la de maneira apropriada, ela quase arrancou minha cabeça. Annabelle era uma "adulta" que sabia muito bem como fazer café, e eu não precisava "administrar meticulosamente" cada coisinha que ela fazia. Foi a primeira vez que escutei essa expressão e odiei naquele momento tanto quanto odeio agora.

Estava familiarizado com o lado agressivo de Annabelle — ela podia ser cativante, encantadora e conquistar todo mundo que conhecia — mas já a vi voltar e desmoronar depois de um teste ruim. Era preciso uma tonelada da energia dela, e da minha também, para reerguê-la. E Annabelle tinha essa coisa com "limites". Ela falava sem parar sobre a importância de "estabelecer limites bem-definidos". Ficava furiosa se um amigo meu telefonasse depois das 11 horas da noite. Se eu tivesse a audácia de tentar transar com ela durante o que ela considerava "momentos impróprios para sexo" do dia ou da noite, ou nas "zonas da casa impróprias para sexo", receberia um sermão raivoso. Se quisesse conversar com ela de manhã, antes de ir para o trabalho, eu tinha de esperar até ela tomar a terceira xícara de café e conseguir ser civilizada. Se precisasse falar algo quando ela estava no escritório, tinha de bater na porta. Quando ela decidiu que bater na porta era incômodo demais para seu senso de limites, me mandou passar um bilhete por debaixo da porta e esperar a resposta. Minha noiva, que antes era doce, havia se transformado em Regrala, a Rainha das Regras.

Além das regras, havia também outra variedade de questões que diziam respeito a Annabelle e ao espaço recentemente compartilhado. Para mim, Harvey, o cara que administrava a casa que eu alugava, era meu faz-tudo que tentava deixar as coisas em ordem e se certificar de que tudo na casa corresse bem. Para ela, ele estava sempre por perto e atrapalhando. E havia a questão de minha vizinha, Rudmila. Eu mal falava com ela. Tudo que pude deduzir devido ao sotaque absurdamente forte dela era que ela era de origem sérvia. No entanto, em muito pouco tempo, Rudmila e Annabelle se viram envolvidas numa espécie de guerra por causa do volume do toque do telefone de Annabelle. A casa não tinha ar-condicionado, então deixávamos as janelas abertas para a brisa entrar. É verdade, o telefone tocava às vezes durante o dia, não mais alto do que qualquer outro telefone do planeta, mas, segundo Rudmila, parecia que explodíamos dinamites, misturávamos cimento e construíamos uma torre até a lua. Eu geralmente estava na rua, trabalhando em meu escritório em Beverly Hills, e infelizmente perdia o momento em que Rudmila gritava para "abaixar o volume do telefone!".

Outro fato que dava nos nervos de Annabelle era que, além de Evan ainda estar morando conosco, eu tinha minha própria política quanto a abrir a porta para os amigos. Eles podiam aparecer quando quisessem, de dia ou à noite. Eles não deram apoio quando eu corria atrás de Annabelle há não muito tempo atrás? A vida que eu havia construído sem Annabelle combinava bem comigo, e me dava bem nela. E eu mantinha minha cafeteira intacta!

Tinha o medo secreto de que talvez morar junto não tivesse sido boa ideia. Ao mesmo tempo, estava apaixonado por Annabelle e era maravilhoso acordar ao lado dela todos os dias e envolvê-la em meus braços antes de ela me afastar para pegar sua xícara de café. Eu tinha de encontrar uma maneira de equilibrar o lado bom de morar com ela com o problemático. E o que melhorou a situação foi a gata de Annabelle, Stinky. Aquela que Annabelle deixou comigo para eu tomar conta enquanto ela fazia uma peça em Nova York. Stinky era muito fofa, carinhosa e amorosa. Talvez Annabelle não fosse perfeita, mas Stinky era.

Certa vez, tarde da noite, nós três estávamos na cama, quentinhos, confortáveis e ronronando. Acordei com sede e fui no andar de baixo beber água. Na cozinha escura, fiquei pasmo com o que vi na tigela de comida de Stinky: os pelos ásperos e embolados de algum gato estranho que comia a ração. Achei que via coisas. Como esse gato tinha entrado na casa? Dei um passo para ver melhor, mas o bolo de pelos saiu correndo cheio de terror. Eu o procurei pela casa inteira, mas ele havia desaparecido. Era um gato fantasma? Eu estava ficando louco?

Na manhã seguinte, contei a Annabelle sobre a assustadora aparição felina, e ela logo esclareceu que não era um gato fantasma, e sim seu outro gato, Esme (talvez o pior nome de gato que exista). Annabelle tinha duas gatas? Desde quando? E por que eu nunca a havia visto antes? Annabelle contou a triste história sobre a dificuldade que Esme tinha em se socializar, e ela teve de morar a maior parte da vida dentro de um armário. Annabelle achou que Stinky precisava de companhia, mas, mesmo para uma gata, Esme era arisca demais em relação a qualquer coisa para interagir com alguém. Obviamente, Esme tinha alguns problemas. Eu tinha medo que essa gata muito tímida estivesse ainda mais traumatizada por causa da mudança para a nova casa. Sempre me considerei amigo de gatos, e previ corajosamente que conseguiria tirar Esme (meu Deus, odeio esse nome) do armário e inseri-la apropriadamente em nossa casa.

Depois do café da manhã, procurei em todos os armários da casa a felina misteriosa. A extensa busca me fez usar lanternas, abrir latas de atum, fazer barulhos chamativos e miar, como se isso fosse algum tipo de detector sonar felino. Finalmente, a encontrei no armário mais profundo, escuro e de difícil acesso da casa. Coloquei uma lata de atum no chão, o que na gatolândia é algo tão atraente quanto o patê é sedutor para os gourmets e as drogas para os viciados. Tudo que consegui foi ela se afastar ainda mais. Arrulhei para ela e me certifiquei de que ela soubesse que eu não a machucaria. Isso fez com que ela se espremesse ainda mais na parede dos fundos, como se tentasse atravessar para o outro lado. Então, estiquei a mão para fazer um carinho que transmitisse segurança a ela. Apesar de ela não ter emitido sons raivosos nem me arranhado, quando a ponta do meu dedo tocou o pelo na parte mais extrema dela, de alguma forma, contrariando todas as leis da física, ela conseguiu ficar tão compacta no canto mais distante que virtualmente desapareceu. Naquele momento, ela soltou um miado engasgado, distorcido e repugnante; juro que foi acompanhado de uma quantidade enorme (para um gato) de baba. A outra gatinha de Annabelle não era apenas "tímida" e "traumatizada", era um mamífero babão, apavorado e emocionalmente perturbado. Ela tinha pânico de qualquer tipo de contato ou interação — com humanos, gatos ou com qualquer outra coisa — e por isso rebatizei Esme de "Gata Medrosa". O apelido pegou daquele momento em diante.

Annabelle concordava que Medrosa talvez fosse o bicho de estimação mais patético do mundo, mas se sentia mal por ela e esperava que algum dia Medrosa conseguisse se recuperar milagrosamente e começar a se comportar mais como uma gata normal, e não como uma que precisava de uma camisa de força. Tudo que podíamos fazer enquanto isso era rezar para ela não morrer de fome no armário, e nos obrigar a resgatar seu cadáver rígido e peludo.

Morar com Annabelle — eu estava aprendendo rápido — era um "Conto sobre duas gatinhas". Ela podia ser confiante, arrumada e extremamente encantadora, como Stinky. Mas também podia ser neurótica, insegura e assustada, como Medrosa. Eu tinha de arrumar um jeito de competir de maneira afetiva com o lado Medrosa de Annabelle para poder alcançar o lado Stinky.

É claro que dávamos muitas risadas e fazíamos muito sexo de manhã, mas ao mesmo tempo, Annabelle ligava para meu trabalho toda hora para reclamar de alguma coisa na casa e de como isso a deixava infeliz e com dificuldades para se concentrar no trabalho. Podemos dizer sobre nossa experiência de vida em comum: "Foram os melhores anos, foram os piores anos."

Ela diz

Depois de me tornar a mais recente participante do experimento de imigração da Casa Kahn, comecei a notar aspectos do comportamento de Jeff que me fizeram parar para pensar. Um "Conto sobre duas gatinhas"? Faça-me o favor!

Verdade seja dita, detalhes como decoração não são tão importantes para mim. Não é como se eu tivesse insistido para adotarmos a decoração de interiores opressivamente Shabby Chic que todo mundo em Los Angeles usava na época. Jeff tinha mobílias que não necessitavam de companhia, mas o que havia nas paredes dele só pode ser descrito como "início dos tempos de dormitório". Achei assustador ele considerar que o pôster de uma banda era apropriado para ficar numa sala. O que viria em seguida? Em nossa festa de casamento haveria barris de cerveja? Jeff suspeitava que eu pedia para pendurar um quadro com minha imagem, pintado pelo meu ex-marido, em que eu era a mulher nua de traseiro bem delineado. Mas qualquer um que tenha me visto pelada sabe que meu traseiro nunca foi tão bonito quanto o da pintura. No fim das contas, Jeff não consegue resistir a um belo traseiro, então o quadro foi para a parede.

Posso afirmar que cometi um erro ao insistir para comprarmos nosso armário. O que parecia bonito na loja ficou muito diferente fora de seu ambiente de venda, muito pesado, algo dentro do qual poderíamos passear juntos pelas Cachoeiras do Niágara. Ele ainda ocupa um lugar de destaque em nossa sala: um albatroz agachado, em forma de barril, com cores fortes, que sustenta nossa grande e antiga TV. Graças à forma de caixão e ao estado de nossos fundos de pensão, é possível que, quando chegar a hora, Jeff e eu sejamos enterrados naquela porcaria.

Esses detalhes não tinham muita importância, porque eu estava sendo confrontada com o fato de que havia colocado muita pressão na história de morarmos juntos ao insistir que deveríamos nos casar. Já havia me divorciado uma vez e não queria cometer o mesmo erro duas vezes, então comecei a analisar todos os aspectos dos pequenos hábitos de Jeff através das lentes do "para sempre". Vou querer acordar com o pênis dele para sempre? Amarei o cheiro dele para sempre? Como não havia reparado naqueles pelos na orelha? E aquele som estranho que ele faz ao engolir? Ele espirra para chamar minha atenção? Como um espirro pode ser tão alto? Será que alguma vez ele vai repor o rolo de papel higiênico ou será que terei de fazer isso por sabe-se lá quantos anos? Porque a expectativa de vida aumentou em dez anos. O "até que a morte nos separe" pode demorar uma eternidade, então talvez não seja ruim se perguntar "conseguirei conviver com isso para sempre?".

Um exemplo disso é algo que chamo de "A maldição das meias". Jeff sempre usava meias, até durante o sexo, mas foi só depois que me mudei que me dei conta de que nunca tinha visto direito os pés dele. Já havíamos tomado alguns banhos juntos, mas foram românticos, à luz de velas, em que eu poderia ter tido um vislumbre dos pés dele. Não foram banhos à luz do dia, com o intuito de se lavar apenas. Agora que estávamos morando juntos, dividindo um lar, "para sempre", esse assunto me deixou preocupada e me sentindo meio infantil. O que será que havia sob aquelas meias? Sindatilia? Um dedo a mais? Ele usaria aquelas meias para sempre? Comecei uma campanha para tirá-las. Na verdade, empreguei aquela velha estratégia que funciona quase sempre com quase todos os problemas de quase todos os homens: "Nada de sexo enquanto você não (preencha o espaço em branco)." Nesse caso, "tirar as meias". Acabou que não existiam dedos juntos nem dedos a mais, mas eu não me dera conta de que ele usava meias há tantos anos que os pelos não cresciam mais na região que ficava coberta. Os pés dele tinham uma superfície surpreendentemente macia que, pela falta de exposição ao sol, talvez desde o nascimento, ficava com um aspecto quase espectral. Também era possível que até Jeff se esquecera do que havia debaixo das meias, porque agora, sem elas, eu era arranhada por unhas longas demais, cortadas às pressas. "Coloque as meias de volta!", exigi! Que isso sirva de aviso para todas as mulheres que já olharam para um parceiro em potencial como se ele fosse uma casa velha e pensaram: ele tem ossos bons — é possível dar um jeito. É preciso aceitar algumas coisas como elas são.

Enquanto isso, Jeff e eu tínhamos opiniões significativamente diferentes em relação a compartilhar nossa vida doméstica. Por exemplo, eu precisava de uma quantidade grande de café e de silêncio para me recompor diariamente, enquanto Jeff adorava contato humano constante. Não é algo de que eu me orgulhe. Sou mal-humorada de manhã, levemente irritada à tarde e fico simplesmente exausta no fim do dia. Na época, eu atuava, o que, ao contrário do que as pessoas acreditam, não é nada glamouroso. Você fica em pé o dia todo, tentando agradar pessoas exigentes, esperando que elas se tornem clientes fixos. É como servir mesas, só que com uma iluminação um pouco melhor. Além disso, o que Jeff achava que era melancolia, eu preferia caracterizar como contemplação. Não que eu esperasse construir uma cerca a meu redor, como as pessoas gostariam que acontecesse com, digamos, a fronteira dos EUA com o México. O que eu tinha em mente era mais parecido com a fronteira canadense, onde um guarda distraído pode verificar seu passaporte, mas deixar de examinar seu porta-malas. Eu imaginava que as coisas se resolveriam quando nós dois estivéssemos em casa ao mesmo tempo, porque eu podia tomar um banho longo e reparador, e depois me recuperar em nosso quarto de hóspedes. No entanto, faltando dias para morarmos juntos, Jeff anunciou que Evan ficaria hospedado indefinidamente, e mais rápido do que você poderia dizer "mas a única banheira da casa é a que fica no quarto de hóspedes", ele arrumou uma nova namorada, Heather, que também estava em nossa casa. De repente, me vi morando com três pessoas.

Diferentemente de Jeff, nunca tive muita sorte com colegas de quarto. Na faculdade, minha primeira colega de quarto contraiu uma doença misteriosa e teve de ser retirada de nosso dormitório numa maca. A colega de quarto seguinte durou alguns meses, mas ela preferiu se juntar a uma trupe itinerante de teatro infantil a morar em nosso cubículo de concreto. Minha terceira e última colega de quarto sempre pegava minhas roupas e maquiagem sem pedir e me dava medo.* Meu ex-marido e eu moramos juntos menos de um ano antes de ele ir para Chicago.

Contudo, essa era apenas a ponta do iceberg. Hervey, um Hobbit que foi empregado como administrador/zelador de nossa casa pelos proprietários, que moravam em São Francisco, estava sempre presente. Tudo bem, ele não era de fato um personagem de Tolkien, mas era nanico, tinha um comportamento furtivo e o hábito de aparecer sem avisar e ficar enfiado na casa durante horas. Num dia normal, eu podia descer de pijamas e encontrar Harvey na cozinha, consertando o encanamento ou remexendo na garagem. Certa vez, pensei tê-lo visto agachado sobre uma pilha de lenha, afiando um pedaço de madeira. Segundo Jeff, ele e o Hobbit coexistiam em paz havia muito tempo, mas, logo que me mudei para a casa, nosso contato ficou marcado por um comportamento ora passivo, ora agressivo. Quando reclamávamos do exército de formigas que conduzia uma ocupação militar em nossa cozinha, ele inventava uma regra obscura que isentava o senhorio de qualquer responsabilidade em relação a insetos menores do que 2,5cm. Mas, quando fazíamos perguntas sobre alguma responsabilidade corriqueira do senhorio como, digamos, a pintura do exterior da casa que estava descascando, ele olhava de cara feia e exigia que nós mesmos cuidássemos disso — não tínhamos orgulho de nossa casa? E depois, no dia seguinte, como se nada tivesse acontecido, eu o encontrava no andar de baixo, cumprindo ordens do precioso senhorio que não tinha nem nome nem rosto.

Enquanto isso, bem a nosso lado, morava Rudmila, uma versão sérvia estilosa, um pouco desgastada, de uma irmã de Garbo — caso

---

* Ela agora é vocalista de uma banda e é conhecida nos meios underground por suas letras cheias de sofrimento e ira.

corresse metal líquido nas veias dos Garbo, em vez de sangue. Rudmila era glamourosa, mas também durona. Não seria difícil imaginá-la cumprimentando seus vizinhos bósnios e croatas com um machado na mão. Ironicamente, embora ela ficasse enfurecida com o toque do meu telefone durante o dia, éramos acordados pelo estalo do salto alto dela e pelos gritos agudos que dava com os cachorros, Precious e Honey, para que fizessem suas necessidades no pátio de ladrilho todos os dias, às 4 horas da manhã. Quando os telefonemas dela não rendiam resultados, ela simplesmente gritava na direção de nossa casa quando estava irritada. E então, ela surgiu com uma estratégia verdadeiramente brilhante: começou a trazer comida caseira quando fazia suas queixas. Ficava na rua, gritando reclamações e injúrias, e depois deixava preparados culinários achatados, mas tentadores, à nossa porta: pratos maravilhosos como bolinhos de maçã cheios de manteiga e cobertos de creme, ou almôndegas de carneiro enroladas em bacon e banhadas em molho de banha de porco. Ou ela faria com que fôssemos despejados ou conseguiria nos matar.*

Nada do que ela fazia incomodava Jeff, e por que incomodaria? Em primeiro lugar, ele tinha um trabalho fixo, então todos os dias entrava no Saab e dirigia até o escritório dele, enquanto eu ficava em casa, batendo papo com Evan e Heather, topando com o Hobbit ou sendo atacada pelas reclamações histéricas de Rudmila. Depois que retirei os restos de comida da cozinha, as formigas começaram a Marcha da Morte de Bataan em nossas bancadas. Ao morar com Jeff, eu havia me tornado uma coadjuvante no *Show de variedades de Jeff Kahn* 24 horas por dia.

No entanto, como logo descobri, Jeff dá pouca importância a qualquer conceito de espaço particular. Para ele, eu me inclinar para

---

* Em retrospecto, talvez ela tenha inteligentemente pensado nisso porque sou atriz. Se eu comesse a comida dela, ganharia tanto peso que meu telefone pararia de tocar. Realmente, ela foi muito esperta.

colocar um prato na máquina de lavar louça era uma ocasião perfeita para colocar a mão em minha bunda. Amarrar o cadarço era um convite para colocar a mão sob minha saia. O cara tinha um radar de nudez. Quando eu tirava a roupa, mesmo que por um segundo, ele ficava na minha frente, vibrando como se tivesse conseguido ingressos para Fenway Park. Acho que o ir e vir de nossas respectivas casas havia mitigado essa tendência, mas agora ele estava por toda parte. Porta fechada? Isso não era problema. Ele não via nada de mais em entrar no escritório enquanto eu ensaiava ou escrevia alguma coisa idiota em meu diário. "Por que ainda me defino com base no que as pessoas pensam de mim?", "Eu valho a pena!", "Eu sou minha única concorrente!" ou algum outro pensamento positivo babaca com que tentava me hipnotizar e que exigia atenção total. Eu estar ao telefone também não o impedia de nada. Jeff pulava em meu colo! Jeff também tinha sugestões em relação a como as coisas deveriam ser feitas na casa. Ele corrigia minha técnica de retirar o café, avaliava minha habilidade de fazer a cama e comentava sobre meu consumo exagerado de carne, insistindo para que eu experimentasse as carnes falsas dele: tofu com gosto de borracha e molho de fumaça líquida. Se eu não tivesse cuspido, estaria mastigando até hoje.

Comecei a ver Jeff como se ele fosse uma espécie de vírus, se multiplicando e absorvendo tudo à sua volta, como no filme *O enigma de Andrômeda*. Os anos morando com colegas de quarto fizeram com que ele não visse problema em visitas de estranhos, amigos morando na casa dele, conhecidos ligando 1 hora da manhã. Era como se Jeff tivesse uma placa no pescoço: ESTAMOS SEMPRE ABERTOS. Sempre fui exatamente o oposto. Quando eu tinha 10 anos, minha mãe bordou avisos para as portas de nossos quartos. Na de Lisa se lia "ENTRE", e na minha "NÃO PERTURBE".

Dividir não era de minha natureza. Nunca apoiei a política "não pergunte, não diga" do exército, mas isso faz sentido numa relação — daí a frase popular "informação demais". Talvez eu tenha me esquecido de mencionar a segunda gata que morava em meu armário. Mas isso era tão importante assim?

Há uma explicação muito lógica para a situação das duas gatas. Desde o primeiro dia em que adquiri Stinky, ela é uma paqueradora que se senta no colo de todo mundo. Comprida e magra, ela seria a encarnação felina da modelo Naomi Campbell, se esta aprendesse a controlar a raiva. Esme, por outro lado, é uma gata que resgatei das ruas. Ela entrou em minha vida com pelos sujos e desbotados, babando sem parar e com uma paranoia que a fez evitar contatos sociais, e é assim que ela sempre foi. O miado áspero e grave dela a tornava a Brenda Vaccaro das gatas, com o visual selvagem e desgastado de Amy Winehouse depois de uma noite longa, ou seja, com o visual da srta. Winehouse em qualquer momento do dia. Pensei que Esme poderia ser a companhia beta da Stinky alfa, mas Stinky controlava a gatinha psicótica. Ela basicamente a mantinha prisioneira no armário — Esme só saía para comer tarde da noite, quando a gata número um já estava dormindo. Rejeito a percepção de Jeff de que essas duas gatas, de alguma maneira, incorporassem minhas duas naturezas. Vi o resgate dessa bola de baba arrepiada e neurótica como um ato de bondade e generosidade. Eu deveria jogar fora uma gata só porque ela não era minha melhor amiga? Que tipo de pessoa faz isso? Enfim. Esses dois felinos nunca eram vistos juntos, então as únicas gatinhas, até onde conseguia ver, eram Stinky e Jeff.

É isso mesmo. Talvez a revelação mais assustadora depois que me mudei tenha sido o fato de Jeff manter um diálogo de fluxo de consciência constante com ele mesmo. Na linguagem dos gatos. Alguns caras cantarolam, outros roncam, outros sapateiam inconscientemente, outros se masturbam com uma frequência e ferocidade alarmantes. Jeff mia. Jeff não era apenas um visitante na gatolândia, era cidadão. Talvez até mesmo o presidente. Ele dava o primeiro miado logo que acordava e continuava até a hora de dormir, quando eu escutava uns miadinhos pontuados por outros sons, um para cada degrau que ele pisava enquanto subia a escada que dava no nosso quarto. Nunca parava. Se você já escutou aquela gravação de gatos cantando "Noite feliz" e riu, você sabe que só precisa ouvir uma vez. Se escutar mais do que isso, as palavras "exagero" e "rangido" podem se formar em sua cabeça, e a frase "tudo bem, já entendi" pode escapar de seus lábios. Eu nunca vivenciara nada parecido com os miados de Jeff. Nem com gatos de verdade.

Realmente poderia ter sido nosso fim. Ficava acordada imaginando Evan, Heather, Harvey e Rudmila sentados em volta de um prato de torta de maçã, consolando Jeff por causa de nosso rompimento, mas assegurando-o de que ele encontraria alguém que combinaria mais com ele. Tipo uma versão de mesa de cozinha daquela cena do filme *Monstros*, de 1932. "Uma de nós, uma de nós!"

Nossa salvação veio na forma do modelo antigo de um Mercury Sable azul. Certa noite, o carro apareceu estacionado diretamente do lado oposto da garagem de Rudmila, dificultando a saída do Cadillac dela. O carro ainda estava lá uma semana depois. Teríamos sentido pena se ela não tivesse ficado obcecada com a ideia de que aquela porcaria era nossa. "Não", garantimos, "nós temos um Saab, não um Sable ou algo do tipo". Ela telefonou para o Hobbit, e ele telefonou para nós. Todos os dias. Várias vezes por dia. Nenhum dos dois aceitava o fato de que não tínhamos a menor ideia da procedência do veículo ofensivo. Um mês se passou. Finalmente, num domingo de manhã, recebemos o telefonema do proprietário da casa, que apenas se identificou como "o proprietário da casa". Ainda estou convencida de que foi Harvey. Em seguida, Jeff saiu de casa e começou a gritar para Rudmila que aquela não era a droga do nosso carro, e que na próxima vez em que o salto alto Slobodan Milosevic e os cachorros dela nos acordassem, ele ligaria para a Corte Internacional, em The Hague, para deportá-la. Isso foi um pouco demais, porque, que a gente saiba, ela não cometera nenhum crime contra a humanidade, mas Jeff estava do meu lado. Algo havia mudado. Até mesmo as formigas haviam dado um tempo. (Tudo bem, isso foi só porque havia chovido, então o desaparecimento das formigas não tinha nada a ver.) Jeff e eu havíamos nos tornado o "nós" em "um de nós".

A alegria inicial de descobrir que nós dois gostávamos de Dylan, Singer e do Tao, e até o fato de termos caçoado do *Shabat* de minha irmã, não era nada comparado ao quanto gostávamos de falar besteira sobre Rudmila e Harvey.

Acho que o que aconteceu em seguida era inevitável. Depois da confusão, fomos fazer uma caminhada pelas colinas atrás de nossa casa. Nós nos separamos e começou a escurecer. Gritei o nome de Jeff para voltarmos antes que coiotes, pumas e bêbados aparecessem. Ele respondeu a meu chamado com um mio lastimoso e, sem pensar, miei de volta. Meu Deus. Quando dei por mim, estava miando ao redor da casa também. Vi as duas gatinhas, e éramos nós.

Não é que Jeff e eu estivéssemos unindo nossas vidas e, ao fazê-lo, trazíamos à tona as melhores qualidades um do outro. Pelo contrário. Misturávamos o que tínhamos de pior e mais esquisito, mas todos os sinais indicavam que nossos limites haviam sido modificados para sempre. Talvez fôssemos como Geórgia e Rússia. Às vezes, a Geórgia faz parte da Rússia. Às vezes, a Geórgia é um estado independente. E, às vezes, as duas vão para a guerra e lutam uma contra a outra.

"*Se você quiser* sacrificar a admiração de muitos homens pelas críticas de um, vá em frente e se case."

Katharine Hepburn

vamos fazer as contas:

    Média do custo de casamentos nos Estados Unidos: US$26,327
    Média do custo de divórcios nos Estados Unidos: US$27,500
    Média do custo de terapias de casal: US$3,000-4,000

O casamento mais caro do mundo: Vanisha Mittal e Amit Bhatia, em 2004. Aconteceu em Vaux Le Vicomte, um castelo francês do século XVII. Doze jatos da Boeing foram fretados e levaram 1.500 convidados da Índia para cinco dias de festividades na França. Cinco mil garrafas de Mouton Rothschild 1986 foram consumidas, e a estrela pop Kylie Minogue entreteve a multidão diante do castelo. O custo foi de US$55 milhões.

O cantor de casamento mais caro: Peter Shalton e sua noiva Pauline pagaram dois milhões de libras para Elton John cantar na cerimônia deles, em 2002.

as canções mais tocadas em casamentos

"Unforgetable" (Nat King Cole)
"Can't Help Falling in Love" (Elvis Presley)
"It Had to Be You" (Harry Connick Jr.)

canções consideradas impróprias para casamento:

"King of Pain" (Sting)
"All Apologies" (Nirvana)
"You Oughta Know" (Alanis Morissette)

singularmente feliz

Uma pesquisa do Pew revelou que 79% dos americanos afirmam que uma mulher pode levar uma vida completa e feliz se escolher permanecer solteira. A porcentagem para os homens foi de 67%.

ligações masculinas

O desempenho dos homens no casamento foi associado à genética por pesquisadores do Instituto Karolinska, em Estocolmo, em 2008. O estudo sugere que se um homem tiver mais do "gene vinculador" — que modula o hormônio vasopressina, no cérebro, mais ele desejará permanecer com a parceira. Mulheres casadas com homens que carregam o gene com menos capacidade de estabelecer vínculos têm "menos qualidade conjugal do que as casadas com homem que não carregam essa variante".

4
• • • • •
28 dias depois

O casamento é uma grande instituição, mas não estou preparada para uma instituição.

MAE WEST

Um dos primeiros incentivadores da cultura ocidental, Martin Luther, escreveu: "Não existe relação, comunhão ou companhia mais adorável, amistosa e encantadora do que um bom casamento". É claro, por que ele não pensaria assim? Quem não gostaria de ser casado com a esposa de Luther, Katrina? Ela cozinhava, fazia faxina, educava seis filhos, massageava os pés de Luther, cuidou dele ao longo da doença de Ménière, da constipação dolorosa e das pedras no rim e na bexiga. Séculos mais tarde, o conceito de casamento passou de ser um meio de assegurar moradia, status e sexo a um contrato legal que esperamos que também inclua amor romântico e massagens mútuas. As pessoas ainda acreditam no casamento e juram que ficarão juntas "até que a morte nos separe". É por isso que suspeitamos que o primeiro mês de casamento pode ser uma lua de mel maravilhosa de duas pessoas seguras em sua crença de que tomaram a decisão certa ou uma odisseia torturante e em câmera lenta de um casal que chega simultaneamente à mesma conclusão: "Meu Deus, o que foi que fizemos?"

Ela diz

EVADIR v.: ir embora de repente sem avisar a ninguém, principalmente para se casar sem o conhecimento e o consentimento dos pais.

MATRIMÔNIO subst.: uma cerimônia de casamento geralmente acompanhada de festividades.

Quando me casei com o anarquista, eu fugi. Usei um vestido verde antigo e chorei o tempo todo. O pastor que realizou a cerimônia disse que eram "lágrimas de alegria". Acho que eram lágrimas de "desconfio que estou cometendo um erro". Arquivei essa memória na pasta de "coisas que você faz na casa dos 20 anos".* E lá estava eu, me casando com um judeu bacana. Eu me transformei em outra pessoa. Alguém que queria ao menos uma impressão de normalidade. Alguém que queria incluir a família nessa decisão importante. Isso só podia ter um único significado: eu me tornara um ser que ia planejar um casamento. É claro que, na nossa idade, não precisávamos do consentimento de nossos pais, mas eu enxergava o valor em tornar a ocasião pública. Além disso, o trânsito em Los Angeles é tão ruim que se você quiser ver amigos que moram a 8km de distância, é necessário providenciar comida e diversão, e se alguém for dizer alguns votos, haverá mais chances de as pessoas aparecerem.

Estima-se que o governo do Iraque tenha recebido 50 bilhões de dólares nos primeiros três anos após a invasão para reconstruir o país. Calcula-se também que essa é a quantia que as pessoas do mundo todo gastam por ano em casamentos. Em minha opinião, é um desperdício ridículo de dinheiro em ambas as situações. Se você fosse amortizar o custo do casamento extravagante de Liza Minnelli com David Gest, o valor é aproximadamente US$29 mil para cada ano que eles permaneceram casados. E isso não inclui o custo do divórcio deles! Acho que

---

* Como muitas pessoas que fogem, principalmente no impulso, acho que meu ex e eu nunca teríamos nos casado se tivéssemos tido de planejar um casamento e dizer nossos votos diante das pessoas que amamos.

Liza pode bancar, mas 3,5 milhões de dólares dá para comprar maquiagem para caramba.

Achei que Jeff e eu poderíamos bolar uma comemoração que expressasse nosso estilo e sensibilidade, que não custasse uma fortuna e que fosse mais inesquecível do que um evento do século XIV, em que, depois de trocar algumas cabras, você era considerado casado perante comunidade. Jeff parecia animado para todas as festividades do casamento.

Até topamos a tradição das despedidas de solteiro. Não houve strippers na de Jeff, mas, em minha despedida, minhas amigas contrataram dois, Chance e Thunder. Juntos, eles eram conhecidos como Chunder. A dupla foi contratada para entreter nossa reunião, mas ficou claro, assim que começaram a se despir, que os dois só tinham olhos um para o outro. Eles pareciam bonecos de plástico, dois Kens vestindo fios dentais de cetim vermelho e preto, um visual que nenhuma mulher que conheço acha atraente, mas que muitos homens gays acham irresistível. Foi uma noite hilária e assustadora que, apesar de ser completamente enervante, eu me esforçava para colocar nosso casamento num bom caminho. Nos EUA, isso significa que alguém precisa de uma dança sensual, droga!

Jeff e eu conseguimos planejar o casamento sem nos matar, uma façanha para qualquer casal. Descobrimos ter em comum a aversão por acontecimentos muito formais, então concordamos que não queríamos os convidados tendo de responder se queriam frango ou peixe, e arrumamos uma cornucópia de saladas e massas deliciosas. Nenhum de nós queria decidir quem ia se sentar com quem, então planejamos um bufê. Não desejávamos ver fotografias de um empurrando bolo goela abaixo do outro, então encomendamos um *croquembouche* francês. Tudo bem, talvez tenhamos falhado com o *croquembouche*. Neste momento, carolinas empilhadas em formato de pirâmide estragam aos montes no país todo, porque, verdade seja dita, ninguém come essas coisas. É para usar garfo? Comer com as mãos? Elas são mais grudentas do que parecem e nem um pouco macias, como você esperaria que fossem, supondo incorretamente que elas seriam como rosquinhas recheadas de creme. Mesmo que o fornecedor diga que é uma "torre repleta de creme", a tradução do nome é "difíceis de mastigar". Já que isso não acontece com o bolo, você coloca uma cardina no prato e fica olhando para ela. Mas não sirva duas no mesmo prato, parecem testículos. Serão metáforas para as bolas do noivo? Alguém pode se achar muito esperto e sugerir isso. Não encomende *croquembouche* a menos que você seja francês, vá se casar na França e todos os convidados sejam franceses. Se, por algum motivo insondável, eu me casar de novo, encomendarei a droga do bolo de casamento.

Jeff e eu assinamos um contrato de casamento judeu, a *ketubá*, prometendo darmos valor um ao outro da maneira que "os homens judeus e as mulheres judias deram valor um ao outro ao longo dos séculos". Isso provavelmente não tem a ver com o Rei Salomão, que teve setecentas esposas e trezentas concubinas, mas grande parte do documento foi escrito em hebraico, então não sabemos com o que concordamos.

Nosso casamento foi um dia deslumbrante. Não fizemos sexo na noite em que nos casamos, mas um em três casais também não faz. Não me lembro por quê. Estávamos empanturrados? Cansados? Empanturrados e cansados? Enfim. Planejamos compensar isso na lua de mel bem relaxante. Passamos duas noites no Rancho San Ysidro, em Montecito, e depois fomos para Napa Valley. Pesquisas sociológicas sempre dizem que dinheiro não traz felicidade. Os dados sugerem que uma vez que suas necessidades básicas foram satisfeitas, você não fica mais feliz do que quando não tinha tanto dinheiro. Talvez isso seja verdade, mas as pessoas questionadas nessas pesquisas nunca ficaram hospedadas em San Ysidro.

Se você já se hospedou num hotel de luxo em Las Vegas, pense o oposto. Onde Vegas tem cromo e vidro, San Ysidro tem madeira e pedra. Enquanto em Las Vegas há jogo de roleta de alto risco, em San Ysidro há um relaxante jogo de croqué. Arranha-céus enormes iluminam as ruas de Las Vegas; pequenos bangalôs de adobe pontuam a encosta de San Ysidro.

JFK e Jackie passaram a lua de mel lá, Vivien Leigh e Laurence Olivier trocaram alianças no jardim, Winston Churchill tomou brandy no rancho e pouca coisa mudou desde aqueles dias. De vez enquanto, você pode escutar um cavalo relinchar nas sendas adjacentes, ou ver alguém passeando, mas, na maioria das vezes, o rancho é muito, muito silencioso. É o tipo de silêncio que os muito ricos podem comprar. É tão silencioso que você quase consegue escutar o som de seu dinheiro indo embora. Não acredito no paraíso, mas se acreditasse, imagino que seria um lugar como San Ysidro, caso Deus tenha um gosto equestre.

Os funcionários do rancho fazem coisas estranhas, como escrever seu nome em letrinhas de madeira na entrada de seu bangalô, para anunciar que você está lá dentro. Sempre bem-humorado, Jeff rapidamente rearrumou as letras antes que os empregados pudessem mudar os nomes dos hóspedes anteriores, os Lictman. Devo admitir que depois que superei a vergonha inicial, foi engraçado escutar os empregados se referirem a nós como Sr. e Sra. Clitman pelo resto de nossa estada.

No primeiro dia, caminhamos por trilhas repletas de árvores, nadamos na piscina e fomos ao SPA. Depois, voltamos ao bangalô para nos afundarmos em edredons grossos, travesseiros macios e lençóis brancos (você nunca conseguirá deixar os seus tão brancos) — era como estar envolvida em nuvens brancas. Na primeira noite, excedemos tanto nosso orçamento no jantar que, no dia seguinte, pegamos as maçãs grátis da recepção, as nozes e as frutinhas do bar para economizar grana para Napa. Estávamos inclinados sobre uma cesta lotada, à procura das amoras secas que ficaram presas no fundo, e conversávamos sobre nosso próximo destino quando minha mãe telefonou. Minha avó havia batido as botas. O quê? Há poucos dias ela estava dançando em nosso casamento. Ao que parece, ela tinha leucemia, não detectada, em estágio avançado.

Frances foi internada e, na manhã seguinte, estava morta. E foi assim, do nada, com um porta-malas cheio de presentes de casamento intactos, que voltamos para Los Angeles.

O que Wilmington, Delaware, e Napa Valley têm em comum? Os dois lugares estão situados no continente norte-americano e a língua oficial é o inglês, mas as semelhanças acabam aí. Napa é o lugar para onde íamos, mas Wilmington era onde minha avó morava, onde seria enterrada e para onde agora nos dirigíamos. Apesar de muita gente saber que Delaware foi o primeiro estado da União, o lugar onde Joe Biden nasceu e para onde ele voltava toda noite após trabalhar no Senado, vamos encarar os fatos, você nunca ouviu ninguém dizer: "Passamos nossa lua de mel em Wilmington e foi uma maravilha!" Em Napa, iríamos degustar vinhos e comer bem. Nossa viagem não poderia ter sido mais diferente.

O enterro de minha avó foi tão despretensioso quanto ela fora. Frances queria ser enfermeira, mas a família não tinha dinheiro para mandá-la para a faculdade, então ela trabalhou como contadora, se casou com meu avô, criou duas filhas, cuidou do marido com Alzheimer e só parou de trabalhar pouco tempo antes de morrer. Frances sempre tinha o cheiro da loção Baby Magic, da Johnson & Johnson. Ela era uma pessoa que distribuía tarefas, mas nunca reclamou das circunstâncias. Provavelmente não devia estar se sentindo muito bem em nosso casamento, mas não quis ser um incômodo. Minha avó havia morrido, mas deixara um bilhete na mesinha do quarto dela escrito para mim antes de ir ao hospital. No texto de agradecimento, fala sobre como se divertiu no casamento. Sempre realista, não nos desejou uma vida inteira de alegrias. Em seu jeito lúcido, ela nos desejou "muitos anos de felicidade juntos".

Enquanto jogávamos terra sobre o caixão de Frances, minha mãe deixou escapar sobre o tumor que tinha na base do crânio e que talvez ela fosse se juntar em breve à mãe dela, debaixo da terra. Ele fora descoberto na véspera do casamento, e ela não quis estragar nossa festa. Mas agora sentia que precisava nos contar porque tinha de retirá-lo imediatamente. Napa teria de esperar. A próxima parada seria no Jackson Memorial Hospital, em Miami.

No primeiro dia em Napa, íamos provar a uva syrah em Jade Montain. Em vez disso, Jeff foi de avião para Los Angeles, enquanto eu me entupia de expressos comprados com um vendedor de rua que vendia café com leite diante do hospital onde minha mãe ia ser operada.* Esse hospital, inclusive, é considerado um dos melhores do país para o caso de você precisar abrir a cabeça. Localizado numa área de Miami em que ocorrem muitos crimes, eles têm muitas experiência com ferimentos à bala na cabeça. Minha mãe era a única paciente no CTI que não tinha um policial do lado e não estava algemada à cama. Em vez do jantar de salmão tártaro que combináramos, o único contato que Jeff e eu tivemos foi quando liguei para avisá-lo de que o neurocirurgião, o Dr. Heroes (é sério), conseguiu retirar o tumor da cabeça de minha mãe. Ele disse que foi como colher uma margarida.

Havia uma série de TV chamada *The Surreal Life*. Nunca assisti, mas estou certa de que minha vida é mais surreal. Enquanto minha mãe se recuperava no CTI, com a cabeça recém-costurada, olhei para a TV acima da cama dela. Passava um episódio antigo de *Seinfeld*. Era um em que o personagem interpretado por mim entra num dos "comas de origem desconhecida" de Larry David. Lá estava eu, sentada ao lado da cama de minha mãe, na mesma posição que ela na TV. Essa sim era a verdadeira vida surreal.

Para o dia seguinte em Napa, havíamos planejado experimentar champanhe no Domaine Chandon. Em vez disso, eu estava sóbria enquanto minha mãe se encontrava sob o efeito de drogas muito poderosas, o que significava que ela não precisava lidar com a equipe do

---

* Você consegue um ótimo café com leite em qualquer rua de Miami; graças a Deus!

hospital. O comportamento das enfermeiras ia de grosseiro a pouco prestativo, então me ofereci para passar a noite com minha mãe, para me certificar de que não esqueceriam que ela estava ali. Enquanto eu permanecia deitada em minha cama, com uma esteira de fisioterapia no chão sujo, me consolei relembrando o tratamento facial que eu fizera no Rancho San Ysidro. Tentei pensar positivo, afinal de contas, os lençóis em que me enrolava agora eram tão ásperos que pareciam ter alguma propriedade esfoliante. A última coisa que vi antes de me render ao sono foi o traseiro flácido de minha mãe exposto pela roupa do hospital, uma visão que pode fazer uma pessoa pensar na marcha em direção ao túmulo.

Surpreendentemente, minha mãe voltou a ficar de pé no dia seguinte, e fui para casa encontrar meu novo marido. Quando aterrissei em Los Angeles, Jeff sugeriu que deveríamos tentar voltar à lua de mel. Mas eu não tinha tempo a perder com coisas frívolas como lua de mel. No começo do ano, meu ginecologista me informara que o tumor em meu útero aumentara. O que antes era uma ameixa inocente havia crescido e se transformado numa toranja*. Aparentemente, esse fibroide era benigno, mas só teríamos certeza depois que ele fosse removido. Fui informada, meses antes de meu casamento, de que nada precisaria ser feito até que eu quisesse engravidar. Telefonei para o médico no dia em que cheguei em casa e marquei a data para o procedimento. Que se dane. Liguei para Jeff do consultório do médico para avisá-lo que me submeteria a uma cirurgia na semana seguinte. "Jeff, não há tempo a perder. É melhor seguirmos com nossa vida antes que outra pessoa caia

---

* Quando os médicos informam que seu tumor é um perigo para você, por que o rotulam de uma fruta cítrica, normalmente uma toranja? Talvez porque se o tumor fosse do tamanho de uma laranja, ele soaria como uma coisa administrável, mas uma toranja implica em certo peso. Se ele for do tamanho de uma melancia, fica óbvio para qualquer um. (Há 72 mil ocorrências no Google para "tumor do tamanho de uma toranja".)

morta. Se eu morrer na mesa de cirurgia, para meu enterro pode usar a lista de convites de casamento."

O dicionário Merrian-Webster diz que a etimologia de "lua de mel" vem "da ideia de que o primeiro mês de casamento é o mais doce" e registra que esse costume existe desde o século XVI, mas foi só no século XIX que os casais que não eram da realeza saíam em lua de mel. O fato de a maioria dos americanos esperar embarcar numa viagem, sem dúvida alguma, tem a ver com o aumento da classe média e com a adoção de algumas das expectativas e luxos antes só bancados pelos ricos. Até mesmo meus pais, que se casaram nos anos 1950, tiveram um cortejo muito antiquado feito, principalmente, através de cartas. Meus pais se encontraram em apenas quatro ocasiões antes de ficarem noivos, então tiveram um intervalo curto para se conhecerem ou, pelo menos, para descobrirem o nome do meio um do outro antes que se acomodar numa vida rotineira fizesse sentido. Mas para mim e Jeff, a ideia começou a parecer absurda. Eu era velha demais. Havia estado ocupada com minha carreira, com meu narcisismo e com coisas importantes como "descobrir quem eu realmente era", mas agora sabia quem eu era: uma mulher comum que teve um tumor em vez de um filho porque esperara tempo demais para engravidar e cujos pais e avós (que poderiam ter sido grandes babás) estavam morrendo que nem baratas.

Nós nos casamos no dia 12 de maio e, apenas 28 dias depois, eu me transformara num zumbi. Podíamos estar no começo de nosso casamento, mas também estávamos no meio de nossas vidas. A única diferença era que agora tínhamos uma pilha enorme de tigelas de cristal Waterford perfeitamente inúteis.

Ele diz

Nada diz "manda ver" a Deus, ao universo ou à vida mais do que se casar. Tudo começou com o planejamento do casamento, que levou Annabelle e eu a termos brigas fenomenais antes do evento. Ela parece ter se esquecido da maioria delas. Talvez porque o cérebro de Annabelle é um pouco como o TiVo. O chip de memória dela tem pouco espaço para armazenar e salvar nossas incontáveis discussões antes de começar a excluir algumas para ter espaço para novas. Annabelle nunca aprendeu direito a programar o TiVo, e o cérebro dela funciona da mesma maneira: o que ele escolhe excluir ou salvar parece ser completamente ao acaso. Isso é muito irritante, pois nunca sei que discussão ela trará à tona e qual briga se esvairá como se nunca tivesse acontecido, como o pequeno drama que tivemos sobre se o amigo dela, um rabino, deveria celebrar a cerimônia de casamento.

Antes de mais nada, por que um rabino? Isso não seria hipocrisia já que éramos judeus não praticantes? Eis outro factoide de Annabelle: ela diz que é ateia, mas adora cerimônias religiosas — cantos, feriados, retiros para meditar e outras cem variedades de coisas semiespirituais. Ela pode ficar sem Deus, mas não sem os rituais. Eu, por outro lado, não gosto de rituais tanto quanto não gosto de religiões, mas sou aberto a acreditar em Deus. Por causa de nossas várias contradições e em virtude de nossas origens judaicas, ter um rabino presente começou a parecer uma espécie de concessão feliz. Isso era especialmente verdade em oposição a outras alternativas de oficialização de casamento em Los Angeles. Nós não queríamos ser casados por um pajé surfista; por alguma atriz-mirim de um seriado dos anos 1980 que se transformou numa deusa da fertilidade feminista; ou por um ex-tiete do Grateful Dead que, depois da morte de Jerry Garcia, saiu em busca de uma visão, lia Joseph Campbell e obteve a licença para casar na internet.

Se ter um rabino estava na moda, o amigo de Annabelle, o Rabino Mel, que apesar de muito legal, sensível e inteligente também era terapeuta, estava fora de cogitação, pelo menos para mim. Como terapeuta, Mel sabia de coisas, secretas, talvez até ruins sobre Annabelle e, consequentemente, sobre mim — fatos que eu não queria pensar que ele sabia enquanto eu estivesse do lado dela, diante dele, sob a *chupá*, com conhecidos me observando. Então, encontrei alguém que pareceu ser um bom substituto e cujo único defeito, como Annabelle apontou, foi a insistência em tocar violão e cantar durante o casamento (algo que o proibimos de fazer).

Outra lembrança que Annabelle apagou foi como ela brigou feio comigo sobre a contratação de strippers para minha despedida de solteiro. Acho hilário ela não se lembrar de como foi totalmente contra a presença de strippers em minha festa. Segundo ela, era imaturo e clichê um cara contratar strippers para a despedida de solteiro. Para alguém como eu, com quase 34 anos, isso era nojento e triste. (Além disso, ela me deu um ultimato; daquele momento em diante, eu nunca mais poderia olhar para a xoxota de outra garota ao vivo.) Estou disposto a admitir que, antes de começarmos a namorar sério, eu ia a boates de striptease, talvez umas duas vezes por ano. Normalmente, isso acontecia quando eu não fazia sexo havia um tempo, e uma vagina ao vivo e de perto me enchia de esperança e admiração infantis. Não que eu fosse um cliente fixo do Jumbo's Clown Room, Star Strip, Crazy Girls, Seventh Veil ou do The Body Shop na Sunset Boulevard. Ou que tivesse me envolvido tanto com uma stripper linda a ponto de me lembrar do nome dela (Taylor), de saber que ela morava ao norte de Hollywood com a irmã mais nova e também stripper (Eva) e que as duas queriam ser atrizes um dia e tinham namorados egoístas que faziam parte de bandas de rock com dificuldades. O que eu posso dizer? Gosto de olhar e conversar com mulheres peladas, mesmo que não possa tocá-las. E, sim, se fosse preciso, eu jogaria notas de dinheiro para incentivá-las a chegar mais perto. No entanto, uma stripper fazer uma dança sensual em meu colo era uma grande coisa para Annabelle. Depois de tantos anos, posso dizer sinceramente que minha despedida de solteiro sem stripper foi inesquecível por causa de apenas uma coisa: ela não foi, de maneira nenhuma, inesquecível. Quem organizou a festa foi minha parceira de trabalho, uma mulher. Aqui vai um conselho para os homens que estão prestes a se casar: não deixe que uma mulher organize sua despedida de solteiro. Não tenho nada contra elas, mas mulheres e despedidas de solteiro não combinam. É como Rush Limbaugh coordenar a convenção democrática, ou Joseph Goebbels organizar o *bat mitzvah* de sua filha. A despedida de solteiro era para meus amigos mais próximos me homenagearem, mas sem as strippers tirando a roupa por toda parte para incentivar e uma atitude de "qualquer coisa serve", foi tudo meio forçado e artificial. O evento foi tão fraco que muitos amigos foram embora logo depois da triste homenagem porque, sabiamente, tinham outros compromissos. Enquanto isso, duas noites depois, na despedida de solteira de Annabelle, ela não teve apenas um, mas dois strippers! Afirma que não sabia e que nenhuma das garotas gostou dos caras, mas você devia ver as fotos da festa. Aquelas garotas estavam se esbaldando, inclusive Annabelle. Alguns casais acham fofo você renovar os votos de casamento depois de muitos anos juntos. Prefiro pular o segundo casamento e ter uma segunda festa de solteiro, dessa vez com pelo menos meia dúzia de strippers!

Nossas brigas por causa do planejamento do casamento esquentaram com a questão dos arranjos de flores. Annabelle não se lembra, mas os queria desesperadamente e estava disposta a gastar uma grana que eu considerava absurda, principalmente porque íamos nos casar ao ar livre, em Santa Barbara, durante a primavera, no meio da droga de um jardim! Teríamos todas as flores, árvores e folhas de graça! Adicionar arranjos caros parecia ser a essência do exagero. Era como Robin Williams convidar Jim Carrey para se juntar a ele no palco para fazer uma comédia improvisada. Depois de vários embates e telefonemas grosseiros sobre o tema, fizemos uma concessão, colocamos nossas diferenças de lado e nos preparamos para encarar nossas famílias.

Além de o casamento refletir nossos gostos e nossas filosofias cerimoniais, outro aspecto positivo de planejarmos nosso próprio casamento foi não precisarmos ouvir ou lidar com nossos pais por causa de cada pequeno detalhe. Isso ficou evidente durante o jantar do ensaio do casamento. Meu pai, Bob Kahn, ofereceu pagar pelo jantar e recebeu nossas famílias e amigos mais íntimos. Ele era advogado de divórcio havia quase cinquenta anos. Divórcio, mais divórcio e nada mais do que divórcio. Ele já viu o pior, mais desesperado e desprezível lado da humanidade, e adorou cada minuto disso. Ele não é contra o casamento, é apenas a favor do divórcio, pois este, convenientemente, confirma sua crença de que as pessoas são babacas diariamente, quase a cada minuto. Quando telefonei para contar que Annabelle e eu ficáramos noivos, depois de o que pareceu um minuto de completo silêncio, meu pai declarou quase com a frieza de Dick Cheney que "metade dos casamentos termina em divórcio".

Além do cinismo intrínseco, outro traço da personalidade de Bob Kahn é que ele é um canastrão total. Adora ser o centro das atenções, quer seja no tribunal, diante de um juiz, ou num jantar de ensaio repleto de amigos e parentes, a maioria da parte de Annabelle que estavam conhecendo a ele e a mim pela primeira vez. Prendi a respiração enquanto ele fazia um discurso em que eu, o filho, era "estranho". Apesar de ele nem saber o que é um TiVo, percebi pelos relatos no discurso que a memória de meu pai vinha cuidadosamente catalogando meu comportamento desde a infância, que havia sido muito "estranho, diferente e muito, muito esquisito". O que eu inocentemente considerava sensibilidade e curiosidade intelectual, meu pai achava que era esquisitice minha. Enquanto o discurso dele prosseguia, meu constrangimento crescia a ponto de eu querer sair de meu corpo. Realmente pensei que ia desmaiar quando olhei para os parentes de Annabelle, que eu mal conhecia, e vi que eles estavam achando o discurso de meu pai hilário e completamente verdadeiro. Ótimo. Agora eu seria um esquisitão para mais pessoas ainda. Se algum dia me casar de novo, não importa o quão improvável, talvez até impossível, isso seja, pagarei pelo jantar de ensaio do casamento.

O dia do casamento em si foi marcado quando nosso rabino nos disse, com absoluta certeza, que tinha apenas uma regra no que dizia respeito à nossa cerimônia: "Não deveríamos, sob hipótese alguma, chegar atrasados." Ele nos avisou de que nada transmite uma mensagem mais errada do que quando um membro do casamento não está onde deveria estar na hora marcada. Então, Annabelle e eu chegamos mais cedo e logo entramos em pânico quando a hora do casamento chegou, passou, e o rabino não estava em parte alguma. Tivemos de tomar umas doses de vodca para acalmar os nervos. Seria um sinal? Talvez até mesmo um presságio do que estava por vir? Ligamos para o celular, para o templo e para a casa dele, mas não conseguimos falar com ninguém. Não sabíamos onde ele se encontrava, se estava a caminho, se havia se esquecido ou se perdido, ou se, depois de pensar melhor sobre o assunto, decidiu que Annabelle e eu não servíamos um para o outro e não queria ter qualquer participação em nossa união. Além disso, comecei a me sentir muito culpado. Se eu tivesse permitido que o Rabino Mel celebrasse o casamento, estaríamos casados àquela altura.

Apesar de estarmos em pânico, os convidados pareciam bem. Não era um casamento no interior da igreja, e sim ao ar livre, sob o sol da Califórnia, cercado pela paisagem de Santa Barbara. Vi vários parentes de Annabelle indo cumprimentar meu pai pelo discurso "Meu filho é esquisito", como se fosse uma espécie de "Eu tenho um sonho", de Martin Luther King. Além disso, muitos de nossos amigos são da indústria do entretenimento e trabalham com comédia. Comediantes detestam um vácuo que não conseguem preencher com piadas e observações sarcásticas e cômicas, então foi uma oportunidade fortuita para testarem seus mais recentes números com colegas, convidados e estranhos inocentes. Nosso casamento se transformava num ensaio improvisado para vários especiais de comédia da HBO.

Uma hora e meia depois do momento que devíamos estar sob a *chupá* e dizendo nossos votos, o rabino finalmente estacionou seu Miata conversível vermelho, o automóvel menos rabínico de todos, sem nem ao menos uma desculpa irônica depois de todas as advertências para nós não nos atrasarmos para nosso próprio casamento. E, para fechar a hipocrisia dele com chave de ouro, deu a desculpa mais clichê: o trânsito de Los Angeles era péssimo.

No entanto, daquele momento em diante, o restante do casamento foi simplesmente espetacular e, até hoje, é considerado o melhor dia e a melhor noite de minha vida.

Na manhã seguinte, como Annabelle eloquentemente descreveu, descansávamos das festividades do casamento no opulento Rancho San Ysidro, antes de seguirmos em lua de mel para Napa, quando soubemos da morte da avó dela. Nossa lua de mel acabara antes mesmo de começar.

Fomos até Wilmington para o enterro. Annabelle chorou durante o percurso inteiro enquanto eu, com as palmas das mãos suando profusamente, bebia Jack Daniel's direto da garrafa numa tentativa de apaziguar meu terrível, e igualmente irritante, medo de voar. A única coisa que interrompia o fluxo constante de lágrimas e os gemidos baixos de Annabelle eram as perguntas embriagadas que eu fazia em relação à tripulação cada vez mais irritante. "Você ouviu isso? Que barulho foi esse? Isso está estranho, não está?"

Chegamos a Delaware, vivos, exaustos e eu ainda um pouco bêbado, para nos juntarmos à família de Annabelle durante dois dias de luto, peixe defumado e outras atividades não relacionadas a lua de mel. O ápice dos acontecimentos, para mim, ocorreu quando a irmã de Annabelle, Lisa, a rainha do judaísmo, deduziu a partir de meu sobrenome, Kahn, que eu era um Cohanim, descendente direto de Aarão, irmão de Moisés, e de uma linhagem hebraica de sumos sacerdotes do templo que, segundo a tradição judaica, não podia estar na presença da morte.

Armada com meu sobrenome e com as leis do Todo-Poderoso, Lisa fez dois caras fortões ortodoxos me retirarem do cemitério. Passei uma hora e meia afastado de minha esposa num momento difícil para ela, na companhia de motoristas de limusine que estavam em sua hora de almoço.

Passamos o resto de nossa triste excursão a Wilmington procurando um expresso decente e alguma comida que não fosse defumada ou conservada, ou seja, qualquer tipo de legume fresco. Não encontramos nada, e voltamos para LA com a boca seca, completamente constipados.

Foi enquanto eu permanecia banido do cemitério que Annabelle fora informada de que sua mãe tinha um tumor cerebral que precisava ser retirado imediatamente. Em vez de nos isolarmos num casulo de lua de mel durante o tempo que nos restava em Napa, Annabelle teve de ir para Miami ajudar a cuidar da mãe. No dia em que ela viajou, meu carro foi arrombado. Vários vales-presentes de casamento foram retirados do porta-luvas, assim como minha carteira de motorista e alguns cartões de crédito. Quando desabafei sobre a perda dos pertences, a janela quebrada do carro e sobre me sentir violado, Annabelle me acusou de ser egoísta, materialista e superficial. Como eu podia me importar mais com presentes e objetos pessoais do que com ela, com a perda recente da avó e agora com sua mãe doente?

Àquela altura, tenho de admitir, eu não sabia o que havia me acontecido. Durante o tempo em que Annabelle passou em Miami, me senti abandonado e perdido, e fiquei relembrando os momentos felizes do casamento. Pensei que não havia entrado para a família Gurwitch, e sim para a morte. Não era o que eu queria, mas fazer o quê? Eu estava casado, certo? Os problemas dela eram meus também, e os meus eram dela. Estávamos casados, algo que todas as pessoas solteiras egoístas, festeiras, namoradeiras, beberronas e obcecadas por sexo querem para si. Não é de espantar que todo mundo, gay ou hétero, queira se casar. Que coisa divertida, alegre e empolgante!

A mãe de Annabelle sobreviveu à cirurgia e teve a sorte de se recuperar totalmente. Annabelle voltou de suas tarefas como enfermeira física e emocionalmente esgotada. Também estava irritada e muito ansiosa. Toda essa coisa de morte e quase morte a deixou consumida por pensamentos sobre nascimento e vida. Ela achava que engravidar poderia ser um problema por causa daquele tumor uterino. Eu sabia desse tumor, mas achei que pensaríamos em ter um filho quando a empolgação despreocupada com nosso casamento e lua de mel passasse, em um ou dois anos. Mas depois de tudo pelo que Annabelle passou desde que nos casamos, ela se deu conta de uma nova realidade: não era uma noiva de 20 anos, e sim uma mulher de 35 cujo tempo para frivolidades e diversão havia sido substituído por fibroides e relógios biológicos.

Sei que muitas pessoas solteiras veem o casamento como a solução para seus problemas de relacionamento e o começo do "felizes para sempre". Nunca me considerei um desses solteiros porque sempre pensei que eu fosse uma dessas pessoas egoístas e românticas que escutam The Cure à procura de um amor erótico e apaixonado, enquanto evitam o sol como se ele fosse lepra ou a Disneylândia. Ainda assim, nunca imaginei que o começo de meu casamento me faria ansiar por uma mudança de tempo. Eu começava a entender por que os "especialistas" em casamento gostam de dizer que quando um casal sobrevive ao primeiro ano de união, as chances de dar certo são boas. Todos parecem concordar que o primeiro ano é o mais difícil. (Depois de quase 13 anos de casamento, tendo a concordar com eles, com a exceção de que deixaram de fora o restante dos anos.) Talvez seja por isso que festas de casamento e luas de mel pareçam tão importantes. Eles servem para dar alívio entre a ilusão do casamento e a dura realidade. Mas Annabelle e eu não teríamos essa bem-vinda trégua porque, ao longo de 28 dias desde que dissemos "sim", pulamos de "para amar e respeitar" direto para o "até que a morte os separe".

geração E de egoísta?

Apenas um em três casais afirma que criar filhos é parte importante do casamento. Uma pesquisa recente revela que os filhos eram considerados a maior fonte de realização pessoal dos pais, mas ter filhos passou a ser um dos fatores menos citados para se ter um casamento feliz, depois de "felicidade mútua".

na saúde ou na doença?

Um péssimo casamento pode literalmente deixar você doente. Tradicionalmente, considerava-se que o casamento prolongava a vida e promovia a saúde. Uma nova pesquisa da Universidade Brigham Young mostrou que isso só é verdade se o casamento for bom. Brigas matrimoniais podem aumentar o risco de doenças cardíacas.

e o bebê nos torna... infelizes

Vinte e cinco estudos distintos estabeleceram que a qualidade do casamento cai substancialmente depois dos filhos. O casal de pesquisadores de Berkeley, Carolyn e Philip Cowan, anunciaram que as descobertas valem para casais que têm filhos por acaso, discordam ou são ambivalentes quanto a isso. Casais que planejam ou dão as boas-vindas à concepção têm mais chances de manter ou até mesmo aumentar a satisfação conjugal depois do nascimento do bebê.

5
• • • •
Faminto como um lobo

O casamento existe para se ter filhos, esse é o propósito da instituição.

RUSH LIMBAUGH,
"DEFENSOR DOS VALORES FAMILIARES",
CASADO TRÊS VEZES, SEM FILHOS.

Decidir ter um filho pode ser uma das decisões mais importantes e empolgantes para um casal. Para muitos, tentar procriar é algo que os aproxima ainda mais. Para nós, não. Nós nem conseguíamos concordar em relação a quem queria um filho. Ter um filho era outra oportunidade para mergulharmos nas profundezas do caos e brigas conjugais. Bons tempos!

Ele diz

Annabelle queria ter um filho. Ela queria um filho, comigo, e queria imediatamente! Quando eu mostrava alguma resistência, ela inteligentemente exibia seu desejo por bebês porque via como eu era simpático com os filhos dos meus amigos. Essa foi uma das coisas que me tornaram atraente para ela.

É verdade que eu adorava fazer os pestinhas dos meus amigos rirem até vomitar. Mas o que eu mais adorava era o fato de eles não serem meus filhos. Admirava meus amigos por eles terem filhos tanto quanto admirava o *Guernica* de Picasso, o ataque surpresa de George Washington em Trenton ou a capacidade das pessoas de montarem qualquer coisa da Ikea. Saber que eu nunca conseguiria realizar nenhuma dessas proezas tornava esses indivíduos ainda mais impressionantes. Era o que acontecia com meus amigos casados e suas proles. Eles pareciam muito responsáveis, privados de egoísmo e maduros — muito diferentes de mim. A vida para eles não era mais feita de providências temporárias, relacionamentos transitórios, sexo casual e alegrias adolescentes baratas. Esses amigos com filhos haviam enlouquecido? Mas Annabelle me colocou contra a parede: se eu a amava de verdade, eu não deveria sair da adolescenciolândia e entrar com ela no mundo adulto da paternidade? Fomos para o Cedar Sinai retirar o tal fibroide.

Mas antes, na véspera da cirurgia, tirei fotos do corpo pelado e nunca antes operado de Annabelle. A vagina dela era tão perfeita e linda que eu não conseguia acreditar que a cortariam. Passei as três noites seguintes no hospital dormindo no chão do quarto de Annabelle, enquanto ela diminuía gradualmente o uso de morfina e urinava num saco plástico. Sabendo como ela estava nervosa e ansiosa por causa da cirurgia e da recuperação, fiz o meu melhor para fingir que não morria de medo. Mal havíamos nos casado e já lidávamos com morte, doença e cirurgia. Se fosse um roteiro de filme escrito por mim, todo mundo que o lesse riria na minha cara e diria: "Isso nunca aconteceria na vida real. Vá reescrevê-lo e deixe-o mais crível e realista."

Eu me lembro de pensar que se conseguisse ajudar Annabelle a passar por tudo isso, ela nunca duvidaria de meu comprometimento com ela e com nosso casamento. (Meu Deus, como eu era ingênuo! Um bebezinho em meio à selva conjugal.) Aceitei a cirurgia como uma necessidade e, portanto, como algo inevitável, então não havia mais nada a ser feito a não ser tentar dar uma de corajoso, fazê-la se sentir o mais confortável possível e talvez roubar alguns analgésicos dela.

Para comemorar a alta de Annabelle, passamos uma noite ridiculamente cara no hotel Four Seasons. Era cedo demais para fazermos sexo, mas Annabelle queria me mostrar sua cicatriz. Ela temia que isso me broxasse. Garanti que nada relacionado à vagina dela conseguiria me broxar. Ela tirou o roupão e mostrou os pontos grandes, grossos e pretos, na diagonal. Tentei pensar em algo carinhoso para dizer, mas tudo que consegui falar foi: "Meu Deus, minha esposa tem uma Franken-gina!"

Com o tumor uterino removido, Annabelle achou que era hora de trabalharmos para ela engravidar. Imaginei que engravidar uma pessoa neurótica, nervosa e muito ansiosa como Annabelle poderia levar meses, talvez até anos, quando eu estaria de fato pronto para ser pai. E então houve um probleminha menos de um mês depois do início de nossa olimpíada sexual — Annabelle engravidou. O quê? Que azar é esse?

Depois que a decepção inicial de perder todos aqueles anos de sexo passou, fui atingido por uma onda de euforia. Annabelle e eu havíamos decidido fazer algo juntos, e conseguimos! Íamos ter um filho! Quem sabe essa coisa de ter filho realmente fosse nos unir ainda mais. Talvez, ao longo da gravidez de Annabelle, passaríamos o tempo planejando como seria nossa nova família. Ter um filho refletiria nossas personalidades e visões de mundo descoladas, pós-modernas e esclarecidas. Ou talvez eu arrumasse um emprego em Austin, Texas, escrevendo para um programa de TV, e ficaríamos os próximos sete meses separados. Eu estava hesitante em relação a aceitar o trabalho. Já estava empregado numa produtora, e me via interpretando o papel do marido dedicado que massageia os pés cansados e inchados da esposa e que mente ao dizer que ela está linda, apesar de a bunda ter triplicado de tamanho. Mas Annabelle insistiu para eu viajar. Ela conhecia a realidade do negócio, e ser o redator-chefe de um programa em produção era muito superior a apostar que algum de meus roteiros algum dia veria a luz do dia. Ela disse que eu seria um idiota se deixasse passar a oportunidade, e então acabei aceitando.

Eu me lembro de fazer compras com ela para abastecer a casa na véspera de minha partida. Parecia mentira que eu estaria fora por tanto tempo, durante um período crucial de nossas vidas. Prometemos ir e vir o máximo possível. Para complicar ainda mais a situação, também decidimos que, antes de nosso filho nascer, deveríamos comprar uma casa nova. Achamos que fazer duas coisas completamente diferentes, em dois lugares totalmente diferentes do país, era parte de nosso experimento em ter uma família legal e pouco tradicional.

As estações em LA são as seguintes: verão, mais verão, duas semanas de chuva leve, e verão de novo. Com isso em mente, zombei das pessoas que me avisaram que o Texas era mais quente ainda. Segundos depois de deixar o aeroporto de Austin, me dei conta de que talvez eu tenha subestimado minha noção de calor. Central Texas, no verão, faz 37 graus de dia e 38 à noite, e tem 1.000% de umidade. Perto disso, Los Angeles parece Green Bay em fevereiro. Depois de apenas uma noite em Austin, Annabelle, pingando de suor e ódio, voltou para Los Angeles e me disse que, independentemente do motivo, nunca mais voltaria ao Texas.

Eu trabalhava num programa com um orçamento curtíssimo, então a escrita e as filmagens não podiam parar. Minhas horas de trabalho iam desde quando eu conseguia acordar até o momento de perder a consciência. Ninguém do programa era legal comigo, toda refeição era algum tipo de carne mergulhada em queijo — um sonho para qualquer pessoa com intolerância à lactose — e, o pior de tudo, Austin é uma cidade universitária com as garotas de pernas longas mais bonitas do Texas. Elas pareciam competir umas com as outras para ver quem conseguia vestir as minissaias mais curtas e sensuais. Era uma provocação e tanto para um homem casado, de 35 anos, sem a menor chance de fazer sexo durante meses.

Durante os meses longos, quentes, tristes e sem sexo que passei em Austin, Annabelle procurava uma casa nova entre enjoos matinais e crises de constipação. Ela também soube que a cirurgia uterina não permitia que ela tivesse parto natural, então seria preciso uma cesariana. Quanto a nós, recorremos ao único comportamento apropriado para um casal pós-moderno que se encontra em meio a uma situação tensa e imprevisível: reclamávamos e discutíamos um com o outro ao telefone. Isso rapidamente virou uma competição para ver quem estava pior, o que por sua vez levou a mais frustração, desentendimentos, gritos e telefones sendo batidos na cara.

A melhora em nossas brigas por telefone veio quando saiu a crítica do *New York Times* sobre minha série, *Austin Stories*. Foi um sucesso. Finalmente obtive satisfação mais do que merecida por todo meu trabalho pesado. Achei que, depois de uma crítica tão boa feita por um jornal tão prestigiado, haveria a possibilidade de uma segunda, talvez até de uma terceira, temporada da série. Apesar de verdadeiramente detestar o Texas (assim como o clima infernal e os cidadãos que adoram carne de porco, armas, picapes e a pena de morte), achei que se o programa tivesse continuidade, o melhor a fazer seria arrumar um apartamento legal em Austin. Dessa forma, quando eu precisasse estar nas filmagens, Annabelle e nosso bebê ficariam mais confortáveis ao me visitarem. Quando apenas mencionei a ideia para Annabelle, foi como se eu a convidasse para uma caça medieval às bruxas e ela fosse uma bruxa. Ela explodiu de raiva e me xingou de tudo quanto é nome.

Comprar um apartamento em Austin foi uma das coisas mais idiotas que já propus na vida. Apesar das críticas positivas, os executivos da MTV detestaram o programa, me desprezavam por tê-lo escrito, e até mesmo o elenco e a equipe me detestavam. Voltei para casa, para uma esposa sem compaixão e grávida de sete meses. (Nunca me perdoei e jurei nunca mais fazer planos futuros desse tipo.) Reunidos na mesma cidade, Annabelle e eu finalmente teríamos a chance de chegar a um acordo e voltar a criar nosso lar do século XXI. Juntos, nos mudaríamos para a nova casa que Annabelle encontrou para nós, analisaríamos a mais recente pesquisa sobre bebês, arrumaríamos o quarto do pequeno e escolheríamos o pediatra perfeito. Mas, na semana em que retornei, Annabelle começou a ter contrações de pré-trabalho de parto e teve de ficar em repouso. E para garantir que o bebê não saísse, precisou tomar um medicamento que a deixava com muitos gases. Então, fui para o mundo enquanto Annabelle ficava de quarentena na cama. Mais uma vez, fomos forçados a fazer nossas coisas separadamente. Estávamos nos tornando John e Abigail Adams contemporâneos, sem, é claro, o brilhantismo intelectual e a falta de egoísmo deles.

Assumi a busca pelo pediatra e logo recebi um tutorial sobre o efeito tangencial que o show biz tem sobre toda uma comunidade. Até mesmo os médicos novinhos agem como astros em Los Angeles. Egos gigantes, consultórios chiques em Beverly Hills e uma atitude hollywoodiana que diz: "Cuido dos filhos de Antonio Banderas e Melanie Griffith, então talvez eu nem tenha tempo para seu filho." Eu detestava, principalmente, a aura do pediatra que Annabelle escolheu, o Dr. Paul Fleiss. Ele é o pai da infame Heidi Fleiss, e tem muitas regras para pais de primeira viagem. A maior de todas: nada de circuncisão. Ele não atende quem circuncisa o filho. Estive em um open house em que ele conversou com futuros pais durante 45 minutos, e o assunto principal era o prepúcio. Ele também insiste que a criança deve ser amamentada até os 11 anos, mas, durante a maior parte do tempo, a conversa gira em torno do prepúcio. Alguns desses futuros pais se comoveram com a defesa apaixonada de Fleiss em relação a pele do pênis. Ainda assim, eu só conseguia pensar em um detalhe enquanto ele falava: esse é o pai de Heidi Fleiss, e ela é prostituta, cafetina, viciada e alcoólatra. Levando-se em conta o destino da filha dele, talvez ele não mereça o status de guru nem cuidar de meu filho. Com ou sem prepúcio.

Apesar de Annabelle concordar comigo em relação a Fleiss, ela gostou de algumas ideias que ele defendia, principalmente a teoria sobre nunca dar chupeta ao bebê. Eu queria esperar para ver o que funcionaria para nós e para nosso filho. Pensava que como nunca havíamos sido pais, seria melhor reunirmos algumas provas empíricas. Era um assunto importante para Annabelle. Ela havia colecionado livros e artigos e feito pesquisas na internet durante vários minutos sobre chupetas, e era preciso proibi-las. Eu não era apenas desqualificado para ter uma opinião, mas fui — mais uma vez — um "idiota" por não entender as ramificações mais profundas. Minha abordagem em relação à chupeta, para Annabelle, era como adorar o Demônio ou, pior ainda, votar num republicano. Em algum momento durante nossa discussão, temi que ela pudesse me deixar por causa dessa questão, mas, casualmente, ela não podia sair da cama. A história de ter um bebê não nos transformava em seres iluminados, desprovidos das noções antiquadas de "voz do povo", emancipados de nossos erros e de nossa ignorância; em vez disso, parecia que uma cortina de ferro se fechava entre nós. Discutíamos quem representava a liberdade (eu) e quem era dogmático, opressor e tirano (ela).

Certa noite, estávamos em lados postos da cama. Annabelle arrotava, e eu me envolvia com um programa de TV em que um lobo perseguia uma lebre através da tundra coberta de neve do Ártico, antes de matá-la e levá-la para sua companheira e crias. A "esposa" do lobo caçador tirou a lebre ensanguentada da boca dele, e ela e os filhotes se afastaram alegremente para comê-lo, deixando o lobo pai exausto, sozinho e faminto. Annabelle tinha, e não estou exagerando, lágrimas escorrendo pela face ao ver como a loba cuidava dos filhotes. "E o lobo pai?", pensei. "Ele fez todo o trabalho e não ficou com nada. Que tipo de parceira deseja que o esposo morra de fome? Ela não devia dar a ele pelo menos o rabo da lebre?" Annabelle achou isso ridículo. Era biologicamente imperativo para uma mãe, qualquer mãe, sustentar a si mesma e aos filhotes. Comecei a ficar muito irritado. Pensei que seríamos diferentes. Imaginei que seríamos um casal progressista tendo um filho juntos. Annabelle se virou para mim com o que parecia ser seus caninos gotejando saliva e rosnou: "Juntos? Você não sabe o que diz! Estou grávida, não posso me mexer e estou faminta! Vá à pizzaria e me traga dois pedaços com salsicha, pepperoni e presunto!"

Algumas semanas mais tarde, depois de buscar mais pedaços de pizza para Annabelle, ela me informou que era hora de ter o bebê. Isso foi uma surpresa, porque a cesariana estava marcada só para dali a duas semanas. Eu trabalhava num roteiro com minha parceira, então *casualmente* perguntei se ela não poderia segurar o bebê mais um pouco. Ela serenamente me informou que se eu quisesse segurá-lo mais um pouco, eu poderia enfiá-lo em minha bunda e deixá-lo *lá* pelo tempo que quisesse.

No caminho do hospital, fui acometido por um enjoo existencial. Em minha mente, eu gritava: "Não estou pronto para isso! Não estou pronto para isso!" Meu cérebro estava acelerado. Onde estávamos com a cabeça? Eu e Annabelle, pais? Mal dávamos conta de nossas vidas, que dirá de uma criatura indefesa. Como conseguiríamos fazer comida e lavar a roupa extra, comprar fraldas, fazer compras? Como conseguiríamos ficar acordados a noite toda quando o bebê começasse a chorar e não conseguisse dormir? Não deveríamos ter falado sobre isso tudo em vez de discutir sobre as ramificações filosóficas das chupetas? E como eu poderia ser o papai lobo que leva a lebre para casa e vê a mãe e o filhote comerem-na? Eu adoro *lapin à la dijonnaise*.

Quando chegamos ao hospital, mal conseguia recuperar o fôlego. Pelo amor de Deus, tudo que eu queria era poder fazer um pouco de sexo sem camisinha; agora estávamos prestes a trazer uma nova vida ao mundo!

Assim que chegou ao hospital, Annabelle estava preparada e pronta para a cirurgia. E então, de repente, lá estava ele. Comecei a tirar fotos da barriga ensanguentada de Annabelle, do bebê ensanguentado e do cordão umbilical azul incandescente.

Eu me senti como se alucinasse. Estava muito silencioso lá dentro. O bebê não chorava. Um dos médicos internos levantou e abaixou os braços de nosso filho e disse: "Respire, Ezra, respire." É, eu com certeza estava alucinando.

Então, finalmente, o bebê Ezra começou a chorar. Lágrimas involuntárias começaram a escorrer pelo meu rosto enquanto eu repetia "meu Deus" sem parar. Eu cortei o cordão umbilical, e Ezra foi levado para a sala de exames. Fui até Annabelle. "Está tudo bem? O bebê está bem?", ela perguntava enquanto a costuravam. Naquele instante, me dei conta de que Annabelle estava certa quanto à loba e os filhotes ficarem com a comida. Eu sabia que faria de tudo para sustentar a nova vida que trouxemos ao mundo, mesmo que precisasse perseguir um coelho por Los Angeles, de carro, na hora do rush. Annabelle estava certa, e eu fui um idiota por pensar o contrário. Tentar ser um casal moderno e iluminado tendo um filho era um mito tão absurdo quanto unicórnios voadores e dragões que soltam fogo. Tudo isso pode soar legal, mas não importa o quanto você acredite que essas coisas são reais, elas não são e nunca serão.

Ela diz

Engraçado, eu achava que ter um filho tinha sido ideia de Jeff. Bebês são máquinas de fazer bagunça pegajosas e resmungonas, com narizes que escorrem sem parar. Não é que eu não goste de crianças. Mas sempre me senti em relação a ter filhos como me sinto sobre o comunismo e a monogamia: parece uma boa ideia na teoria. Nunca fui como uma dessas mulheres que têm vontade de ter um filho com todos os homens com quem transa. Isso é como querer trazer para casa uma lembrança de cada cidade que você visita. Mas aí Jeff apareceu.

Tudo bem, eu posso ter dado a entender que se quiséssemos considerar ter uma família, deveríamos iniciar naquele mesmo instante, mas a partir do momento em que Jeff e eu começamos a namorar sério, fiquei com a impressão de que ele fizera as malas e estava pronto para sair da adolescenciolândia e entrar na vida de um homem adulto.

Nos últimos anos, as adolescenciolândias têm estado presentes na maioria das metrópoles americanas, mas Los Angeles é a capital delas. É povoada por Peter Pans que usam bonés de beisebol ao contrário; dirigem carros conversíveis que bebem muita gasolina e saem com garotas muito novas que têm tatuagens na linha da cintura, usam óculos escuros muito grandes e carregam DVDs da aparição mais recente num reality show. Gertrude Stein observou que, na Califórnia, "Lá não é o melhor lugar". Acredito que possa haver um "melhor lugar" lá, mas você não consegue chegar lá se não estiver na casa dos 20 anos e com muito dinheiro no banco. Era óbvio que Jeff e eu estávamos "aqui" tempo suficiente para saber que nosso lugar não era "lá". Jeff já estava alugando uma casa grande o bastante para uma família, e o fato de ele correr atrás de mim era indicativo da vontade que ele tinha de estar em uma relação a longo prazo. Então, aos meus olhos, Jeff Kahn parecia ser o sr. Bebê.

Jeff sempre teve apelidos para todos e para tudo, e as crianças são a plateia perfeita para suas travessuras. As bobagens dele o tornam irresistível para os pequeninos e pequeninas, que riem e pulam em seus braços. Um homem que se dá bem com crianças tem um efeito inegável nas mulheres com idade para ter filhos. Esse fenômeno, que figura na lista das dez coisas mais excitantes para as mulheres, não passou despercebido por mim, e o apelo que Jeff tem com crianças incitou meus óvulos. Se ele não queria ter filhos, como ele diz, então Jeff foi irresponsável ao me expor a seu talento com bebês. Além disso, não estávamos ficando mais jovens. Jovens na aparência, talvez, mas nossa geração tinha de aceitar o fato de que não se pode colocar botox no útero. Conhecíamos casais que estavam desesperadamente atrás de mães de aluguel. Eu tinha amigas que passavam boa parte do dia avaliando doadoras de óvulos com formações impressionantes e combinações estranhas de habilidades como "falo seis idiomas e faço meu próprio desodorante". Esse era o porquê da corrida em direção a nos tornarmos pais.

No começo de minha gravidez, eu não fazia ideia do tipo de família que teríamos. Assim como Jeff, eu fantasiava que seríamos uma dupla de viajantes com um bebê, mas em termos de delineação de tarefas e planos... nem tanto. Eu não tinha imagem própria como mãe, então meu único plano era ser o oposto de minha mãe, que teve a audácia de tentar transcender sua criação de classe trabalhadora dos anos 1950 na esperança de conseguir um estilo de vida suburbano dos anos 1960. Ela trabalhou no começo, mas depois passou o resto das gravidezes vestindo penhoar, fumando e comprando muita comida de bebê. Minha mãe diz que nunca pensou em ter filhos; apenas fazia o que era esperado. Depois que ela dava à luz, a maioria das decisões familiares importantes era delegada a meu pai. Para crédito dela, minha mãe me educou com o tipo de retórica feminista que lhe foi negado. Ela sempre me garantiu, desde que eu era uma garotinha, que poderia ter tudo. Então agora que eu ia ser mãe, estava determinada a provar que ela estava certa. Eu distinguiria das mulheres da geração dela. Eu seria uma mãe engajada e instruída, uma mulher de negócios bem-sucedida com um bebê no seio e a agenda no bolso externo da bolsa para fraldas Kate Spade. Mas antes que pudéssemos montar nosso novo plano familiar, Jeff foi trabalhar no Texas. Que união!

Meu primeiro plano de ação foi me matricular na mesma aula de ioga pré-natal que Madonna e Cindy Crawford frequentaram. A aula é comandada por uma Sikh cuja alegação de ter aguentado um trabalho de parto de 24 horas consumindo continuamente fígado cru a tornou um ícone entre as famosas grávidas de Hollywood. É verdade que dar à luz pode ser uma espécie de esporte competitivo e, no começo de cada sessão, cada mãe anuncia suas intenções. "Terei parto normal" ou "Terei parto normal em casa, com uma parteira". "Terei parto normal em casa, dentro de uma banheira, com monges tibetanos cantando feitiços cabalísticos, e Madonna será minha parteira" era o que eu queria dizer, mas por fim admiti que faria cesariana no Cedar Sinai e que estava ansiosa para tomar aquelas drogas incríveis, o que significa que não me tornei amiga de nenhuma das mulheres superiores e politicamente corretas daquela aula. No que se tornaria um padrão, Jeff implicava comigo sem piedade por causa de minha ida às aulas. Elas eram relaxantes e ricas em dicas sobre maternidade, mas meu marido suspeita de qualquer coisa aceita pelo que ele considera a elite liberal e moderna. Técnicas comportamentais cognitivas, forte ligação com os pais e a nova e moderna tendência de se deixar o bebê dormir na cama do casal eram coisas que Jeff julgava populares demais entre a galera do PC para ser praticada pela família Gurkahn. Eu sabia que qualquer pessoa que fale sobre salvar o meio ambiente enquanto mora numa casa de 950m², indivíduos que dirigem um Prius* e tudo que o Deepak Chopra escreve alimentam o cinismo de Jeff, mas eu me irritava com o fato de que cada sugestão que eu dava era recebida com o mesmo tipo de insatisfação. Jeff rejeitaria a respiração se pudesse, só porque todo mundo respira. Para que fique registrado, as mães naquela aula acabaram tendo, estatisticamente, a mesma taxa de cesarianas (aproximadamente um em três) que o restante da população americana. Enquanto isso, Jeff ria de mim e me chamou para me juntar a ele no Texas.

Austin no verão é como estar dentro de um forno. Eu mesma já era um forno preparando um bebê. Agora eu era um forno dentro de outro forno. Jeff ainda se recusa a reconhecer que foi ele que sugeriu que nos mudássemos para o Texas, e não apenas que arrumássemos um apartamento por lá.

As pesquisas científicas nos alertam sobre como os sistemas auditivos do homem e da mulher funcionam de maneira diferente. Parece que o homem escuta com um hemisfério do cérebro, e a mulher com os dois.** Os cientistas ficam surpresos com as implicações dessa dife-

---

* Eu dirijo um Prius.
** Essa descoberta recebeu muita atenção num estudo de 2001 publicado pelo Dr. Michael Phillips, da Escola de Medicina de Indiana. Os homens também perdem a capacidade de escutar tons agudos quando ficam mais velhos.

rença, mas indícios casuais sugerem que os homens simplesmente não ouvem o que nós dizemos. No entanto, nada consegue explicar por que os homens não escutam a si próprios. Por exemplo, Jeff insiste que ele apenas sugeriu que alugássemos um apartamento em Austin. Alguém deveria pesquisar esse fenômeno. Ele também se esquece de que cresci no Sul, onde aprendi que viver ao sul da linha Mason-Dixon significa dias de cabelo ruim para uma garota judia. Sempre que volto lá, meu cabelo fica parecido com o da Barbara Streisand em *Nasce uma estrela*. Apesar de eu gostar de minha carne tostada, frita e amanteigada, não tenho a menor vontade de morar lá de novo. Como se não bastasse, Jeff mandou fotos em que ele parecia estar bem amigo da equipe de apoio da série de TV: aquelas garotas reluzentes e flexíveis que vestem tops minúsculos e calças que realçam o traseiro. Eu já tentava aceitar o fato de que meus peitos explodiam e minha bunda expandia tão rápido quanto uma franquia do Starbucks. Meu traseiro não parava de crescer. Eu me apavorava com o modo como minha vida mudaria, e ainda por cima teria de fazer as malas e ir para um lugar onde todo mundo com quem meu marido trabalha é uma coelhinha da MTV e eu não conhecia ninguém? Não, obrigada.

A sorte que eu tive foi que um dos vários ex-colegas de quarto de Jeff, Eric, ia se mudar para Los Angeles e precisava de um lugar para ficar. Eu, de maneira pouco característica, fiquei feliz em ter companhia. O ponto alto da estada de Eric foi quando Jeff pediu que ele me levasse para jantar no meu aniversário. Os demais fregueses ficaram impressionados e um pouco enojados com a velocidade e a eficiência com que dei conta da refeição, que rapidamente foi absorvida pelo meu traseiro gigantesco. Eu não tinha como saber que aquele jantar seria uma de minhas últimas refeições fora de casa durante meses.

Enquanto isso, tínhamos assuntos urgentes em Los Angeles. A validade de nossa escritura de aluguel vencia, então mesmo que não conseguíssemos decidir a configuração em que iríamos dormir, era imperativo encontrar uma casa nova. Então, lá estava eu, grávida, usando braceletes antienjoo, vomitando no trabalho, — uma série de TV, onde eu escondia minha gravidez atrás de tigelas enormes — e precisando comprar uma casa. Eu descobria que "ter tudo", na verdade, quer dizer fazer tudo. Antes de Jeff voltar, eu já tinha escolhido uma casa, cuidado da hipoteca, refeito a pintura, trocado as telhas, reparado a parte elétrica, o piso e providenciado seguros e inspeções. É verdade, a casa que comprei podia não ser grande coisa, mas ao menos coloquei um teto sobre nossas cabeças.*

Jeff dedicou uma linha para descrever o período que tive de ficar na cama. Acho que porque não foi ele que precisou manter-se deitado sobre um lado do corpo durante seis semanas seguidas, só podendo se levantar para ir ao banheiro. A perspectiva de ficar descansando na cama parecia ser algo divertido, e foi, durante os primeiros 45 minutos. Àquela altura, eu teria preferido a gravidez de minha mãe que, apesar de ter sido regada a café e um ou outro martíni, progrediu sem grandes complicações. Eu tinha várias ambições para meu descanso na cama: montar álbuns de foto de nosso casamento, aprender afegane e adquirir um diploma em criação de animais. Infelizmente, não consegui fazer nada disso.** Só para deixar registrado, li capítulos inteiros, se não livros inteiros, sobre gravidez. Mas àquela altura eu mal conseguia juntar duas frases, que dirá ler, porque os efeitos colaterais da medicação para contração incluíam ansiedade, palpitações e arrotos violentos. O único efeito colateral terrível que não tive foi engordar, mas só porque eu já era uma grávida enorme de gorda!

Essa deve ser a maior de todas as explicações para Jeff e eu estarmos casados até hoje. O fato de outro ser humano ter me visto nessa situação

---

* Jeff detesta sua caracterização como alguém que não consegue lidar com atividades que tenham a ver com reforma na casa. "Mas você não consegue trocar nem uma lâmpada", eu lembro a ele. "Eu consigo, mas não consigo fixá-la de novo" é a resposta de sempre. Nada mais a declarar.
** Nossas fotos de casamento ainda estão nas caixas.

e ainda conseguir me olhar nos olhos e me achar atraente é um mistério. Talvez um dia a CIA experimente o "descanso na cama" em vez da técnica de simulação de afogamento e outras formas de tortura, porque, depois de seis semanas sem poder sair do lugar, eu teria confessado ser um membro importante do Talibã, o segundo atirador que tentou matar JFK e o motorista na fuga de John Wilkes Booth.

Foi durante o descanso na cama que descobri que assistir a programas sobre natureza durante a gravidez pode produzir uma crise de identidade lacrimejante induzida por hormônios. Eu me pegava aos prantos com meu exemplar de *O que esperar quando você está esperando* nas mãos, sem saber para quem torcer, se para os lobos ou para os coelhos, mas, na metade dos programas, tudo que eu conseguia pensar era: "Estou faminta." Foi assim que eu soube que havia verdadeiramente me tornado maternal. O sentimentalismo havia sido substituído pelo instinto de sobrevivência, e eu com certeza destroçaria aquele coelho se meu filhote estivesse com fome. Jeff estava presente? O papai lobo precisava comer? Quem se importa? Jeff tinha razão — meu bebê era meu futuro agora, e eu estava faminta como um lobo.

Foi nesse estado voraz, e talvez por causa dele, que Jeff e eu tivemos a grande discussão da chupeta. Eu tinha concordado com a avaliação de Jeff sobre Fleiss, apesar de o consultório dele ser bem perto de nossa casa, o Cálice Sagrado da vantagem geográfica em Los Angeles, mas não estava disposta a ceder em relação à chupeta. Jeff disse para não fazermos planos precipitadamente, mas eu não seria como minha mãe, droga. Eu tomava as decisões. Eu só era inflexível em relação a alguns detalhes. Diferentemente dela, eu daria prioridade ao seio, não à mamadeira, a chupeta seria banida, e eu pensei que seria legal nosso bebê dormir em nossa cama. Jeff tinha a impressão de que várias tarefas ficariam por conta dele, mas, na realidade, só o que ele teria de fazer era conversar com os poucos médicos com quem eu ainda não conversara e manter meu estoque de pizza enquanto eu suportava os últimos estágios da gravidez em minha versão de baleia encalhada.* Essa é uma boa hora de desmascarar a expressão que se infiltrou no léxico da procriação contemporânea: "Vamos ter um bebê" ou "Estamos grávidos". Essas frases refletem a ilusão da igualdade entre os gêneros que nos traiu ao descrever a realidade de maneira incorreta. "Jeff", falei de maneira pouco atraente, "nós não vamos ter um filho, eu vou ter um filho. Vou adorar se você ficar por perto, mas se 'nós' estivéssemos grávidos, nós dois estaríamos aqui o tempo todo e nenhum de nós andaria por aí, mas um de nós não está aqui e um de nós está andando por aí, então você trará uma pizza para mim e eu decidirei se nosso bebê terá uma chupeta! E eu quero queijo *extra* na pizza!".

Durante as últimas semanas de gravidez, fomos três vezes ao hospital. Em todas elas, eles me medicaram e me mandaram esperar. Mas eu estava com a capacidade intelectual tão reduzida que ficava deitada, contando os segundos de cada minuto e começava tudo de novo, entre arrotos, reclamações e resmungos para meu marido. Jeff descreve o momento em que o informei que "estava na hora" como se eu conspirasse para ficar entre ele e seu trabalho. Não preciso lembrar nenhuma mulher que já tenha dado à luz que é impossível segurar um bebê, assim como gases, que eu também tinha naquele momento. Fiquei tão perplexa com a resposta de Jeff que me virei e fiquei na banheira por uma hora.** Então, permaneci na banheira, contemplando como seria: eu trabalharia o tempo todo, o bebê ficaria em meu seio durante a arrumação

---

* De acordo com o *Wall Street Journal*, o papel doméstico dos homens mudou pouco nos últimos vinte anos, apesar de as horas de trabalho da mulher fora de casa terem aumentado significativamente. Isso quer dizer que ou estamos morando em meio à sujeira ou, como a reportagem sugere, as mulheres estão tendo que dar conta, então por que seria diferente em relação ao preparo pré-natal?

** Eu não estava tendo as contrações agonizantes do trabalho de parto que provavelmente me fariam socar Jeff enquanto eu chamava um táxi. Tinha contrações incômodas. Fomos informados de que na próxima vez em que elas aumentassem, seria hora de ter o bebê. Se você já tentou usar três pares de meia-calça e considerou respirar uma atividade essencial, bom, foi o que aconteceu. Para que fique registrado, depois de 36 semanas e meia, nosso bebê não era considerado prematuro.

dos móveis do quarto do bebê encomendados na IKEA, e, escondida de Jeff, eu procuraria a caixa de chupetas. Mas quando emergi, já era de madrugada, e eu pensei que seria melhor esperar um pouco mais para dar ao médico mais tempo para dormir, então Jeff conseguiu terminar o trabalho dele. Mas enquanto me levavam para a sala de parto, depois de eu ficar em pé durante 24 horas e deitada durante três meses, eu não sentia medo, estava em pânico: "Não fui feita para isso...!", gritei. De repente, me dei conta de que poderia estar faminta como um lobo, mas Jeff fizera o melhor que pôde. Ele estivera num lugar equivalente à tundra, sobrevivera ao purgatório do show biz em Austin, caçando dinheiro em vez de coelhos, e fui uma idiota por não reconhecer o quanto ele contribuíra do jeito dele. Mas se eu soubesse o que nos aguardava em seguida, eu teria pulado a coisa toda e comprado hidratantes caros.

"A maioria dos divórcios ocorre no primeiro ano depois do nascimento de um filho."

Universidade Rutgers, 2005

"Mulheres que se calam durante um conflito com o marido, em comparação com aquelas que não o fazem, têm quatro vezes mais chance de morrer", segundo descobertas publicadas em 2007 na revista *Medicina Psicossomática*.

reflexos do amor

Os casais começam a ficar parecidos por muitas razões, inclusive por causa de dieta, do ambiente e de uma predisposição geral (em Los Angeles, isso pode acontecer se os dois frequentarem o mesmo cirurgião plástico), mas o psicólogo Robert Zajonc e colegas publicaram um estudo que indica que quando os casais se identificam um com o outro, eles imitam as expressões faciais um do outro e, portanto, desenvolvem características faciais semelhantes.

"Ao escolher um parceiro para a vida toda, você inevitavelmente optará por um conjunto particular de problemas insolúveis com que lidará durante os próximos dez, vinte ou cinquenta anos."

Psicólogo Dan Wile, *Depois da Lua de Mel*

na saúde e na doença

Pais de crianças com doenças crônicas correm grandes riscos de passar por estresse conjugal. A culpa muitas vezes se torna uma questão. As limitações de tempo para cuidar de uma criança doente são um grande desafio para qualquer casamento. As válvulas de escape normais — como passar uma noite a sós — também são limitadas; uma simples fadiga se torna um problema.

"Uma criança com doença crônica pode acabar com um casamento", *USA Today*

6
• • • •
Os anos de insônia

A vida é dividida entre o horrível e o deprimente.
WOODY ALLEN

No dia de nosso casamento, recitamos votos um para o outro que incluíam as seguintes linhas de uma tradução do Tao Te Ching: "Você consegue convencer sua mente a parar de vaguear e manter a unidade original? Você consegue se afastar da própria mente e, dessa forma, entender todas as coisas? Você consegue lidar com as questões mais vitais deixando que os eventos sigam o próprio curso?" E a resposta seria "não". No entanto, não percebemos que a resposta era mesmo "não", até o dia em que nosso filho nasceu.

Ele diz
Senti uma forte sensação de estupefação, terror e pavor quando nosso filho, Ezra, foi retirado das entranhas da mãe dele e levado para a sala de exames, onde um médico com forte sotaque holandês e a delicadeza de Donald Rumsfeld me disse que ele não tinha ânus.

"Não tem o quê? Pare com isso..." Eu o observei. Esse médico falava sério ou estava de sacanagem com a minha cara? Todo mundo sabe que os holandeses são conhecidos pela patinação de velocidade, maconha legalizada, prostituição e até pelo delicioso queijo Gouda, mas pela comédia? Também sou um espertalhão, então disse a ele: "Bom, ele acabou de nascer. Talvez o ânus dele seja muito pequeno e você não consegue ver." Van Rumsfeld olhou para mim como se eu tivesse bebido a última Heineken dele. Ele não estava brincando. Ele nunca brinca. Ele é holandês. Comecei a procurar aberturas no traseiro de Ezra, e deparei com a bunda mais macia e sem buracos do mundo. Fiquei pasmo, confuso e, como de costume, zangado. "Cadê o ânus dele? Não posso levá-lo sem ânus!" Gritei, como se meu filho fosse uma calça jeans da Diesel sem um zíper.

Annabelle estava tão doidona por causa dos medicamentos da cesariana que, depois que falei que ele não tinha ânus, ela começou a rir como uma histérica. Brincou com a enfermeira, dizendo que não podia acreditar que o filho de Jeff Kahn não tinha ânus, porque "Essa é a parte do corpo preferida de meu marido". Ha, ha, ha, Annabelle fica genial depois de se entupir de analgésicos. Tudo bem, é verdade que todo mundo sabe que eu sou um pouco obcecado por essa parte do corpo. Se eu pudesse escolher entre *Rei Lear*, de Shakespeare, um episódio ótimo de *Seinfeld* ou um filme pornô cheio de bundas, eu não poderia mentir e dizer que escolheria *Rei Lear* ou *Seinfeld*. Não tenho orgulho disso. Então será que era um troco cármico? Será que me diziam "Ei, você adora bundas, Kahn. Tudo bem, lide com isso 24 horas por dia. Não é muito divertido, não é? Na próxima vez, faça um favor a si mesmo e fique obcecado por tragédias shakespearianas, seu idiota"?

Menos de duas horas depois do parto, Annabelle e eu estávamos no quarto escutando o Dr. Van Dutch nos informar de que não ter ânus é a ponta do iceberg das malformações de nascença. O pequeno Ezra tinha a associação VACTERL, um acrônimo em que as letras V, A, C, T, E, R e L querem dizer uma ou mais falhas de nascença. Isso pode ser uma, todas, ou várias combinações diferentes de não se ter ânus; fístula traqueoesofágica; alterações cardíacas; anomalias renais, alterações vertebrais e até mesmo anomalias de extremidades, como não ter dedos do pé ou da mão suficientes. Até onde sabíamos, Ezra não tinha ânus, tinha fístula esofágica (era pequena demais para deixar a comida chegar até o estômago), orifícios no coração e rins unidos ou na forma de cavalo.

Eu adoraria poder dizer que minha reação foi ser um marido estoico e corajoso, e que eu era um raio de esperança, otimismo e estabilidade para minha esposa, família e amigos, mas só o que fiz foi chorar. Chorei porque me senti perdido, estupefato e mal-preparado para lidar com a situação. Chorei porque sabia que a vida que eu levara até aquele momento se acabara para sempre. E continuei chorando durante horas, até que um funcionário da administração do hospital foi enviado para me avisar que se eu não parasse de chorar, seria retirado do local. Finalmente, minha parceira de trabalho, que veio ao hospital para dar apoio moral e não é fã de homens histéricos e emocionais demais, especialmente quando se trata de seu parceiro de trabalho, me deu um tapa na cara. Ela mandou eu me recompor para poder ser forte por Annabelle, que se recuperava dos efeitos das drogas pós-operatórias e começava a perder as estribeiras também. Com certeza não foi um dos momentos de que me orgulho. Graças a Deus nunca tive de viajar pelo mundo com Magellan, atacar as praias da Normandia ou entrevistar Tom Cruise sobre a Cientologia.

Para sobreviver, nosso filho precisava ser operado imediatamente, para colocarem uma sonda alimentar e fazerem uma colostomia. Minha mão tremia enquanto eu preenchia o formulário de consentimento cirúrgico quando escutei a enfermeira me dizer "Você tem sorte". Sorte? "Vá se danar", pensei comigo mesmo. "Será o Big Mac", ela continuou. "Vou ganhar um Big Mac?" "Não, o Dr. Columbus McAlpin, Big Mac, será o cirurgião de seu bebê. Ele é o chefe do serviço de cirurgia pediátrica. O hospital inteiro se divide como o mar Vermelho diante dele." Naquele momento, havia um médico negro, baixo, barbudo e com uniforme azul caminhando pelo corredor em minha direção. Todas as enfermeiras, os médicos e residentes educadamente saiam do caminho dele. Ele tinha um grande sorriso no rosto quando apertou minha mão e um brilho suave e seguro nos olhos. "Oi, sou o Dr. Columbus McAlpin." Talvez tenha sido a sensação do aperto de mão firme dele ou o som áspero, meio de trompete de jazz, de sua voz, mas foi a primeira vez desde que Ezra saiu do útero de Annabelle que eu não sentia como se o mundo desabasse em cima de mim. Essa foi a primeira de muitas ocasiões em que Big Mac acalmou minhas preocupações e elevou meu espírito combalido.

Na unidade de tratamento intensivo neonatal, eu não conseguia parar de olhar para nosso filho. Então aquele era meu bebê na incubadora, ligado a monitores cardíacos e de oxigênio, com fios e vias intravenosas entrando e saindo do corpo. Um tubo de alimentação saía de seu pequeno estômago, um saco plástico da colostomia pendia sobre a fralda. Um fio preto ia da boca até a garganta através do tubo de alimentação e voltava para a boca de novo. Não faço ideia para que servia aquilo. Ezra parecia um bebê recém-nascido e um homem velho e cansado ao mesmo tempo. Foi nesse momento que parte de mim deixou meu corpo, olhou para onde eu estava e deu adeus. Ele disse que estava a caminho da Islândia, uma terra onde todo mundo está bêbado ou transando, ou as duas coisas, e perguntou se eu não queria ir junto. Eu queria muito ir para a Islândia. A bela, gélida... e distante Islândia... Mas, por algum motivo, meus pés estavam grudados ao chão. Eu não conseguia mover um músculo sequer. Não, eu não queria ficar e lidar com o que viria para Annabelle, para mim e para Ezra, mas eu também não queria perder.

Nossa vida rapidamente virou uma merda, literal e figurativamente. Depois de três semanas no hospital, as enfermeiras embrulharam o pequeno Ezra, o entregaram a nós e nos desejaram boa sorte. Annabelle perguntou se havia uma espécie de aula sobre "ausência de ânus" para pais de primeira viagem como nós, e as enfermeiras apenas riram. "Aula sobre ânus. Vocês dois são engraçados." E então fomos embora. Estávamos por conta própria. Daquele momento em diante, teríamos de nos virar.

Quando Annabelle estava grávida, compramos fraldas e mamadeiras; agora tínhamos de trocar sacos de colostomia e derramar leite através de tubos a cada quatro horas. A medicina moderna frequentemente é muito miraculosa, mas quando se trata de sacos de colostomia, ela é medieval. É um recurso complicado que deve ter sido criado durante a Inquisição Espanhola. Fiz várias tentativas frustradas, fúteis e tolas de tentar usá-los de maneira apropriada, até que tive de dizer a Annabelle que havia coisas que eu nunca, sem a menor sombra de dúvida, iria aprender: francês, cálculo e como trocar um saco de colostomia. Felizmente, embora Annabelle nunca conseguisse ligar o alarme de segurança da casa, ela era capaz de lidar com os sacos de colostomia.

Seria legal poder dizer que Annabelle e eu conseguíamos dar a Ezra a atenção de 24 horas de que ele necessitava para permanecer vivo. Mas também tínhamos de fazer todas aquelas coisas de família pós-moderna, precisávamos trabalhar, ganhar dinheiro e sobreviver. Então, para nos ajudar com a rotina de sacos de colostomia e tubos de alimentação, havia uma procissão sem-fim de enfermeiras e babás, dia e noite, que marchava para dentro e para fora de nossas vidas. Algumas ajudavam. Outras eram inúteis, como aquela que disse que não conseguia alimentar Ezra através do tubo porque ficava com muito nojo. Uma babá, uma mulher brasileira muito baixinha, com um quê de *O bebê de Rosemary*, levou Annabelle à loucura porque se recusava a deixá-la segurar Ezra ou até mesmo entrar no quarto para dar um beijo de boa-noite quando cuidava dele. Mas tínhamos medo de demiti-la porque ela era a única, naquela época, que conseguia fazê-lo parar de chorar tempo suficiente para adormecer.

No fim, a bruxa acabou indo embora e foi substituída por uma babá sorridente, new age, com perfume de patchuli, que nos disse que tudo acontece por um motivo, inclusive, acho, seu pedido de demissão misterioso menos de um mês depois. Ela deu lugar a uma enfermeira evangélica que trabalhava à noite e que tinha certeza de que Deus não dava a uma pessoa algo que ela não conseguiria suportar. Sentimentos adoráveis que me deixavam cético, irritado e precisando muito de álcool. Se tudo no universo acontece por um motivo, como explicar ou justificar pragas, genocídios ou as pessoas pensarem que Dane Cook é engraçado? É sério. Dane Cook — um cara bonito, mas nem um pouco engraçado. E quanto a Deus dar somente o que você pode suportar... Deus, de todas as divindades onipotentes, deveria saber que se eu não consigo lidar com meu computador dando pau, com o engarrafamento de Los Angeles e com restaurantes que não servem omelete de clara de ovo, como diabos conseguirei lidar com um filho sem ânus? Insônia, ter de equilibrar trabalho, entra e sai infinito de enfermeiras e babás e a montanha de dinheiro que nos custavam, além do esforço físico e emocional necessário para cuidar de Ezra, eram coisas que afetavam nosso casamento. Não conseguíamos dormir de jeito nenhum. Havíamos passado de indivíduos inseguros, neuróticos, egoístas, artísticos, mas gentis, a vampiros emocionais egoístas, irritados, raivosos e que estavam atrás do sangue um do outro. Annabelle, que não eram nenhum templo de estabilidade, começou a ficar cada vez mais enlouquecida. Primeiro, ela procurava qualquer um que lhe desse ouvidos. Depois de levar à exaustão amigos, médicos, vizinhos e estranhos que conhecia na rua, ela se voltou para a internet e encontrou um site dedicado a crianças que nasceram com VACTERL. É, existe mesmo um site e uma newsletter mensal dedicada a crianças sem ânus e seus pais. Ela começou a mandar e-mails para os membros, na esperança de criar laços por causa das experiências em comum e trocar dicas sobre como lidar com esses defeitos de nascença. Não satisfeita com as conversas on-line, ela descobriu grupos de apoio e implorou para eu participar de um com ela. Annabelle garantiu que minha perspectiva mudaria. Ela estava certa. Escutar aquelas mães que falavam sobre seus filhos realmente mudou minha visão. Uma história era mais trágica do que a outra: bebês que nasceram com o coração para fora, cegos, com problemas cerebrais, pulmões que mal conseguiam respirar. Havia coisas de outro mundo: uma criança com mãos em forma de garra de lagosta, uma menina-sereia que nasceu com as pernas unidas, um bebê metade menino/metade carneiro e um menino sem cabeça. Sem cabeça — como isso é possível? Quando chegou minha hora de falar, tudo que consegui dizer foi como me solidarizava com todas essas mães e como me considerava sortudo porque, comparando, nosso problema era bem mais simples. Uma criança com mãos em forma de garra de lagosta aprenderá a usar um garfo algum dia? A menina-sereia terá de viver dentro d'água? O menino-carneiro fabricará a própria lã? O que se dá de comer a um bebê sem cabeça? Gritamos um com o outro no estacionamento. Eu disse a Annabelle que nunca mais iria a um grupo de apoio, e ela gritou de volta afirmando que isso reforçava a sensação de que eu me recusava a aceitar e a lidar com o que acontecera a Ezra. Respondi que aceitava o que havia acontecido e que lidava com isso a meu modo: trabalhando o dia todo e ficando acordado a noite inteira, sem cair morto.

    Ao longo desses anos surreais, íamos ao hospital tantas vezes que era como se atravessássemos um portal para uma realidade paralela. Nessa outra realidade, morávamos em meio a murais alegres da Disney doados por Jeffrey Katzenberg, crianças com leucemia andando por aí com seus soros de quimioterapia, e enfermeiras que víamos com tanta frequência que nos cumprimentavam como se fôssemos amigos dos tempos de escola. Não teríamos conseguido suportar esse universo médico sem o Dr. McAlpin. Ele fez quatro dos procedimentos cirúrgicos importantes de Ezra. Também realizou mais de uma dúzia de dilatações no esôfago de nosso filho. Ezra não era seu único paciente. Ele tinha de atender literalmente centenas de crianças, talvez milhares. Como conseguia ser tão onipresente? Quantos Big Macs existiam? Acima de tudo, era impressionante como passava segurança para nós, pais assustados e inseguros.

Enquanto isso, Annabelle e eu nos revezávamos dormindo ao lado da cama de Ezra no hospital, num colchonete usado pela última vez por Papillon na Ilha do Diabo. A gente tinha o prazer de ser acordado a cada cinco minutos por enfermeiras que examinavam Ezra. Mas nunca me esquecerei da euforia absoluta, da alegria, do júbilo que senti ao ver um cocô minúsculo na fralda pela primeira vez.

Naqueles dias e noites longos no hospital com Ezra, parecia que não importava quantos expressos eu tomasse, nunca mais ficaria completamente desperto de novo. Certa vez, quando caminhava pelo corredor que conecta as duas torres do Cedar Sinai, vi meu reflexo numa janela grande. Quem era aquele cara esgotado, com olhos injetados e um corte de cabelo caro, que tentava fingir que não estava morrendo de medo? Eu me encarei. Era eu mesmo? Essa era realmente nossa vida? Eu ainda amava Annabelle, mas tudo mudara tanto, tão rápida e dramaticamente que eu não sabia se nosso casamento sobreviveria. Não concordávamos com nada. Annabelle queria frequentar grupos de apoio, fazer festas em casa para crianças com falhas de nascença do país todo, e insistia em levar Ezra a todos os fisioterapeutas de Los Angeles. Eu só queria trabalhar para poder continuar pagando outras pessoas para trocarem os sacos de colostomia dele.

Tudo que pensávamos que havia de errado conosco, nossas carreiras, nosso relacionamento e agora nosso filho, começou a colidir, causando explosões de culpa, acusações e cobranças. Era uma época de crise emocional, e Annabelle e eu estávamos numa guerra nunca vista desde Aaron Burr e Alexander Hamilton e que jamais seria vivenciada de novo até Rosie O'Donnell e Donald Trump. Estou certo de que grande parte dessa rixa conjugal era para aliviar todo o estresse de nossa situação. Como não podíamos maltratar os médicos e as enfermeiras, nem descontar nossas frustrações em amigos, parentes e colegas de trabalho, só sobrávamos nós mesmos. Viramos o saco de pancada emocional um do outro. Ficamos com cicatrizes internas invisíveis, assim como as cirurgias de Ezra deixaram marcas externas, físicas.

Comecei a imaginar como seria a vida se eu fosse divorciado, pai solteiro de um garoto que tem o ânus fabricado pelo homem. No entanto, fantasiar sobre divórcio e de fato me divorciar são duas coisas muito diferentes. Como pornografia e sexo. A pornografia pode parecer genuína quando é grátis na internet, mas não existe na realidade. Todo filme pornô acaba exatamente da mesma maneira, com o cara gozando no rosto da garota, e ela adorando. A garota se amarra! Eu me pergunto qual é a porcentagem de sexo entre pessoas casadas que termina do mesmo jeito. Nem um por cento, essa é a resposta. Pelo menos é o que eu sei. Então, em vez de nos divorciar, Annabelle e eu fomos a terapeutas, juntos e separadamente. Comecei a tomar antidepressivos, fazer ioga duas vezes por semana e ter um novo apreço pelos vinhos de Rhône Valley.

Para ser sincero, foi a crise mais difícil e inimaginável de minha vida. Eu estava no auge de "na alegria e na tristeza", e apesar de não mandar muito bem, não ia desistir.

Sou determinado. Não desisto. Sempre que jogo basquete, sou um cara de 1,67m que usa velocidade e tenacidade contra jogadores muito mais altos. Contei com minha atitude de nunca desistir, durante mais de cinco anos, para ganhar o coração de Annabelle. Como um escritor trabalhando em Hollywood, eu já tivera minha cota de rejeição e fracasso, mas permanecia no jogo e, não importava o que acontecesse, eu continuava na luta. E era exatamente isso o que pretendia fazer como pai e como marido.

Tentei adotar uma atitude otimista e achar que Ezra ficaria bem. Sentia-me frustrado por não conseguir que Annabelle tivesse uma perspectiva mais positiva e que ela parasse com a obsessão de que Ezra tinha um problema de coluna relacionado que não fora diagnosticado. Para mim, Ezra parecia bem. Ele estava até mostrando sinais de possuir uma excelente coordenação olho-mão, e comecei a fantasiar sobre Ezra superar as dificuldades e se tornar jogador profissional de beisebol. Sobre um dia ele levantar o troféu da World Series e dizer: "Isto é para meu pai. Ele tem sido minha inspiração desde que eu era um garotinho, apesar de ele nunca ter aprendido a trocar um saco de colostomia." Mas Annabelle queria que Ezra fizesse uma ressonância magnética da coluna e, é claro, ele também tinha essa falha de nascença que precisava ser corrigida o mais cedo possível. Foi uma cirurgia complicada e assustadora de três horas e meia, mas Ezra se saiu muito bem e ganhou uma cicatriz muito delicada. A insistência de Annabelle para realizar a ressonância poupou a ele e à nossa família muito sofrimento e infelicidade. Sou eternamente grato a ela por ter sido um pé no saco e conseguido o que queria em relação à coluna de Ezra.

No entanto, inacreditavelmente, quando Ezra completou 4 anos, os médicos diagnosticaram que ele não tinha um rim grande, do formato de ferradura, e sim um rim solitário, de tamanho menor do que o normal, cístico, localizado abaixo das costelas. Isso significava que Ezra precisava de uma dieta de baixa proteína, ingerir tabletes de bicarbonato de sódio duas vezes por dia para ajudar a processar as toxinas e, como as costelas não serviam de proteção, ele nunca poderia participar de um rodeio, ingressar na Marinha ou fazer parte da Federação Internacional de Luta Livre. (Então algo de bom veio disso tudo.) Recebemos mais notícias desanimadoras. A nefrologista pediatra que monitorava o rim de Ezra nos informou que o órgão pararia de funcionar e começaria a falhar na adolescência.

Respeitosamente escolhi discordar. Eu pensei: "Bom, como ela pode ter certeza absoluta?" Ele era muito novo; talvez o rim fosse ficar mais forte e funcionasse normalmente à medida que ele crescesse. Annabelle me considerou mais uma vítima dos pensamentos mágicos. Eu só tentava ser o mais otimista possível e infundir essa atitude em Ezra sempre que fosse possível. Annabelle nega ser pessimista, mas ela tem certeza absoluta de que Los Angeles será atingida por um terremoto apocalíptico nos próximos anos, e estocou o carro dela com todas as provisões imagináveis: pares extras de roupa, papel higiênico, sapatos, jarras de água, vários rolos de papel, latas de atum, pacotes de figo seco, barras de cereal, muitos rádios, lanternas, um kit de equipamento cirúrgico de emergência e uma balsa inflável. Caso aconteça o desastre esperado, infelizmente, ela terá de ir sozinha, porque o carro está tão cheio que não caberia mais ninguém. Eu queria que o pequeno Ezra tivesse uma vida o mais normal possível, que se sentisse bem em relação a si mesmo e não temesse o futuro.

Talvez seja o efeito dos vinte miligramas de antidepressivo, mas, de uma forma maluca, faz sentido Annabelle e eu termos tido um filho com esses tipos incomuns de malformações. Tudo em nossa vida é um pouco estranho. Nossa casa é muito menor do que parece ao ser vista de fora. A bunda de Annabelle é muito maior do que quando está vestida. Ela já me disse muitas vezes que meu cabelo é mais grisalho do que parece no espelho. As portas não fecham completamente e rangem todas as vezes que as abrimos, não importa quanto lubrificante é colocado. O ralo da banheira não fecha direito, então ela nunca fica cheia, e quem está tomando banho tem de ficar adicionando água. O quarto de Ezra tem um declive que faz as gavetas da mesa ficarem sempre abertas; e não conseguimos fazer os refletores do lado de fora apagarem durante o dia, apesar de eles serem regulados por marcadores de tempo sensíveis à luz. Então, quando eles são necessários à noite, estão queimados. Além disso, a porta da geladeira não fecha direito, nossas mobílias ecléticas não combinam, meu computador novo em folha gorjeia como um grilo; a árvore do quintal invadiu o quintal do vizinho, quebrando as telhas espanholas da garagem que nos custou mais de mil dólares para consertar; e nunca nos organizamos o suficiente para mandar cartões de Natal e Ano-Novo na época certa. Annabelle deu à nossa gatinha adorável e meiga o nome fedorento de Stinky, e nosso filho lindo e aparentemente normal tem todas essas anomalias esquisitas dentro dele.

Quando a merda bate no ventilador, por assim dizer, Annabelle faz todas as pesquisas e consulta todos os especialistas, enquanto eu adoto a abordagem de esperar para ver. Quando a bola vier para minha quadra, como, por exemplo, eu ter de dar um dos meus rins a Ezra, não titubearei. Pode chamar isso de aceitação zen ou de alguma sensação descrente de fé, mas eu acreditava que quando Ezra fosse adolescente, haveria uma cura mais efetiva do que o transplante. As coisas realmente mudam e, diferentemente do Oriente Médio e do trânsito de Los Angeles, elas podem até melhorar.

Ela diz

Jeff insiste que comentei que ele tem uma fixação com tudo relacionado a bundas no dia em que nosso filho nasceu. Não me lembro disso, mas eu disse: "Não tem ânus? E se ele for gay?" "Faremos um ânus para ele", nosso médico nos informou. "Ótimo", eu respondi.

Perdi a choradeira de Jeff no hospital porque eu estava ocupada me transformando em uma personagem de um romance russo. Anna Karenina não era nada comparada à minha tristeza. Liguei para amigos e parentes de minha cama de hospital, e logo as cestas alegres com bolinhos e cartões dizendo "Mal podemos esperar para conhecê-lo" foram substituídas por arranjos sombrios de flores e bilhetes que diziam "Estamos orando por vocês". Eu não podia me jogar debaixo do trem, mas podia me sentar numa cadeira de rodas e me colocar diante da pequena incubadora de Ezra. Com todos os aparatos e a máscara de dormir de seda preta sobre os olhos dele, Ezra parecia um bebê roqueiro doente.

No dia seguinte, Jeff e eu fizemos nossa primeira visita juntos à unidade neonatal e foi tão surreal quanto Jeff descreveu. A equipe nos cumprimentava com olhares confusos. Finalmente, as enfermeiras me levaram para um canto e disseram "Nós queremos saber em que exatamente você trabalha", e me mostraram o formulário que Jeff preencheu quando chegamos ao hospital. Onde o formulário perguntava a "profissão do pai e da mãe", ele escreveu "advogado de divórcio" e "balãogista". O pai de Jeff, Bob, é o advogado de divórcio da família, é claro, e a mãe dele havia sido dona de uma loja especializada em balões com tema de festa. Jeff realmente não se deu conta de que o formulário devia ser sobre nós. Éramos os pais agora. Jeff fracassara em nosso primeiro teste como pais, e eu tinha algo para implicar com ele até o dia de nossa morte. Recebi o troco pouco tempo depois, quando fomos informados de que o esôfago de nosso filho era muito pequeno para aspirar os fluidos. Isso significava que ele não seria amamentado e que a temida chupeta teria de ser usada para satisfazer sua necessidade de chupar. Ezra também precisaria dormir num berço inclinado para que quando ele fosse alimentado pelo tubo, a gravidade ajudasse a comida a descer mais facilmente. Então a ideia de ele dormir em nossa cama foi pro brejo. Eu era mãe havia apenas um dia e todos os planos reais que fizera não valiam mais nada, e Jeff, que corretamente previra a inutilidade de meu planejamento, tinha munição para me provocar também. Toda minha postura materna pós-moderna e esclarecida evaporara. Eu só queria que meu filho sobrevivesse.

As pessoas brincam que os filhos não vêm com manual de instrução, mas o nosso veio. Apenas éramos idiotas demais para entendê-lo. Quando chegamos em casa, tínhamos medo de ficar sozinhos com ele. Foi quando entramos no labirinto kafkaniano de funcionários de assistência médica em casa. Não era só o fato de as enfermeiras, muitas vezes, serem incompetentes; em geral, elas nem apareciam. Em alguns momentos, elas sentiam a necessidade de me acordar às 3 horas da manhã para me informar que só ficariam o restante da noite se eu pagasse mais um extra. Uma delas durou menos de dez minutos. Apesar do nome dela ter sido esquecido, jamais deixarei de lembrar de suas unhas compridas — eram como facas. Imperiosamente, ela entrou na nossa casa, deu uma olhada em Ezra e anunciou "Isso não é para mim". E então, com suas garras, ela envolveu a bolsa e desapareceu. Ela nos mandou a conta depois. Serei politicamente incorreta, mas a experiência me diz que o setor de funcionários de assistência médica em casa atrai mais fanáticos religiosos do que outras profissões. Além de nossos amigos e parentes orarem por nós, enfermeiras de tudo quanto é religião exortavam o Todo-Poderoso. Testemunhas de Jeová, católicos, protestantes, e adventistas do sétimo dia.* O quão desesperados estávamos? Chegamos até a contratar um cientista cristão que não acreditava em intervenção. Uma das únicas coisas com que eu e Jeff concordávamos nesse momento era que aceitávamos as orações dessas pessoas. Estávamos cansados demais para recusá-las. Depois da equipe inicial, evoluímos para tipos mais seculares de babás, mas parece que elas tinham de ser um pouco excêntricas para aceitarem os desafios de um bebê como Ezra. Tenho lembranças boas de Penelope. Uma moça inglesa boa e honesta que era babá durante o dia e, à noite, corria atrás de sua verdadeira ambição de vida, que era se tornar garçonete e ganhar a vida numa equipe de dardos viajante. Tudo bem, às vezes chegávamos em casa, e ela dormia, esperando a ressaca passar enquanto Ezra estava sob seus cuidados, mas ela era rápida nas trocas dos sacos de colostomia. Penny era a minha preferida porque ninguém da nossa família conseguia lidar com Ezra quando ele estava sem roupa e os aparatos estavam à mostra, mas Penelope não se abalava. Ou estava bêbada demais para se importar.

Estávamos muito despreparados para criar um filho nos moldes de um experimento científico. Durante mais de dois anos, precisamos gravar cada quantidade de líquido que entrava no corpo de Ezra. Não sou boa em matemática. Colei desde a tabuada até a álgebra. Eu nem respondi a maior parte das questões de matemática no vestibular. Jeff, por outro lado, respondeu todas e, de alguma maneira, conseguiu tirar

---

* A vantagem de se contratar adventistas do sétimo dia é que eles não comemoram Ano-Novo, Natal nem aniversários, então trabalham na maioria dos feriados. Nem nos importávamos com os panfletos que encontrávamos pela casa, chorávamos quando ela saía para alguma missão.

uma nota menor do que a minha. Mas juntos conseguimos uma média de competência que era boa o suficiente para alimentar nosso bebê, mas ruim o bastante para suspeitarmos que fazíamos isso da maneira errada. As piores brigas aconteciam no meio da noite. Se nossa casa estivesse grampeada, você poderia achar que tínhamos um laboratório de metanfetaminas:

Voz masculina: "Quantos gramas de líquido você colocou hoje de manhã? Não entendo sua letra." Voz feminina: "Não me lembro!" Homem: "Onde estava com a cabeça?" Mulher: "Pelo menos anoto o que fazemos!" Homem: "Mas você não tem ideia do que faz!" Mulher: "Certo, mas mesmo assim anoto, seu idiota! Você não presta atenção em nada! Não vai dar para fazermos isso juntos. Saia da minha frente, preciso misturar outra porção!"

Jeff diz que ainda me amava. Ele apenas detestava tudo que eu fazia e toda decisão que eu tomava, e ele deixava claro que não concordava com nenhuma atitude relacionada aos cuidados de Ezra.

Ele diz que atravessamos um portal para uma realidade paralela. Eu tinha certeza de que caíramos através do espelho em um mundo que sempre esteve presente, mas que não sabíamos que existia. Enquanto outras famílias comemoram feriados com seus bebês recém-nascidos, famílias de crianças com doenças crônicas acampam nos hospitais. Por algum motivo, as emergências de Ezra sempre aconteciam nos feriados. Dia de Ação de Graças, Natal, Dia da Independência. Durante os primeiros anos, todos esses feriados foram passados na ala pediátrica. Mas Big Mac sempre aparecia. Havíamos perdido a fé um no outro, mas Columbus tinha certeza de que Ezra era forte, e às vezes essa era a única coisa que me fazia seguir em frente.

Enquanto Jeff fantasiava uma vida de seduzir mulheres com seus contos sobre desgraças retais, eu fantasiava em me tornar a Martha Stewart dos pais de crianças com doenças crônicas. Eu estava certa de que conseguiria superar as adversidades e me tornaria a melhor mãe de todas — se pudesse ter o controle da situação e não precisasse lidar com as opiniões incômodas de Jeff. Quando eu dormia, me imaginava no *The Today Show* exibindo os novos e melhores sacos de colostomia que eu inventara em meu tempo livre. Por que não um saco para cada estação? Sacos em tom azul e rosa para a Páscoa, um saco para o outono no formato de uma abóbora. Imaculadamente vestida e penteada, eu seguraria meu filho com uma mão, o alimentaria através de um tubo com a outra e organizaria as contas médicas com os dentes, tudo isso enquanto descrevia como me adaptara ao papel inesperado de mãe de uma criança com doença crônica. "Tive de fazer concessões", eu confessaria. "Claro, meu sonho não era que meu filho fosse capa de uma revista sobre malformação anorretal, mas uma capa é uma capa!"

Na vida real, diariamente eu via novos exemplos de minhas falhas que me impediam de ser como Martha. Certa vez, eu estava do lado de fora de uma loja de departamentos quando um cocô rolou para fora da calça de meu filho e eu o chutei para debaixo de um arbusto decorativo. Uma mulher que testemunhou o ato falou com raiva: "Vi o que você fez!" Certo, e daí? Aí está uma mulher que nunca trocou um saco de colostomia num banheiro de avião! Mas sei que Martha nunca teria agido assim. Enquanto isso, meu olho começou a tremer, passei a tomar Xanax e inibidores seletivos da recaptação da serotonina,* minhas roupas ficaram manchadas com fluidos corporais e com corantes para radiografias, e a paciência de meus colegas de trabalho foi testada porque eu sempre remarcava os dias de filmagem para dar prioridade às cirurgias frequentes de Ezra. Em nosso aniversário de casamento, durante o primeiro ano de vida de Ezra, Jeff valentemente tentou incutir um pouco de romance em nossa vida, mas eu estava atrasada com meu trabalho, e Jeff passou a maior parte da refeição romântica que planejara para nós irritado comigo e bebendo sozinho. Com todas as áreas de minha vida

---

* Eles não são apenas ajudantes das mães. Em 2005, os americanos compraram 169,9 milhões de antidepressivos de acordo com pesquisadores da área de saúde.

desordenadas, desisti do perfeccionismo e comecei uma campanha para passar a imagem de uma mãe normal.

Tentei participar de um grupo do bairro chamado Mamãe & Eu. As outras mães andavam pelo ambiente e comentavam: "Meu marido simplesmente não entende — ele vestiu nossa filha com um macacãozinho verde-amarelado depois que eu disse que queria a cor malva." Meus comentários geralmente eram assim: "É impossível passar esses macacõezinhos sobre um saco de colostomia. Principalmente quando o saco está cheio de gás, o que acontece muito. Se eu não esvaziar o saco de hora em hora, fica parecendo que há uma bola de basquete crescendo na lateral dele! Enfim..." Silêncio. Expressões de ansiedade e desconfiança. Eu sei o que elas pensavam. Ainda bem que não sou ela, e me pergunto se ela não terá feito algo — que posso evitar fazer quando tiver meu próximo filho — para causar esses defeitos de nascença. Sei disso porque elas me enchiam de perguntas sobre como havia sido minha gravidez, sobre minha dieta e meu histórico genético. As mães realmente tentavam ser legais, mas, nos anos seguintes, quando eu via uma delas pela cidade, elas olhavam para mim com pena e saíam de fininho.

Então, sim, encontrei um tipo diferente de grupo de pais. Mas Jeff está errado ao pensar que isso era um sintoma de estar me tornando louca. Foi assim que permaneci sã. A líder desse outro grupo era uma mulher mais velha muito gentil, uma terapeuta, cujo neto nascera com um órgão vital do lado de fora. Certa mãe tinha uma filha que ia encarar um transplante. Outro casal tinha uma filha adulta com capacidade mental limitada. Ainda assim, esses pais incrivelmente resistentes e devotados falavam com entusiasmo sobre as viagens que faziam num trailer especialmente equipado para suas necessidades. É verdade que cada família encarava obstáculos horríveis, mas eu as achava inspiradoras. Elas me ajudaram a colocar nossos problemas em perspectiva e, além disso, Jeff exagerava. Os casais meramente discutiam a divisão de tarefas — e não havia nenhuma família com um crustáceo como filho.

Também é verdade que encontrei grande conforto no grupo de apoio para crianças que nasceram sem ânus, e fizemos uma festa em nossa casa para os membros da Pull-thru Network do sul da Califórnia. Eles eram um grupo fácil de agradar; enquanto outras festas de criança se concentram em temas e diversão, essas mães só queriam saber quantos banheiros eu tinha em casa! Esse grupo de famílias me confortou e me deu dicas úteis sobre detalhes que nunca sonhei que precisaria saber, como pomadas para irritação da pele em função da acidez estomacal, causada por um tubo de gastrostomia que esteja vazando. Esse grupo também salvou nossa vida. Certa noite, quando Ezra tinha quatro anos, liguei para uma mãe do VACTERL que era a coordenadora de nosso "armário de estoque de remédios". Eu queria doar alguns tubos de gastrostomia que sobraram para outra família. Essa mãe, Kathy, me alertou para um problema chamado "medula ancorada". Eu não sabia do que ela falava. Ela explicou que a medula espinhal é parecida com um fio elástico. Ela deve virar um filamento que alcança o sacro (o osso triangular na base da espinha que se junta ao osso do quadril e forma uma parte da pélvis), dando à vértebra na base da espinha uma vasta gama de movimentos. As crianças que nascem com o problema da medula ancorada podem ter uma medula grossa ou um "filamento gordo" envolvendo o sacro, o que, em virtude do crescimento da criança e da espinha, pode fazer a medula se romper, resultando em paralisia e incontinência e, infelizmente, uma vez que ela se rompe, nem sempre pode ser reparada. É um problema terrível associado à mais conhecida e também terrível espinha bífida. Para reparar a falha, um neurocirurgião deve desprender a medula com habilidade o suficiente para evitar acidentalmente danificar uma função cerebral ou causar algum dano na atividade motora — é uma piada! Quando desliguei o telefone, me lembrei de que nosso filho tinha, numa única ocasião, reclamado de dor nas costas. Quando alertei Jeff sobre isso, ele não conseguiu se lembrar do incidente. Jeff e o Dr. McAlpin estavam certos de que Ezra não tinha medula ancorada, mas insisti que ele fizesse uma ressonância magnética. Eu certamente não queria que o resultado desse positivo, no entanto, é doloroso admitir que uma parte de mim sabia que um resultado positivo provaria que eu estava certa, que eu não havia sido responsável por pedir um procedimento desnecessário que, na idade de Ezra, exige sedação e sempre tem certo risco. Soubemos do resultado imediatamente. As expressões sérias nos rostos dos técnicos enquanto tiravam Ezra da sala do exame nos disse que meu palpite estava correto. Era um V de vértebra. Ezra agora tinha quase todas as anomalias da associação VACTERL. Foi uma notícia devastadora e uma vitória vazia para mim. Disseram que poderíamos esperar para ver se os sintomas piorariam, mas Columbus me telefonou e disse que se o filho fosse dele, ele marcaria a cirurgia imediatamente. Na verdade, ele já tinha um neurocirurgião à disposição.

Em mais um exemplo de como passávamos pelos eventos de maneiras diferentes, Jeff ficava exausto com as cirurgias, e eu me sentia energizada com elas. Eu as achava confortantes e até mesmo relaxantes. Cada procedimento de reconstrução, até mesmo o desprendimento da medula espinhal, por mais horrível e cansativo que fosse, servia para canalizar minha ansiedade para objetivos específicos, definidos e imediatos. Eu me sentia proativa. Não estávamos apenas esperando outro prognóstico. Contanto que eu estivesse ocupada, sentia que tinha algum controle sobre nosso destino. E pelo menos não estávamos sozinhos em casa; no hospital, eu podia dormir porque havia ajuda o tempo todo!*

Comparo esses primeiros anos ao treinamento para um triatlo. Assim que você termina a corrida de bicicleta, precisa pular na água e nadar, e depois tem de correr. Não fui feita para provas de resistência. Minha irmã é que devia ter tido um filho com problemas, já que foi ela que

---

* Se você precisa de alguma prova da loucura do sistema de saúde americano, nosso seguro saúde inicialmente se recusou a pagar a cirurgia de Ezra, determinando que era um procedimento optativo. Se você considera consignar nosso filho à perda progressiva de tecido muscular, dor crônica na perna, perda de função motora e incontinência — pequenas inconveniências — então, sim, era um procedimento optativo.

participou de um Ironman. O mais perto que já cheguei de uma competição esportiva foi quando tentei ver 24 horas de peças no Festival de Teatro de Edimburgo. Isso foi em 1989, e fiquei exausta desde então.

De certo modo, Jeff e eu nos tornamos mais isolados à medida que o processo de reconstrução de Ezra progredia. Quando Ezra não precisava mais de aparatos e tinha uma aparência normal, pelo menos vestido, os amigos perguntavam "Ele está bem agora, não está?" Depois do nascimento dele, passei muito tempo garantindo a amigas grávidas que só o fato de elas nos conhecerem tornava impossível, estatisticamente falando, os filhos delas nascerem com as malformações de Ezra. Inventei isso, não é verdade, mas parece verdadeiro. Até pessoas da família ficaram cansadas de nosso drama e queriam um fim. Meu próprio marido não parecia querer saber que nosso filho tinha uma doença crônica que exigia atenção diária, provavelmente para o restante da vida.*

E então, quando pensávamos que sabíamos o que enfrentávamos, tivemos mais notícias ruins. Fomos pegos completamente de surpresa por um novo diagnóstico em relação ao rim de nosso filho quando ele tinha sete anos. A longevidade do rim foi colocada em dúvida por ser "mal-organizado" (uma característica que acho que ele herdou de mim). A nefrologista me disse na consulta anual que Ezra tinha 95% de chance de crescer mais do que o rim na adolescência. Ela previu que ele precisaria de um rim novo e falou de maneira otimista sobre compatibilidade renal e sobre os novos remédios para transplante que são muito menos tóxicos do que os antigos. No dia em que soube da notícia, me deitei no chão da clínica de nefrologia pediátrica e chorei. Depois que contei a Jeff, ele foi tão zen em sua aceitação que se recusou a acreditar que eu escutara

---

* VACTERL ocorre em aproximadamente 16 em cada 100 mil nascimentos. São cerca de 640 nos EUA. A medula ancorada acontece em 25 entre cada mil nascimentos, então é bem rara. Depois que este livro foi escrito, as crianças nascidas com VACTERL passaram a ser examinadas rotineiramente para a identificação de medula ancorada, o que é uma ótima notícia, porque a intervenção no início é fundamental para evitar danos irreversíveis.

corretamente e insistiu para que telefonássemos para nosso médico para ele mesmo ouvir a notícia. Depois que desligamos o telefone, o sr. Pensamento Positivo disse: "Uma chance de 5% de durar — nada mal."

Isso é emblemático em relação ao comportamento geral que Jeff adotou. Uma atitude que revela vestígios de um pensamento supersticioso. Apesar de não acreditarmos em nenhuma religião, Jeff leva isso ao extremo. Ele alega ser uma espécie de acólito de Sam Harris, sustentando um desejo de acabar com todas as religiões organizadas, o que supera minha tolerância ateísta, humanista e secular em relação a todas as crenças. No entanto, Jeff postula que se ele mantiver o pensamento positivo e esperar milagres, as doenças de Ezra simplesmente desaparecerão à medida que ele ficar mais velho. Ele insiste que isso é ser otimista. Esse ponto de vista coloca Jeff ao lado de gente viciada nos seminários do Learning Annex e de celebridades supersticiosas como Sharon Stone, que anunciou que um carma ruim causara o terremoto de 2008 na China. Quem sabe onde isso dará? Será que ele defenderá o retorno do sacrifício de virgens em vulcões, aprenderá a entortar colheres com o poder da mente ou dominará a arte de manifestar abundância num seminário de uma hora de duração? Meu marido zen também se esqueceu de que, durante pelo menos três anos depois do nascimento de Ezra, ele se virava para mim do nada e me pedia para listar tudo que eu havia consumido ao longo da gravidez. Ele desconfiava de que o fato de eu ter comido sushi, algo que fiz talvez duas vezes durante a gravidez, tenha sido o motivo das malformações de Ezra, apesar de não existirem causas conhecidas para VACTERL.* Jeff me considera pessimista, mas acho que ele chupará caldo de atum através de um buraco feito à faca numa das 65 latas que estoquei para o caso de acontecer um terremoto, incêndio ou enchente. Se isso ocorrer, ele nunca me deixará esquecer que não estoquei o abridor de lata, mas eu acho que caldo de atum é melhor do que nada!

---

* No fim, depois de se encontrar com mães de crianças com VACTERL que nunca tinham experimentado sushi na vida, ele desistiu dessa ideia.

Nossa família teve de deixar a casa em 2007, durante o período de incêndios. Consegui pegar a gata, um par de sapatos Dolce & Gabbana, a prataria de minha avó, nossos documentos legais importantes e nosso filho. É verdade que me esqueci de levar calcinhas, mas eu tinha os melhores calçados dos refugiados do bairro.

Jeff e eu nunca concordamos em relação ao rumo a ser tomado no que diz respeito à saúde de Ezra. Essa polarização acontece de modo generalizado na maioria dos lares, como todos os pais que já disseram "vá perguntar a seu pai/a sua mãe" podem confirmar, mas quando se trata da saúde do filho, os riscos são maiores. É por isso que a porcentagem de casamentos que fracassam, quando uma criança tem uma doença crônica, chega a 70%. Conheço pelo menos uma mãe companheira de VACTERL cujo namorado de longa data se mandou no mesmo dia em que a filha deles nasceu. Ele já não encarava a paternidade numa boa, mas quando soube da doença da criança, isso estava além de sua capacidade de lidar com a situação.* Então mesmo com toda nossa loucura, aguentamos firme.

Isso pode ser os vinte miligramas de antidepressivo falando, mas estou disposta a considerar que talvez o fato de nunca concordarmos nos faz trabalhar mais para avaliar e pesar melhor nossas opções, o que nos força a tomar decisões melhores. Essa estratégia substituta é nosso sistema de controle e equilíbrio. Somos o que os pais fundadores previram e o que o governo Bush enfraqueceu com sucesso! O que é que dizem no exército — não deixamos nenhum homem para trás? Nenhum de nós — Jeff, Ezra ou eu — duraria um minuto no exército, mas vivemos de acordo com esse ditado e o levamos a sério, principalmente a parte do "para trás".

---

* Essa mãe, Michelle, é agora uma profissional de saúde em tempo integral, e a filha dela, Emily, teve problemas de saúde muito mais complicados do que os de Ezra. Só para acabar com o estereótipo de pais devotados estilo *O óleo de Lorenzo*, quando perguntei se ela queria que eu ficasse de babá, ela disse, "Obrigada, mas preciso mesmo é transar!"

"*A primeira metade* de nossa vida é arruinada por nossos pais, e a segunda, pelos filhos."

Clarence Darrow

por que fazemos isso?

"Quer eles (os pais) acreditem em forçar os filhos a serem bem-sucedidos ou deixá-los encontrar o próprio caminho na vida, quer a casa seja repleta de livros ou equipamentos de esporte, quer ela seja organizada ou bagunçada, a pesquisa mostra que nenhuma dessas coisas faz muita diferença; as influências externas como cultura popular, amigos ou gangues de rua têm uma influência muito maior nas crianças do que a vida familiar ou até mesmo a genética."

Psicóloga Judith Rich Harris,
escrevendo no *The Telegraph*, Reino Unido, 2008

as cinco coisas sobre as quais os casais mais brigam em ordem de frequência:

1. Dinheiro. 2. Sexo. 3. Trabalho. 4. Filhos. 5. Tarefas domésticas.

Um estudo da Universidade de Michigan mostrou que quando os pais param de ter tempo um para o outro, recuperar a relação que os fez querer ter filhos quase sempre se torna impossível.

Apenas 38% das mães de crianças dizem estar satisfeitas no casamento, comparado aos 62% referentes a mulheres sem filhos.

Estudo do Pew

Um número cada vez maior de americanos escolhe ter filhos, mas não casar. Esse grupo, comumente chamado de "solteiros comprometidos", é composto de aproximadamente 5 milhões de indivíduos. Esses pais coabitantes representam um número cinco vezes maior do que em 1970. Na Europa, pessoas não casadas ficam juntas mais tempo do que pais casados.

Revista *Time*, 2009.

7
O plano de 18 anos

A maneira mais segura de ficar sozinha é se casando.
GLORIA STEINEM

Desde o começo dos tempos, você pode resumir a aspiração universal dos pais como querer que "meu filho tenha uma vida melhor do que a minha". Cada geração espera que a geração seguinte sofra menos. Os sapatos encontrados no *Homem de Gelo* de 5.300 anos nos Alpes tiroleses eram feitos de pele, cortiça trançada e cheios de palha e musgo. Um artefato bem manual. Os pais dele devem tê-los feito para ele. Provavelmente, discutiram sobre a proporção de palha e musgo, o tamanho e se precisaria de palmilha de pele de cabra, pois o pé do filho era chato. Nós teríamos discutido sobre isso. O Homem de Gelo morreu cruzando os Alpes, e os cientistas ficaram querendo saber o que o motivou a partir para uma jornada sem água nem comida, numa tentativa de atravessar as montanhas numa época do ano em que a neve tornava essa viagem perigosa. Se os pais dele eram ao menos um pouco como nós, o Homem de Gelo provavelmente queria se afastar deles.

Ela diz
Nos primeiros anos de vida de Ezra, passamos a maior parte de nosso tempo indo e vindo de consultórios médicos e centros cirúrgicos.

Apesar de todas as cirurgias reconstrutivas, nosso filho tinha os próprios interesses: ser um bebê que passava por todos os estágios normais de desenvolvimento. Isso nos levou à seguinte questão: como seríamos aquela família pós-moderna e descolada? Mal conseguíamos nos afastar alguns quarteirões de casa sem ter algum tipo de emergência. Nenhum de nós chegou a descobrir o que esse conceito significava exatamente.

A única coisa em que consegui pensar era tentar distinguir nossa família de minha própria criação. Em termos de supervisão dos pais, minha infância dos anos 1970 foi como crescer no cruzamento entre "deixar rolar" e "negligência saudável". Isso funcionou muito bem com minha irmã, que sempre teve os hábitos de trabalho de uma advogada eficiente, que é o que ela se tornou. Sempre tive armários bagunçados, estudava em cima da hora para os testes e larguei a faculdade para onde tive a sorte de ser aceita. Apenas a combinação certa de remédios e a urgente e constante necessidade de ganhar a vida me permitiram conseguir um pouco de organização (quase nada) e algumas conquistas (duvidoso). Então, para garantir a nosso filho todas as vantagens, apesar do estilo de vida improvisado, tenho lutado para dar a ele uma base sólida em que poderá construir uma vida ordenada. Só há uma coisa em meu caminho: meu marido.

Jeff não apoiou a ideia de uma filosofia familiar nem meus planos quando engravidamos, então não é uma surpresa que, quando sugeri que deveríamos nos informar sofre o que fazíamos, Jeff tenha se recusado. É irônico, porque Jeff tem diploma em História. E a História é cheia de planos, não é? Havia o plano de cinco anos, o de sete anos, o Plano Marshall — droga, se foi bom o suficiente para a reconstrução da Europa Ocidental, é bom o bastante para nós! Infelizmente, se o plano não envolver tirar minha calcinha, Jeff não quer nem saber. No entanto, se eu mencionar casualmente que às 20h30 poderei ter tempo para sexo, às 20h29 e 59 segundos, Jeff estará no quarto com o pau para fora, mas se eu disser que teremos uma orientação sobre jardim de infância em algum lugar, esse tipo de compromisso não fica gravado na memória dele.

O problema em tentar construir o "Plano de 18 Anos" da família Gurkahn era que, por mais que fosse difícil absorver qualquer coisa de *O que esperar quando você está esperando*, era ainda mais complicado conseguir me concentrar. Eu havia passado meu pouco e precioso tempo de leitura com o assunto da gravidez, quando precisava ter lido sobre o que acontece depois que o bebê nasce, e agora era tarde demais. Se eu tivesse o tempo e a acuidade mental para ler mais do que uma frase depois do nascimento de nosso filho, eu gostaria de gastá-lo na leitura de livros sobre a maternidade, que agora era minha vida? Eu conseguia ler um ou dois parágrafos sobre o desenvolvimento infantil antes de ficar entediada. Caso você nunca tenha tido a oportunidade de lê-los, aqui estão meus resumos de uma frase: Piaget: *As crianças se desenvolvem em estágios, e não de uma vez. Seu filho nunca vai pintar como Picasso e tocar como Bach ao mesmo tempo.* Sears: *Quando o bebê chorar, pegue-o no colo. Muitas vezes. Você nunca mais dormirá sozinha.** Steiner: *Se você cria filhos que terão de trabalhar para ganhar a vida, não pode seguir minhas loucas teorias boêmias. Nunca leia este livro.* Então, tomei uma atitude que achei razoável. Eu me matriculei num curso de desenvolvimento infantil.

As aulas no instituto Resources for Infant Educarers (RIE) ensinam uma filosofia que enfatiza a permissão para as crianças se desenvolverem no próprio ritmo. Brinquedos simples que encorajam a exploração em vez de proporcionarem uma diversão passiva são recomendados. As regras incluem nada de TV, de brinquedos mecânicos e de pôr os bebês em posições que eles mesmos não conseguem se colocar. (Dessa forma, eles desenvolvem confiança na hora de começar a andar em vez de

---

* Brazelton: mais da mesma coisa que Sears diz, mas T. Berry Brazelton é muito mais divertido de se dizer.

dependerem de ajuda.) Acho que o R em RIE é de respeito. Jeff insiste que o R é de ridículo.

O melhor de tudo é que as aulas eram muito silenciosas — nada de mães contando histórias — e a política era observar sem interferir. Dava para ver como a regra de não intervir trabalhava em meu favor. O fio preto usado nas dilatações do esôfago de Ezra chamava muita atenção. Pessoas bem-intencionadas não apenas perguntavam a respeito — certo dia, uma completa estranha num elevador tentou puxá-lo. Como o fio ia da boca dele até a entrada do estômago e subia pelo esôfago, isso parece ter causado muita dor. "Pensei que seu bebê tivesse um cabinho de cereja na boca!", a mulher gritou enquanto Ezra berrava. Quando comecei a fazer o curso, coloquei um aviso no carrinho dele: "Sim, sei que o meu filho está com um fio na boca." Eu sabia que ele ficaria em paz no instituto.

Eu sei que RIE parece algo um pouco radical (tudo bem, *era* intenso), mas, na prática, tratava-se apenas de crianças rolando numa manta, num círculo formado pelas mães. Algumas ideias faziam sentido. Por exemplo, todos os pais sabem que não importa quanto dinheiro você gaste num brinquedo, a criança passará mais tempo brincando com a embalagem. A aula que eu frequentava tinha uma professora simpática e tranquila, Janet, cujo senso de humor tornava algumas das regras mais severas palatáveis. Mas Janet ficou grávida de gêmeos e foi substituída por Lucinda. Janet era simpática, acessível e alegre, mas Lucinda era mal-humorada, distante e tinha um cabelo tão curto e picotado que dava a ideia que ela mesma o cortara com uma lâmina cega. A personalidade e a voz dela pareciam ser de um paciente que acabara de fazer uma lobotomia. A placidez dela só conseguia ser reduzida pela adesão rígida às regras do RIE. Mas que mal isso poderia fazer? Ficávamos sentadas e observando nossos filhos, que eram muito pequeninos, certo?

Quando os bebês completaram 12 meses, Lucinda anunciou que estava pronta para preparar o primeiro lanche oficial. Ela colocou carretéis de madeira na área de recreação, mas antes que ela conseguisse pôr as fatias de laranja e os copos de água nas mesas improvisadas, uma criança gorda vestida só com uma fralda (quase um bebê Espártaco) começou a derrubar os carretéis e a empurrá-los na direção das outras crianças. Algumas delas apenas engatinhavam devagar. Parecia que ia acontecer um massacre de inocentes, mas ninguém disse nada. "Não devemos fazer alguma coisa?", eu perguntei. Lucinda não se movia. "Ninguém vai fazer nada. As regras proíbem qualquer tipo de intervenção. As crianças devem fazer um lanche hoje, e é isso que elas farão! Precisamos deixá-las se adaptarem ao ambiente!" Se adaptarem ao ambiente delas? Isso era um grupo de crianças ou uma demonstração de sobrevivência do mais forte? Eu não havia gastado US$250 mil dólares e a maior parte dos últimos 12 meses cuidando da saúde de meu filho para ver sua cabeça ser aberta por um bebê gladiador! Pus meu filho no colo e tirei os carretéis da área de recreação. Algumas das mães ficaram perplexas e outras me imitaram, mas a cadeia fora rompida. Lucinda pediu licença, entrou num escritório adjacente e fechou a porta suavemente. Conseguíamos escutá-la telefonando para alguém e pedindo ajuda. Apoio para um curso instrutivo sobre desenvolvimento humano? Batemos na porta e esperamos cerca de 45 minutos. Ela não saiu do escritório. Foi a última vez em que vimos Lucinda. Ela me telefonou algumas semanas depois e deixou um recado longo e confuso em que, no final, exigia que eu lhe pedisse desculpas. Ela foi substituída, mas eu não era bem-vinda no RIE e nunca fui chamada de volta às aulas. No entanto, ainda digo que valeu a pena. Enquanto outras crianças se jogavam escada abaixo e se cobriam de hematomas, Ezra era muito menos dado a acidentes, mas Jeff ainda acha que a melhor parte do RIE é que ele pode contar às pessoas que fui expulsa de um workshop de observação de crianças.

Jeff considerava o RIE algo ridículo e caracterizava minha política em relação a ver TV como algo completamente idiota, apesar de a Associação Americana de Pediatria dizer há anos que crianças com menos de 2 anos não devem assistir TV.* Não é preciso ter um doutorado para perceber que uma criança em frente à TV se transforma num receptáculo inerte, e você pode remover o cérebro dela e vendê-lo no eBay para quem pagar mais, alguém que com certeza será um pai ou uma mãe da Ásia, onde as pessoas reconhecem que o cérebro de uma criança é a chave para se obter maior poder aquisitivo na vida.** Isso mesmo, sou uma pessoa hipócrita que ganha a vida na TV, mas que não quer que as pessoas a assistam. Pelo menos que não vejam os programas em que eu não apareço.

Infelizmente, descobri o que todo mundo que não tem dinheiro para pagar uma creche descobre muito rápido: os bebês não precisam de TV, mas os pais, sim. É claro que tudo vai bem quando você paga para alguém tomar conta de seu filho, mas quando está sozinha, os minutos viram séculos, principalmente quando seu filho está doente. Numa dessas noite, Jeff trabalhava até tarde, e o pequeno Ezra estava com um resfriado e não parava de berrar. Não dava para ouvir meus supostamente relaxantes CDs *Liszt for Light Sleepers* ou *Mendelssohn for Munchkins* mais uma vez. Então eu o coloquei num balanço (algo não aprovado pelo RIE, também trapaceei com isso) e liguei a televisão. Era 1h da manhã, e vimos a única coisa que prendeu a atenção de Ezra tempo o suficiente para ele parar de chorar: *Chucky III*. Isso mesmo, um filme sobre um boneco sociopata que mata pessoas. Ezra se acalmou e adormeceu enquanto Chucky decapitava sua última vítima. No dia se-

---

* Associação Americana de Psicologia: apesar de certos programas de TV serem promovidos para crianças dessa faixa etária, pesquisas sobre o desenvolvimento do cérebro mostram que bebês têm uma necessidade crítica por interações diretas com os pais para terem um desenvolvimento cerebral saudável, bem como habilidades sociais, emocionais e cognitivas apropriadas. Cerca de 80% dos estudos concluem que muitas horas de TV e exposição a outros meios de comunicação estão associadas a efeitos negativos na saúde de crianças e adolescentes.

** Um estudo recente revelou que se os alunos americanos se saíssem tão bem em matemática e ciências quanto os alunos de muitos países asiáticos, nossa economia cresceria 20% mais rápido. (Nicholas Kristof escreveu sobre isso no *New York Times* em 2008.)

guinte, Jeff fez uma dancinha da vitória quando eu disse que repensaria a política de não ver TV.

Ainda luto na batalha contra a TV porque apesar de termos chegado a um consenso — da ida de nosso filho a uma escola com padrões acadêmicos rigorosos — quando se trata de realmente cumprir essas expectativas — como fazer o dever de casa —, Jeff reclama mais do que Ezra. Apesar de nossas várias discussões sobre impor a política de nada de TV durante a semana, chego em casa e os encontro acomodados diante da tela porque, segundo Jeff, "Esporte não é TV". Nem *House*. "É um drama 'médico'." Nem *Os Simpsons*. "É o episódio do Dia das Bruxas." Nem *Uma família da pesada*. Por quê? "Porque... porque... é muito engraçado!"

Há muita TV na TV. Com oitocentos canais, há sempre algo que se encaixa nas exceções de Jeff. Se você adicionar a internet e o YouTube à mistura, faz mais sentido ainda para mim estabelecer horários para ver essas coisas, ou ao menos um sistema de recompensa confiável. Infelizmente, sou muito desorganizada para me lembrar disso, e Jeff é desinteressado demais para recordar que tipo de plano bolei durante certa semana. Concordamos que se o garoto fizer o dever de casa, ele pode ver meia hora de TV? Ou será que ele só teria esse privilégio se fizesse o dever antes que pedíssemos isso a ele cinco vezes? Isso inclui trinta minutos de leitura, ou decidimos que não queremos forçá-lo a ler porque isso pode torná-lo avesso à leitura? Não conseguimos manter nossa resolução. Não importa quantas vezes impusemos os castigos "você perderá sua mesada, TV, internet ou iPod", um de nós sempre cede antes que se passem trinta minutos. Bom, Jeff cede. É por isso que defendo a regra simples de nada de TV durante a semana.

Não que eu não tenha tentado algum tipo de ajuda visual para lembrar a minha família. Nem sei quanto tempo e dinheiro gastei fazendo gráficos de recompensa, postando horários, sem falar nas caixas que espalhei pela casa para coletar folhas de papel de dever de casa e avisos da escola que ameaçam transformar nosso lar num caos completo. Tentei usar murais magnéticos, calendários feitos a mão e listas de tarefas. Nenhum de meus programas foi seguido. Depois de um dia, o gráfico fica coberto pelos desenhos de Jeff (caricaturas satíricas da minha pessoa); ao fim de dois dias, mal dá para ler o que está escrito porque ele terá adicionado palavras sem sentido no espaço para tarefas a serem concluídas. Uma coluna que antes dizia "arrumar a cama" pode ter sido alterada para "Professor Q. Quakerman declara que ganhamos o jogo: 44 a 44!" Não estou inventando. Não faço ideia do que isso quer dizer, mas sei que no terceiro dia, Jeff nem presta mais atenção, e é claro que nosso filho segue os passos do pai. Então, no quarto dia, se o gráfico/mural/ lista não tiver caído atrás de algum móvel ao final do terceiro dia, ele estará amassado e acumulando poeira em algum canto. Nossas caixas ficam cheias até a borda com recibos de Jeff e pedaços de papel com telefones anotados. É impressionante que consigamos sair de casa vestidos e com sapatos combinando todos os dias, sem ficar vagando sem destino pelas ruas.

Não consegui estabelecer uma rotina diária, assim como não foi possível declarar que nossa casa era uma zona desmilitarizada. "Já não basta haver guerras ao redor do mundo e violência entre gangues na escola do bairro? Nosso filho precisa andar por aí com uma arma de brinquedo?" Perguntei a meu marido quando Ezra era bebê. "Boa sorte com isso!" foi o único apoio que Jeff me ofereceu em minha guerra contra a guerra.

"Confie, mas verifique." Se isso era bom o suficiente para Ronald Reagan, com certeza os Gurkahn conseguiriam seguir essa política? Quando Ezra era pequeno, eu pedia que amigos e parentes não dessem a ele brinquedos que vinham com armas, armas que viravam brinquedos ou armas de brinquedo. A única coisa mais difícil do que estar em sintonia com seu parceiro é tentar dizer às pessoas a sua volta que você segue um estilo de educação não familiar. Esse apelo funcionou tão bem que eu me via acordada a noite toda, descartando brinquedos e desarmando soldadinhos que continham as armas mais minúsculas imagináveis antes que Ezra pudesse vê-los. Eu era uma agência de monitoramento da ONU que trabalhava para impedir a proliferação de armas no baú de brinquedos de um bebê. Até Ezra completar quatro anos, consegui manter certa paz com Jeff sobre a questão, até o dia em que tive a audácia de levar nosso filho ao Autry Museum of Western Heritage. Ir a um museu se encaixa no que considero um passeio ideal. O que eu não sabia era que o Autry, basicamente, era uma instituição dedicada à história das armas do Velho Oeste. Durante duas horas, passamos por fileiras e mais fileiras de exibições de rifles, mosquetes, derringers, revólveres e munições. Eu poderia ter providenciado uma visita à fábrica da Smith & Wesson. Quando chegamos à loja de brinquedos, Ezra estava pendurado em minha perna, implorando por uma pistola de brinquedo. Outros pais me encaravam enquanto nosso filho se jogava no chão e chorava, até que concordei em fazer a compra. Com muita má vontade, comprei para ele um coldre de couro e uma roupa de caubói. Ezra adorou tanto essa fantasia que a usou todos os dias durante três meses. Ele dormia fantasiado. Dá para vê-lo de caubói nas adoráveis fotos do casamento da irmã de Jeff. E o que há no coldre? Um revólver que Ezra fez com peças de lego. Foi nesse dia que balancei a bandeira branca e me entreguei, e Jeff saiu para comprar para ele uma pistola Nerf. A única coisa que consegui negociar foi a proibição de atirar em minha cara.

 Todos os meus planos, esquemas e intenções intensificavam a caracterização que Jeff fazia de mim como uma pessoa muito rigorosa. Ganhei o apelido de sargento Gurwitch, mas isso não é verdade. Talvez seja um pouco verdade. Mas espero que, apesar da insistência de Jeff para que nosso filho cresça na hilária terra da imaginação conhecida como o id de Jeff, Ezra não fuja para se juntar ao circo ou nos renda uma visita da assistência social. No papel de diretor de diversão, Jeff providenciou vozes e personalidades para todos os bichinhos de pelúcia de nosso filho, e sente prazer em divertir os amiguinhos de Ezra com as travessuras deles. Além dos diálogos impressionantes que fui forçada a ter com uma tartaruga desbocada, quando Ez ficou mais velho, os bichos de pelúcia adotaram uma linguagem para maiores de 13 anos e que adentrava em território proibido para menores de 18 anos. Há um alce chamado Melvin... que é gay. Esse alce não é apenas gay. É tão afetado que está praticamente tendo uma crise de identidade. Ele também tem um parceiro, um urso que saúda os colegas de escola de nosso filho com termos impróprios. Sempre que o telefone toca, acho que é um assistente social que quer saber por que as crianças são cumprimentadas em nossa casa por animais de pelúcia que dizem "Oi, vadias!"

Tudo isso para dizer que não abrirei mão de minha patente de sargento Gurwitch tão cedo, porque apesar dos esforços de Jeff, nosso filho é uma criança bem-ajustada e entusiasmada com a escola. Ele é confiante (RIE), independente (Sears), artístico (Steiner) e nunca me deu um tiro na cara; então, missão cumprida. E todo mundo sabe o que acontece quando essas palavras são ditas. Vem merda pela frente.

Ele diz

Quem diria que diversão é uma coisa tão ruim assim? Para Annabelle, qualquer tipo de diversão é igual a um cereal de criança cheio de açúcar: pode ser gostoso, mas estragará seus dentes e causará diabetes tipo 2. Diversão, diversão má! Diversão, você e seus amigos, a bobagem e a palhaçada, e um monte de risadas, não são bem-vindos na casa séria e superestruturada da sra. Gurwitch. Então vá se ferrar, diversão. Você e todo o resto!

Deve haver um equilíbrio entre estrutura e espontaneidade em face das complexidades de se cuidar de uma criança no começo do século XXI. Deveríamos chegar a um meio-termo no que diz respeito à flexibilidade. Mas Annabelle vê a flexibilidade como uma ameaça à educação que ela quer dar. Acabo sendo um inimigo mortal.

Não sou tão avesso a regras e estrutura quando Annabelle alega. É que tive experiências com essas coisas, e não sou um grande fã. Meu pai era como Groucho Marx, Papai Noel e Saddam Hussein em proporções iguais. Um ditador é um ditador, e não podemos nos esquecer de como ele me achava esquisito quando eu era criança. Dizer que fui a ovelha negra da família é pouco. Minha mãe era superprotetora em relação à minha irmã e a mim. Eu era a única pessoa que tinha babás mais novas do que eu porque *uma garota, até mesmo mais nova, é mais madura e responsável do que você para tomar conta de sua irmã*. Nossa, obrigado, mãe. Eu me pergunto se ela se dava conta de como isso era humilhante para mim.

Como todos os garotos judeus que conheci na infância, esperavam que eu tirasse notas boas. Diferentemente da maioria deles, eu não tirava. Isso deve ter sido uma grande decepção para meus pais. No primeiro ano do Ensino Médio, tirei 56 sobre 100 numa prova de geometria. Só tirei 56 porque o gênio de quem eu colei o ano todo terminou a prova tão rápido que só consegui copiar metade das respostas. Meu pai ficou furioso comigo e insistiu para eu fazer a prova de novo. Afirmei que ele deveria ficar satisfeito com o 56 porque eu nunca tiraria nota melhor. Ele não quis saber, me forçou a estudar durante o verão todo, trabalhar com um tutor e fazer a prova novamente. Meses mais tarde, perguntei a meu pai se ele recebera o resultado da prova. Ele disse que sim. Perguntei minha nota. Um 19. Só consegui rir de minha incapacidade. A nota foi tão ruim que quase senti orgulho de mim mesmo, mas meu pai não conseguia nem olhar para mim. Deve ter sido humilhante para ele. Não posso dizer que o culpo — meu pai conseguiu pagar por sua educação tocando saxofone na própria orquestra, e a recompensa foi ter um filho com a aptidão de um hominídeo para matemática.

Eu não podia ver TV durante a semana (tinha de ver escondido). Eu deveria manter meu quarto arrumado sempre (nunca estava organizado), ter boas maneiras em público (jamais consegui segurar garfo e faca da maneira certa) e nunca responder ou questionar as decisões de meus pais (algo que eu fazia regularmente). Além disso, estudei em escola militar. O estabelecimento era uma escola particular em Albany, Nova York, e não fui mandado para lá por gostar de matar gatos ou incendiar casas, e sim porque meus pais pensaram que eu receberia uma educação melhor numa escola particular. A Academia Cristã local era cristã demais, e a Academia Hebraica era judia demais, então só restou a academia para garotos de Albany, fundada em 1813, um bastião de elitismo branco anglo-saxão e perigosamente antissemita — perfeito! Usávamos uniformes de West Point nas aulas e treinávamos com fuzis de brinquedo. Entrei para o batalhão da academia como soldado raso. Depois de anos de treinamento, de participar das práticas competitivas e cerimoniais da escola e de marchar nos desfiles dos Veteranos e do Memorial Day, deixei a academia como soldado raso. Eu era péssimo como soldado e detestava como até mesmo os colegas de classe mais legais, depois de conseguirem uma patente qualquer, se tornavam babacas sádicos e loucos por poder. Então eu realmente estava cético em relação às regras que Annabelle estava determinada a impor a Ezra.

Annabelle acha irônico que, por causa de meu diploma em História, eu não estivesse preparado para ajudá-la na implementação do "Plano de 18 Anos". Mas por falar em "pensamento mágico", qualquer pessoa que tenha estudado um mínimo de história do século XX sabe que esses planos de cinco, sete ou sabe-se lá de quantos anos eram políticas vazias e fadadas ao fracasso de governos comunistas totalitários. Senhoras e senhores, eu lhes apresento a União Soviética. Ah, me desculpem, ela não existe mais. Sempre achei que os pais e as superpotências deveriam evitar impor um dogma idealista, porque ele acabará se deparando com algo que gosto de chamar de "realidade". Mas a realidade nunca deteve Annabelle. Não quando ela pode bolar um plano, seguir uma filosofia, ir a uma aula ou depositar confiança em qualquer pessoa ou coisa que alegue ser uma autoridade. Foi assim que fomos parar no RIE.

O RIE era uma loucura! Não precisa acreditar em mim, basta reler o capítulo de Annabelle. Essencialmente, o RIE é o marxismo na criação de bebês, fundado pela falecida Magda Gerber. Ela começou a desenvolver suas ideias nos anos 1950, enquanto administrava um orfanato na Hungria da Cortina de Ferro. (Nada mais a declarar.) É uma técnica esquisita que diz dar ao bebê espaço para ele aprender por conta própria a partir do ambiente, sem intromissão do pai ou da mãe. Aposto que Magda pensou que uma criança treinada pelo RIE naturalmente escolheria o comunismo em vez do capitalismo. Inevitavelmente, tudo vai por água abaixo quando os bebês estão grandes o suficiente para exercitar uma coisinha inconveniente chamada "livre-arbítrio". Adorei Annabelle ter iniciado a Rebelião do RIE de 1998 e não ser mais bem-vinda no lugar que ela tanto defendia. Como uma universitária pretensiosa que se vê como parte das classes trabalhadoras, Annabelle seria o tipo de idealista revolucionária que luta para ver a causa ser bem-sucedida, mas logo encontra falhas, expõe aquilo com que não concorda e é executada. O caminho do idealismo dogmático para a hipocrisia é curto. Eu me lembro de que quando começamos a morar juntos; eu preparava um cappuccino e peidei na frente dela, algo que ela disse que eu poderia fazer, Annabelle me repreendeu: "Espero que não nos tornemos um casal que peida e arrota na frente um do outro sempre." Enquanto Annabelle dizia isso, ela espirrou com tanta força que soltou um peido tão alto que se assustou. Ela arfou e depois arrotou alto. "Eu não sei em relação a *nós*, mas *você* com certeza fará isso."

E corrigirei outra concepção errada de Annabelle em relação ao RIE: Ezra não deixou de cair ou de sofrer acidentes quando era bebê por causa do RIE, mas porque ele tinha bom equilíbrio. Ao contrário do que Annabelle disse, fui algumas vezes à aula do RIE e testemunhei o que acontecia lá. Digamos que comparado às outras crianças, Ezra era um Baryshnikov bebê.

Fiquei impressionado por Annabelle não mencionar a outra grande tentativa de estabelecer estrutura em nossas vidas quando Ezra era bebê. A hora de dormir: das seis às nove da noite, diariamente, o bebê Ez tinha muita cólica e não conseguia dormir. Isso, em parte, acontecia porque o hospital mandou Annabelle e eu para casa com poucas instruções sobre como lidar com o tubo de alimentação dele. Levar Ezra para casa me lembrou de quando ganhei meu primeiro computador no final dos anos 1980. Eu nunca tinha usado nada remotamente computadorizado; nem sabia digitar, mas o vendedor metido garantiu que logo pegaria o jeito. Se aquele computador tivesse sido um bebê, eu o teria matado várias vezes. Obviamente, não matamos Ezra, mas, sem saber e indevidamente, deixávamos muito ar do tubo de alimentação entrar no estômago, causando muitos gases.

O único método que o fazia dormir era colocá-lo no carro e dirigir, dirigir e dirigir. Quando ele finalmente apagava, eu voltava para casa e, tão cuidadosamente quanto se desarmasse uma bomba, eu o retirava do carro. Enquanto eu o erguia, ele inevitavelmente acordava e começava a gritar sem parar, então eu o recolocava no carro e dirigia, dirigia e dirigia! Quando Ezra parava de chorar e caia no sono, eu não desejava apenas uma taça de vinho, queria quebrar a garrafa em minha cabeça.

Até mesmo quando Ezra estava um pouco mais velho, havia noites em que ele se recusava a dormir e ficava num estado tão feroz e enlouquecido que me sentia tentado a dar um tiro nele com dardos tranquilizantes. Então, quando Annabelle falou em ferberização, me tornei receptivo à ideia, caso isso significasse que poderia ter um minuto a mais de sono.

O método do Dr. Ferber descreve o ritual em que seu bebê aprende a dormir sozinho como um progresso natural da criança em direção à independência noturna. O que para ouvidos não treinados parece um bebê protestando desesperadamente contra o abandono, para o Dr. Ferber é uma criança aprendendo a se acalmar. Como acontece com muitas teorias, a ferberização parece razoável até que você a coloque em prática e tem de esperar do lado de fora do quarto de seu bebê recém-nascido enquanto ele chora durante meia hora ou, no continuum dos pais e da criança, durante um ano-luz. Escutar choro de bebê é irritante, mas escutar o pranto do próprio filho é o que imagino que seja enfrentar uma tortura com choques elétricos. A corrente do choro de Ezra percorria minha cabeça, pele e cada fibra nervosa. Um bebê tem o cérebro do tamanho do cérebro de um esquilo. Eles choram porque é divertido. Eles choram porque querem desesperadamente conforto, amor e carinho. Como negar compaixão a um bebê indefeso pode ajudar no desenvolvimento emocional dele?

Enquanto a choradeira e as tentativas de recobrar o fôlego que vinham do quarto de Ezra não cessavam, eu imaginava como ele seria anos mais tarde: "Por que está usando heroína, Ezra?", "Não é nada, de mais. Estou me acalmando. Você sabe, não quero incomodar meus pais — eles estão tentando dormir." Independência noturna... Ferber... idiota. Então nunca concluímos a ferberização e, no final, um de nós, ou ambos, entrava e acalmava Ezra. Eu esperava que essa experiência ajudasse Annabelle a enxergar a sabedoria da flexibilidade ou, no mínimo, ensinasse a ela a não tentar viver de acordo com proclamações didáticas, principalmente depois que o próprio Dr. Ferber começou a desmentir seu método logo após desistirmos dele, mas não adiantou, e a essa altura Annabelle já havia encontrado outra causa: *nada de armas de brinquedo!*

Do terceiro ao sexto ano, eu atirava em Kenny Lashin. Era um jogo com arma de revista em quadrinho que inventamos e que tinha minha sonoplastia convincente. Eu atingia Kenny com metralhadoras, silenciadores, espingardas, granadas e dardos de ponta envenenada, e ele morria. Kenny era um mestre na arte de morrer. Ele se contorcia e tremia com cada bala, dardo ou qualquer tipo de estilhaço. Kenny era meu próprio filme de Sam Peckinpah.

Não que eu fosse louco por armas, mas, como regra geral, meninos adoram armas. Por ser mulher e ter crescido com uma irmã, Annabelle não testemunhou o caso de amor entre meninos e armas. Quando Annabelle começou a ter experiências com garotos, eles haviam trocado as pistolas de brinquedo por sexo. É verdade, há garotos que nunca superam a fascinação por armas. Eles se tornam atiradores e caçadores, aficionados por armas e colecionadores, gângsteres e republicanos, membros da Associação Nacional do Rifle e texanos.

Como não dá para impedir que garotinhos brinquem com revólveres de brinquedo, eu não era contra Ezra ter um. Não era como se eu quisesse que ele andasse pela cidade com uma Glock em lugar de brinquedo em sua mãozinha. A Nerf faz armas legais, e há sempre as divertidas, mas irritantes, pistolas d'água, mas Annabelle era contra até que ele começou a fazê-las com peças de lego.

Depois que Annabelle viu sua tolice em relação a armas, pensei que talvez ela relaxaria um pouco, mas estava apenas começando. A cruzada seguinte contra a diversão tinha a ver com o mal dos videogames. Fiquei pasmo. Eu não fazia ideia de que tinha me casado com uma amish. Ela me deu um sermão sobre o perigo dos videogames, me mandou e-mails, recortou artigos, deu sermão em todos os nossos amigos que possuíam videogames sobre como eles criavam uma geração de crianças prontas para a guerra, insensíveis à violência, viciadas por gratificações imediatas e incapazes de manter a concentração. As críticas contundentes dela geralmente tinham o efeito de sumir com todos os brinquedos onde quer que fosse. Ela fazia um discurso severo para qualquer pai ou mãe que escutasse sobre como video games ligados à tevê deixam as crianças presas a ela como se fossem um cordão umbilical controlador da mente. Com o tempo, e depois que todos os amigos de Ezra ganharam Xboxes, PlayStations e Wiis, Annabelle relaxou com a política contra video games e permitiu que ele tivesse um game portátil. O resultado: Ezra jogava video games em todo lugar — no carro, em restaurantes, em viagens de avião de cinco horas de duração, na casa de amigos, no banheiro e sob as cobertas da cama dele para que não o escutássemos numa hora em que ele deveria estar dormindo. Mais uma vez, Annabelle deu de cara com a realidade!

A necessidade que minha esposa tem de regular e estruturar não se limita apenas à vida de Ezra. Também fui sujeitado às ordens dela. Uma que eu particularmente detestei foi ter de participar de um grupo para crianças numa sexta-feira à noite. Não era um encontro para crianças, era uma desculpa para os pais se reunirem e beber. Cada semana a reunião acontecia numa casa diferente. Os casais levavam seus filhos junto a galões de vinho barato e comida sem gosto; em sua maioria variedades de queijos tão suaves que nem valia a pena tomar algum remédio para intolerância à lactose. As crianças eram entupidas de pizza e depois deixadas por conta própria enquanto os pais enchiam a cara. Por que Annabelle considerava esse evento semanal tão crucial? Aquelas pessoas não eram minhas amigas. O fato de elas terem filhos mais ou menos da mesma idade de Ezra não me fazia querer me divertir com elas. E para ser sincero, todos os casais pareciam estranhos para mim. Muitos membros do grupo eram divorciados; todas as semanas, chegavam cansados, tristes, solitários e estupefatos. Uma mãe solteira frenética sempre parecia estar prestes a chorar ou já vertendo rios de lágrimas. Ela tinha um filhinho que só se alimentava de comida de cor branca. Havia um casal cujo gigantismo só era menos interessante do que o fato de os dois se chamarem Fred. E havia Tim Sands, que usava o cabelo no estilo *mullet* e tinha um menino com o mesmo penteado que chamava de "filho". Ninguém sabia o nome verdadeiro do garoto. Talvez "Filho" *fosse* o nome dele. Tim era divorciado e trabalhava na indústria da música, mas como todo mundo que mora à distância de 80km de Los Angeles, ele tinha o sonho de criar o roteiro de um programa de TV. Quando ele tentou me dar o roteiro que escreveu, eu me recusei a lê-lo por dois motivos: um, eu trabalhava escrevendo roteiros para a TV, então lê-lo poderia resultar num conflito, e dois, eu não me importava com Tim, com seu *mullet* ou com seu filho chamado Filho, e não queria ler nada que ele escrevera. Mas isso deteve Annabelle? Não, ela teve de ler o roteiro. Ela não ousava se indispor com ninguém do grupo de pais idiotas e embriagados das sextas à noite.

CORTA PARA: vários anos mais tarde sem Tim Sands, eu jantava com amigos num bar local quando aquela cabeça com *mullet* chegou e veio direto para minha mesa como se tivéssemos mantido contato diariamente. Depois que os cumprimentos chegaram ao fim, Tim embarcou num monólogo sobre seu roteiro para TV — aquele que dera a Annabelle e que eu me recusara a ler. Parece que se chamava *Hollyweird* e era sobre um bando de atores que esperavam ter sua grande chance ao trabalhar em festas de criança vestidos de personagens de desenho ou super-heróis. Por acaso, Tim me vira num episódio de *Entourage* em que eu tinha um papel pequeno. O diretor, meu amigo Larry, pedira para eu interpretar o papel de um ator desempregado que trabalhava como palhaço na festa de aniversário do filho de Ari Gold. De acordo com o roteiro, eu tinha que, num momento inoportuno, entregar a Ari meu retrato e meu currículo num DVD, que ele usou como descanso de copo, e sair. A cena só deve ficar uns dois minutos no ar. Todo mundo em LA alguma vez já contratou aspirantes a atores para trabalhar em festas de criança. Essa é uma das piadas mais comuns da cidade. No entanto, Tim Sands teve a audácia de me acusar de entrar em contato com roteiristas e produtores de *Entourage* que ganharam o Emmy e passar a eles seu *roteiro* não produzido para eles roubarem a ideia para uma cena de dois minutos que não tinha nada a ver com o restante do episódio. Informei ao Homem Mullet que ele se enganava de tantas formas e em tantos níveis que eu nem sabia por onde começar. Mas Tim não esquecia o assunto. Ele disse que se não fosse adepto da não violência, acabaria comigo. Eu só pude rir. Annabelle e seu grupo estruturado de sexta-feira à noite quase me meteram numa briga de bar com um cara de *mullet*.

Ainda não sei o que Annabelle esperava que acontecesse com todos os regulamentos e estipulações dela em relação a ser pai e mãe. Será que ela realmente pensava que Ezra conseguiria evitar fazer parte do mundo moderno de distrações, bugigangas e manipulação da mídia e permanecer um tipo de ser puro? Quanto a mim, talvez eu seja preguiçoso, muito rebelde ou apenas um pé no saco, mas não vejo mal em deixar Ezra se divertir, fazer bobeira, comer um pouco de cereal açucarado ou até mesmo ver TV e jogar videogame durante a semana de vez em quando. Se eu estiver errado... estaremos muito ferrados.

"nada de sexo, por favor, somos casados" dizia a capa da revista Newsweek em 2002.

A revista informou que muitos dos 113 milhões de americanos casados estão cansados ou mal-humorados demais para fazer sexo. Psicólogos estimam que de 15-20% dos casais fazem sexo não mais do que 10 vezes por ano. Três vezes por semana é o número relatado pelos recém-casados e que diminui gradualmente com o tempo. A média é 68,5 vezes por ano; ainda assim, as estimativas indicam que as pessoas casadas têm 6,9 mais encontros sexuais por ano do que os não casados da mesma idade.

a trajetória da paixão?

A revista *Elle* (2006) revela que a paixão diminui para 70% depois do primeiro ano de união, para 58% depois de dois anos, 45% depois de três a cinco anos, e 34% depois de seis anos ou mais.

Porcentagem de mulheres com mais de 75 anos que ficaria feliz em nunca mais fazer sexo: 36%.
Porcentagem de homens acima de 75 anos que não teria problemas com isso: 5%.

Porcentagem de pessoas casadas que traem: 22%.
Porcentagem de mulheres que traem: 15%.
Porcentagem de homens que trairiam se achassem que não seriam descobertos: 40%.

"Não sabemos se as pessoas felizes no casamento fazem mais sexo, ou se pessoas que fazem mais sexo se tornam mais felizes no casamento ou se é uma combinação das duas coisas."

Tom W. Smith, Universidade de Chicago

8
De volta à ativa

Sofrimento, vazio e escuridão nada mais são do que interrupções de um orgasmo cósmico que aumenta em intensidade eternamente.

I. B. SINGER

No começo, havia sexo e era bom. Na metade, se tornou algo que precisava de horário, como uma aula de tênis ou uma vacina para gripe. No final, precisamos da ajuda de creme e géis, remédios controlados e talvez até de uma ou duas polias. Nosso conselho: tire o máximo de proveito do começo. Tente curtir a metade o máximo possível. E, para o final, tenha muito estoque de lubrificante.

Ele diz

Se eu não gostasse tanto de uma xoxota, teria desistido dessa coisa de casamento há muito tempo. Desde o nascimento de nosso filho, há 11 anos, eu vivo numa busca sem fim para voltar à xoxota. De minha esposa. Mas chegar lá requer um esforço hercúleo aliado à paciência de Mahatma Gandhi, à perseverança de um fã do Chicago Cubs, à concentração de Tiger Woods e uma mente tão deturpada, tão pervertida e tão determinada em sua busca que é capaz de resistir a quase qualquer coisa. Porque o que ter um filho faz com sua vida sexual não é diferente do que acontece quando uma águia majestosa é atingida por um míssil teleguiado. Não existe mais sexo espontâneo depois do banho, no chão do banheiro. "E se ele entrar e nos ver?" Nada de trepar ao amanhecer, de fazer xixi depois de um sexo carinhoso, porque nosso filho está em nossa cama de manhã — dormindo no meio, é a coisa mais fofa do mundo e que exige mais atenção do que Madonna... num show da Madonna.

Mas 11 anos depois do nascimento de nosso filho, uma pessoa poderia pensar que talvez, apenas talvez, minha esposa e eu poderíamos retomar nosso desejo mútuo de fazê-la gozar. Durante quanto tempo ela conseguiria manter a desculpa "acabei de ter um bebê"? A verdade é que a maré alta de tesão de Annabelle começou a baixar inocentemente logo depois que Ezra nasceu, quando ela começou a tomar antidepressivos. Os inibidores seletivos da recaptação da serotonina se encaixaram com as ansiedades causadas pelas complicações de saúde de Ezra e criaram uma tempestade perfeita de falta de libido. Os antidepressivos tiveram resultados benéficos para Annabelle e, claro, ela pode ter conseguido funcionar melhor na carreira, mas valia mesmo a pena? Eu via que os remédios operavam da mesma forma como a Represa Hoover funciona. Eles impedem o fluxo de desejo sexual e depois cuidadosamente o canalizam para gerar mais estabilidade para ela usar no ambiente de trabalho, em maneiras melhores de se relacionar com os pais, no jeito de lidar com as variedades de estresse diário e impedem que ela sucumba a rompantes de baixa autoestima que antes eram fantasticamente canalizados para a energia sexual. Annabelle admite que muitas vezes usou o sexo de maneiras autodestrutivas, assim como todas as minhas amigas preferidas. Imediatamente captei o cheiro de sexualidade autodestrutiva e a quis da pior maneira. Nem preciso dizer que o sexo sempre dá mais tesão com mulheres mais loucas. Como fui perder os anos de putaria de Annabelle? Ela diz que se eu não os tivesse perdido, nós nunca teríamos durado, e pergunta se eu conseguiria viver com isso. (Não vou responder.)

Quando o assunto é sexo, definitivamente não concordamos. Quero transar todos os dias, e Annabelle só quer uma vez por semana. Então fizemos uma concessão — transamos uma vez por semana. (Se eu tiver sorte.) No entanto, muito de vez em quando isso pode trabalhar a meu favor. Como nossas vidas são muito complicadas e caóticas para conseguirmos ter uma data certa para transar, todos os dias trazem a possibilidade de que esse seja o dia em que vai rolar. E como sou sempre eu que inicia o processo do sexo, tento sempre que tenho a oportunidade. Às vezes, Annabelle se esquece de que já transamos na semana e acabamos fazendo sexo duas vezes.

A essa altura na vida de Annabelle, muitas coisas mudaram dentro e fora de suas calças. Ela já não fica com tesão por ficar; ela é mãe e dona de uma casa, uma mulher de carreira talentosa e trabalhadora que está muito, muito — não consigo enfatizar isso o suficiente — muito cansada. Mas essa fadiga é apenas o começo dos obstáculos que tenho que superar para conseguir voltar à xoxota.

Só fazemos sexo à noite, depois que Ezra já foi dormir. No entanto, nosso filho não gosta de ir para a cama dormir. É como se, numa tática edipiana brilhante, ele atrasasse a hora de dormir para diminuir minhas chances de entrar no corpo de onde ele saiu. Cada passo de seu processo de ir dormir se depara com uma resistência do tipo que não se vê desde a Batalha Britânica. Para ele fazer o dever de casa, tomar banho, escovar os dentes, comer um lanche e ler uma história antes de dormir, precisamos implorar, subornar e até mesmo bajular. Fazê-lo ir para a cama é um ato que suga nossa energia vital. E ao dizer "energia vital", me refiro ao desejo de transar de minha esposa. Depois da confusão épica para colocá-lo na cama, ela inevitavelmente pergunta que horas são. Quando respondo que já são quase 10 horas da noite, ela reclama, "Já? Parece que já é 1 hora da manhã para mim". Vou explicar: 10 horas da noite são 1 hora da manhã para Annabelle porque, depois de passar um dia em Nova York no começo do mês, ela fica permanentemente no fuso horário da costa leste. Não é possível sentir a diferença no fuso horário duas semanas e meia depois de passar menos de 48 horas em Nova York, mas é o que acontece com ela.

Por causa de nossa diferença de horário, se for rolar sexo, há muito pouco tempo para mandar ver antes de ela literalmente apagar. No começo, eu casualmente digo, "Ah, vamos lá, por favor, estou implorando. Deus, tenha piedade, estou precisando!" Depois eu me acomodo para escutar o que aconteceu ao longo do dia, coisa que já escutei; detalhes de programações futuras que já discutimos; lista das coisas que estão acontecendo na vida dela que já sei a respeito. "Os azulejos novos chegaram para o banheiro do andar de cima." "Sim, eu sei." "Eu tenho um teste amanhã, então precisará buscá-lo na escola." "Tudo bem." "Contei a você que li que Bonnie Hunt ainda diz ter 36 anos?" "Já me contou isso duas vezes." "Ah, e temos de colocar Ezra num acampamento de verão o mais rápido possível." "Claro." "Não estou brincando." "Tudo bem." "É sério, agora mesmo." É o "agora mesmo" que me incomoda. Agora mesmo? Como se não pudesse esperar, digamos, até amanhã de manhã para que possamos ter esse breve e precioso tempo para voltarmos à vagina!

Certo, então pulo a parte em que ela fala dos eventos do dia. Já são 2 horas da manhã no horário dela, então tenho de me reagrupar. É hora da... massagem. A massagem nunca falha, é um jeito de relaxar e deixar Annabelle de bom humor. Começo com os pés, subo para a panturrilha. Depois massageio o pescoço, os ombros e, finalmente, a cabeça. A essa altura da vida dela, minha esposa prefere uma massagem na cabeça a receber sexo oral, alegando que "ela para de pensar e entra em contato com o corpo". A massagem funciona; Annabelle fecha os olhos e diz, "Você se importa se eu me deitar?" Isso acontece quando ela está cansada demais para fazer outra coisa que não seja se deitar e me deixar fazer tudo. Não me importo que ela se deite. Isso faz eu me sentir o motorista de um trem do sexo: "Próxima parada no beijo de língua, mamilos, sexo oral, estímulo anal, vibrador e orgasmo. Última parada no orgasmo. Todos a bordo!"

Tudo que resta entre mim e o fato de ela se deitar é... o *campo minado*. O campo minado é uma série de perguntas e/ou declarações que minha esposa coloca diante de mim como se fossem minas terrestres. Se eu responder corretamente, rola sexo. "Eu me sinto inchada." "Você não parece estar inchada." Eu saio ganhando. Mas se eu responder inapropriadamente: "A minha bunda está maior?" "Não está maior do que de costume." "Então está dizendo que minha bunda é gorda!" "Não, eu —" Clique. Pisei numa mina terrestre e *boom*! "Ótimo, você acha que minha bunda é enorme! Bom, talvez eu esteja ocupada demais trabalhando e ajudando Ezra com o dever de casa, pagando nossa hipoteca, fazendo nosso imposto de renda e organizando nossas contas médicas para me concentrar em deixar minha bunda em forma cada segundo do dia. Desculpe se ela não é boa o suficiente para você. Muito obrigada!" A essa altura, já me sinto derrotado, deprimido e desanimado. Eu me rendo. "Eu amo sua bunda, mas você está cansada, então porque não vai dormir? Vou descer e ver algum esporte na TV e beber vinho até desmaiar." Mas ela fica toda a fim de alguma ação. E então me surpreende voltando a se deitar. Isso, é agora ou nunca. Mergulho na cama antecipando todas as sensações prazerosas das paragens de meu trem do sexo. Quando as coisas estão pegando ritmo, ela pisa nos freios de emergência. "Tenho direito de estar cansada, certo?" Merda, a última mina terrestre. "Não deveria me sentir mal por ficar cansada, certo?" Eu me aviso para não responder nada. "*Não diga nada!*" Mas ela continua. "Eu trabalho duro, Jeff. Faço muito por esta família. Tenho o direito de me sentir cansada." "Não diga nada, não diga nada." "Não aja como se eu fosse a única esposa no mundo que fica cansada. Uma pesquisa do Pew recentemente revelou que mães que trabalham..." Meu Deus, não adianta. Não consigo mais me controlar. "Ei, você quer fazer isso ou não? São 4 horas da manhã no seu horário e não aguento mais. Fique cansada, fique mais em sua mente do que em seu corpo, fala o que quiser. Mas, por favor, pelo amor de tudo que é sagrado e bom, podemos voltar à xoxota?" E então ela diz: "Sabe, não dá para transar com você irritado desse jeito comigo." Vinho e canal de esportes, aí vou eu.

Ela diz

Meu marido frequentemente diz que não consegue voltar à xoxota vezes o suficiente, mas como muitos homens e mulheres, acho que temos ideias muito diferentes de que transar muitas vezes significa. Nos primeiros anos depois do nascimento de nosso filho, é difícil lembrar se fizemos sexo. Desde que Bill Clinton tentou redefinir o que sexo com "aquela mulher" significava, houve muitas definições a respeito do que constitui esse ato. Além disso, em algumas partes do mundo, um simples contato direto entre peles é considerado ilícito. Então, se um cair em cima do outro por causa de cansaço conta como contato sexual, sim, tivemos muitos contatos sexuais. A essa altura, sexo uma vez por semana parece algo aceitável para mim; no entanto, Jeff acha que seria perfeitamente razoável fazer sexo pelo menos duas vezes por dia, algo que me deixaria doente, com cistite. Estou disposta a fazer a velha tentativa da época de faculdade, apesar de talvez essa frase não ser muito apropriada para descrever esse esforço, porque, na faculdade, ninguém precisava se esforçar muito para me levar para cama. Então talvez a parte mais significativa dessa equação seja a quantidade de tempo e energia que consigo dedicar à busca por um orgasmo a essa altura de minha vida.

Vou dar um exemplo de como era um dia normal para mim quando Jeff e eu começamos nosso relacionamento.

Eu acordava às 8 horas da manhã, olhava o relógio — cedo demais — voltava a dormir. Acordava às 9h30, fazia carinho na gata durante uma hora — ela é a coisa mais fofa do mundo! Ia à aula de ioga, meditava, passava no Farmer's Market para tomar um café, ficava olhando as coisas — eu adoro patchuli. Ia fazer um teste em que tinha de ler para o papel da professora de inglês culta de um ator novo chamado Ryan Phillippe, um piloto fracassado que me foi oferecido na hora. Que dia fantástico! Dirigia tranquilamente para casa, parava para ver objetos antigos numa butiquezinha esquisita, mas não comprava nada porque sou um espírito livre que não quer possuir muitas coisas. Chegava no apartamento, passava quase uma hora observando a cor de meu cabelo no espelho — deveria usar mais vermelho ou não? Não tinha certeza. Ia à aula de teatro, fazia exercícios de relaxamento e imaginava um cheiro bem nojento. Voltava para casa, tomava banho sem pressa e depois experimentava cinco roupas diferentes para sair com Jeff — eu queria ficar linda para ele. Passava meia hora colocando velas em lugares estratégicos do quarto, escolhia a música perfeita para fazer sexo — ei, que tal um pouco de Portishead? Dançava pela casa por meia hora, empilhava roupas no armário e, *voilà*, ficava pronta. Abria a porta para Jeff; nós víamos O *céu que nos protege*, o filme mais deprimido, esquisitamente erótico e devagar de Bertolucci, e isso é dizer muito. O filme perfeito para um encontro — debatemos o significado dele durante uma hora, o que nos deixou tão excitados que tivemos de correr para casa e fazer sexo, ainda falando sobre como adoramos Paul Bowles e sobre como um dia iremos ao Marrocos. Falamos de planos para andar pelo mundo e de como nunca teríamos vidas entediantes — não tínhamos papéis e valores tradicionais e talvez fôssemos morar no Marrocos, mas com conta no banco e um encanamento melhor. Adormecemos envolvidos um nos braços do outro. Acordamos, saímos para tomar café e depois fizemos sexo de novo; nós dois fizemos carinho na gata durante uma hora e planejamos fazer mais sexo à noite. Demais!

O que se segue é um breve resumo de um dia normal meu depois de 13 anos de casamento. Acordo às 6 horas da manhã, mas na verdade são 9h30 da manhã no meu fuso horário porque estive em Nova York no mês passado, então já estou três horas atrasada. Tomo um espresso duplo para parecer alerta e não assustar nosso filho enquanto tento arrastá-lo para fora da cama. Eu carinhosamente faço panquecas para ele, mas "Mãe, as panquecas estão com muito gosto de ovo" é o que ganho de recompensa. E como me sinto culpada por viajar tanto, refaço as panquecas do zero ao mesmo tempo em que lembro Ezra de que há crianças morrendo de fome nas ruas do leste de Los Angeles. Eu o deixo na escola e vou para o outro lado da cidade, para consertar meu protetor dental. O dentista me diz que o fato de eu apertar minha mandíbula é o que causa minha dor no pescoço, e que eu deveria "relaxar mais". Incluo "relaxar mais" em minha lista de coisas a fazer ao mesmo tempo em que penso que preciso encontrar outro trabalho logo, do contrário não conseguirei comprar um protetor dental novo. Caio na estrada para mais dois testes, tentando me maquiar enquanto dirijo e engulo a comida ao mesmo tempo.

Na primeira entrevista, o diretor se engana e pensa que sou Annabeth Gish. Uma atriz perfeitamente adorável, mas que não sou eu. Ele insiste em falar sobre quando "nós" — ela e ele trabalharam juntos — o diretor simplesmente não aceita que eu não sou Annabeth Gish e fica furioso quando me recuso a conversar sobre o assunto. Vou embora me sentindo vagamente confusa — eu sou ela? Talvez sim. No segundo teste, vejo todas as atrizes que já estrelaram num seriado, inclusive pessoas como Bonnie Franklin, de *One Day At a Time*, Katey Sagal, de *Um amor de família*, e Mel Harris, de *Thirtysomething*, uma série sobre o tipo de aborrecimento que, na época em que estava no ar, eu não reconhecia como tendo a ver com minha vida. Como quarenta é o novo trinta, acho que faz sentido que aos 40 e poucos anos eu agora entenda *Thirtysomething*. O tempo de vida das atrizes é como o dos cachorros, só que mais curto. Então, com 40 e poucos anos no show biz, na verdade, tenho uns 87 anos e não consigo emprego. Espero uma hora para ler, perco a aula de ioga, adiciono "fazer ioga" em minha lista de coisas a realizar na semana seguinte e depois vou depilar a virilha, porque me encontrarei com Jeff e quero fazer um esforço.

Enquanto tirava a roupa no salão, minha depiladora do Leste Europeu, Mischa, me repreendeu por ter deixado de ir lá. Eu estava envergonhada demais para explicar que desde que minha depiladora original, Rudica, morrera de câncer de mama, achava muito deprimente ir lá para me depilar. Mas sei que eles precisam do negócio, então comprei uma série de produtos de tratamentos que tenho certeza de que nunca terei tempo para usar. Enquanto ela estava enfiada em minha região inferior sem pelos, eu estava ao telefone com outras mães, coordenando os horários do acampamento de verão, quando recebi uma ligação. Era Jeff querendo saber se deveria buscar Ezra ou se eu já estava a caminho. Disse que estava me depilando, e Jeff falou para eu não me preocupar, que ele ficaria feliz em buscar Ezra porque estava muito animado para fazer sexo oral em mim à noite. Mas o telefonema foi interrompido pela mensagem de um empreiteiro, confirmando que os azulejos haviam chegado para o banheiro do andar de cima. Fiquei estranhamente excitada com a ideia de azulejos novos. Uma mensagem de texto da babá apareceu em meu telefone. O carro dela estava quebrado, e ela não poderia ir lá para casa à noite. Liguei para cancelar os planos com Jeff. Ele ficou tão furioso que prometi arrumar tempo para mais tarde. Enquanto eu dirigia para casa, nosso corretor telefonou para explicar que apesar de nossos fundos de pensão valerem menos do que quando investimos inicialmente com ele há seis anos, eles valeram mais por um período de dois anos, e nós só perdemos o dinheiro que lucramos. Apesar de ser retardada em relação a assuntos financeiros, até eu posso deduzir que quando Jeff e eu usarmos esse dinheiro, seremos sortudos se tivermos o suficiente para pagar nossa mensalidade na Associação Americana de Aposentados. O fato de eu ter pensado em mim e na Associação me deixou muito ansiosa. Como fui ficar tão velha? Deve haver algum engano! Os anos de 1985-1988 foram um desperdício — quero esses anos de volta! Quero de volta todas as horas em que fiquei vendo *Rock of Love*. O tempo que passei deletando e-mails convidando para me juntar ao Plaxo, Linkedin e Twitter? Também o quero de volta! Quero de volta cada minuto que passei na chamada de espera com o serviço ao cliente. Sou tão velha que preciso de cada minuto disponível para ganhar dinheiro para quando eu for ainda mais velha! Fiquei com uma baita enxaqueca enquanto me aproximava de casa pelo trânsito de Los Angeles.

 Chego em casa, alimento a criança, tenho dificuldades com a matemática da sexto ano, imploro para que ele dê início à rotina da hora de dormir. Nós lemos, ele quer o pai, me quer, pai, eu, pai... e depois ele diz que quer um pouco de tempo com a mãe, e eu sei que ele sabe que eu sei que os anos de tempo com a mãe logo chegarão ao fim, então não consigo recusar e fico até ele adormecer. Tomo um banho rápido e vou até meu escritório para pagar as contas médicas. Ligo para o andar de baixo, digo a Jeff para desligar a ESPN e me encontrar no andar de cima porque estarei pronta para um pouco de ação logo depois que eu entender a recém-criada política de copagamento de nosso plano de saúde. Já estou na metade da lista de papéis quando Jeff corre para o andar de cima para ver como estou indo e me dar uma olhada. "Você não vai colocar uma roupa bonita?" Jeff pergunta em tom de reclamação. "Desculpe. Eu ia colocar", é tudo que consigo dizer. E a verdade é que eu realmente tinha a intenção de usar meia-calça, salto alto e uma saia para Jeff, mas, depois que tomei banho, não tive energia para me arrumar para ele. Então coloquei minha calça moletom e uma camisa, como fiz todas as noites desde o nascimento de nosso filho. Ele me vê em meio à papelada de seguro e pergunta com raiva "Você ainda não está pronta?" Já são quase 11 horas da noite, 2 horas da manhã no meu fuso horário, então mal consigo erguer minha cabeça para responder que é melhor começarmos a ganhar mais dinheiro, senão um dia seremos forçados a entender o novo benefício da Medicare, e aí estaremos ferrados! Ele vê a oportunidade para me lembrar de que falar de dinheiro antes do sexo é broxante. Eu lembro a ele que falar disso só é broxante quando a conversa é sobre não ter dinheiro, falar de dinheiro quando se tem muita grana, na verdade, é excitante.

A essa altura, meu pescoço está muito dolorido, então quando finalmente entramos no quarto, Jeff começa a massagear o lugar que mais se conecta diretamente à minha vagina — a minha cabeça. É tão relaxante que começo a cair no sono, então pergunto a Jeff se posso apenas masturbá-lo, mas não, ele quer tudo. Para animar as coisas, Jeff sugere que eu converse com ele. Começo a falar sobre como os novos armários do banheiro ficaram bonitos, mas Jeff diz que não era essa espécie de conversa que ele tinha em mente. Sei disso, e não acredito que eu seja o tipo de pessoa que quer falar sobre reforma no banheiro — quando me tornei burguesa desse jeito? É só que estou tão cansada... então pergunto: "Você se importa se eu me deitar?" Enquanto estou deitada, me dou conta de que essa será a única chance que teremos para falar sobre o acampamento de verão de Ezra, porque os formulários precisam ser entregues no dia seguinte. Jeff quer mudar de assunto e voltar à xoxota, mas quando foi que virou "a xoxota"? Eu falei. "Eu sei que nos casamos num regime de comunhão de bens, mas a xoxota é minha!" Mas Jeff transformou essa coisa de eu me deitar numa maneira certa de ter um orgasmo. Ele tem talentos especiais — sempre dá certo, e chego ao orgasmo enquanto estamos no meio de uma discussão sobre o processo de inscrição. Tenho energia o suficiente para ficar agarradinha com ele durante 45 segundos, antes de cada um ficar de seu lado da cama e assumir a posição de dormir. E então escutamos o barulho de pequenos passos: Ezra entra na cama e fica entre nós, Stinky pula em cima de mim e nós adormecemos.

Demais!

Os psicólogos acreditam que os casais gays terão uniões mais felizes. Casais gays e lésbicos tendem a fazer uma distribuição mais justa das tarefas domésticas e resolvem os conflitos de maneira mais construtiva.

menos é mais

As pessoas passam mais tempo com os filhos hoje em dia do que antigamente. Apesar de os dois trabalharem durante mais horas, as mães passaram 20% a mais de tempo com os filhos em 2000 do que em 1965; quanto aos pais casados, o número dobrou. Os pais estão mais voltados para os filhos agora. Mas isso é uma coisa boa? O Instituto da Família e do Trabalho, que estuda os problemas nas famílias trabalhadoras contemporâneas, descobriu que a maioria das crianças não quer passar tanto tempo com os pais quanto os pais pensam; ela apenas querem que os pais fiquem mais relaxados quando estiverem juntos.

valores familiares, ao estilo de Washington:

Gingrich, que frequentemente fez campanha sobre a santidade do casamento e dos valores familiares, se divorciou da segunda esposa depois de reconhecer o relacionamento com a esposa atual, uma ex-assistente do Congresso mais de vinte anos mais nova do que ele e com quem teve um caso clandestino durante as audiências de Monica Lewinsky. Gingrich anunciou seus planos de se divorciar da primeira esposa enquanto ela se recuperava de um câncer.

o pior ainda está por vir

Perguntaram aos participantes de um estudo da Universidade de Michigan qual era a reação deles a questões como "Meu/minha parceiro/parceira me dá nos nervos". Em todos os grupos, as pessoas se irritavam mais com o cônjuge do que com amigos e parentes, e a irritação aumentava com o tempo de casamento.

9
• • • •
Se arrastando até Cooperstown

*Até mesmo suas tristezas se tornam uma alegria
muito tempo depois para alguém que lembra tudo
que ele conquistou e suportou.*

HOMERO, *A ODISSEIA*

Existe o clichê de que os homens são loucos por esportes, e as mulheres com quem eles são casados não entendem nada.

Contudo, os clichês muitas vezes são verdadeiros para muitas pessoas. Foi por isso que se tornaram clichês. Por exemplo, *filho de peixe peixinho é* ou *entre a cruz e a espada*. Quando o assunto é esporte, nosso filho é o peixe, e o fanatismo de Jeff por esportes continuamente coloca nosso casamento entre a cruz e a espada.

Ela diz

Detesto fazer nossa casa parecer um desses comerciais em que o marido e os amigos estão na sala, e a esposa vestida em tons pastéis está fazendo uma de duas coisas: balança a cabeça com um misto de irritação e amor enquanto coloca uma tigela de petiscos diante da barriga grande deles, ou balança a cabeça com uma mistura de irritação e amor enquanto veste um casaco para dar uma escapadinha até o shopping. Não é assim que acontece. Exceto no Super Bowl ou na World Series, os amigos de meu marido raramente nos visitam para ficar vendo tudo da ESPN e de outros canais de esporte que arrumam programas para permanecer no ar 24 horas por dia. Não, na maioria dos dias, só Jeff se instala no sofá com a pasta de grão-de-bico e o seu wrap de abacate, gritando com a TV enquanto eu passo por perto com repulsa genuína em relação ao que parece ser uma grande perda de tempo e um mau exemplo para nosso filho. Eu preferiria vê-lo diante do computador, procurando amigos antigos. Pelo menos ele daria a impressão de estar fazendo algo produtivo. Pensei que me casava com um roteirista de comédias; não fazia ideia de que Jeff sonhava em enterrar bolas de basquete, ganhar o troféu Heisman ou fazer um home run. Quando namorávamos, eu o observava vendo jogos na TV, mas não registrei a extensão de sua devoção. Quando mencionei isso a ele, Jeff respondeu que tentava não perder as finais. Eu não sabia que ele se referia às finais de todos os esportes. Não fazia ideia de que todos os esportes tinham uma final. Se o lançamento de dardo tivesse uma final, ele assistiria. Assim como o marido de *O bebê de Rosemary* mal podia esperar para entregar o bebê aos satanistas, meu esposo, sem eu saber, planejava levar nosso filho às associações esportivas do bairro.

Não é que eu seja contra esportes; todo mundo em Miami Beach jogava tênis quando eu era criança. Já vi minha cota de Super Bowls e já experimentei jogar H-O-R-S-E, mas não cresci praticando esportes coletivos, então estava completamente despreparada para as maquinações de Jeff. Começou de um jeito bem inocente: eu realmente me divertia, cedendo ao desejo de nosso pestinha de jogar bola do amanhecer ao anoitecer, o que fazia parte de minha rotina de exercícios para entrar em forma. Numa cidade em que estranhos ganham rios de dinheiro para deixar uma pessoa em forma, eu tinha meu próprio treinador, que empregava uma das técnicas de motivação mais sofisticadas que existem: culpa materna. Então imagine minha surpresa quando Ezra e eu jogávamos bola no quintal e Jeff fez esse pronunciamento: "Se nosso filho

quiser ser um jogador de beisebol profissional, você não vai impedi-lo."
O quê? Ele tinha 2 anos.* Mas aquele foi o momento que meu marido escolheu para me informar, num tom de voz empolgado, quase angustiado, que ele mesmo poderia ter tido uma carreira como atleta se sua família tivesse sido mais encorajadora. Eu estaria negando ao filho dele a mesma oportunidade, e ele não ia aceitar isso. Fiquei chocada.

Algum tipo de lembrança da infância deixou meu marido com a impressão de que nada poderia ser melhor do que a carreira esportiva. Jeff formou essa opinião apesar do fato de que, exceto alguns encontros breves em festas com o fenômeno humano conhecido como Lance Armstrong, nós não conhecemos nenhum atleta profissional que possa nos dar uma descrição realista do esporte como profissão. É o mesmo que conseguir uma audiência com o Papa e concluir que entrar para o sacerdócio proporciona um estilo de vida glamouroso. Tente dizer isso ao treinador Kahn.

Existem meu marido, Jeff, e seu alterego, o treinador Kahn. Jeff tem um senso de humor autodepreciativo e consegue sentir uma felicidade completa (mesmo que passageira) apreciando uma refeição deliciosa. O treinador Kahn, por outro lado, leva tudo muito a sério, e a única coisa que lhe trará satisfação é ver o sangue de seu sangue no panteão dos grandes em Cooperstown. Eles são opostos. Tudo bem, posso exagerar um pouco — o treinador Kahn provavelmente também gostaria de me levar para a cama.

Mighty Mite Rebels, Orangemen, Giants, Orioles, Yankees, Rangers, Red Sox, White Sox, Orioles de novo, Yankees de novo, Titans,

---

* Entre as proezas atléticas de Ezra e duas semanas de refeições da Zone entregues em casa, consegui perder a maior parte do peso que ganhei com a gravidez. A Zone funciona. Em primeiro lugar, se você é frugal, se sentirá compelida a seguir o programa sem trapacear, porque ele é caro. Você também sentirá fome. Muita fome. Por volta de meio-dia, no primeiro dia das minhas refeições entregues em domicílio, liguei para a empresa para me certificar de que eu entendia o sistema de forma correta. "Então vocês entregam uma refeição de cada vez?" Ao que tudo indica, comi todas as refeições do primeiro dia no café da manhã. Achei que fossem pequenos acompanhamentos.

White Sox de novo, Purple Yankees e Toluca Lake All Stars. Em ordem cronológica, esses são os times em que nosso filho jogou.* Ele tem 11 anos. Você não entra para nenhum time antes dos 4. Faça as contas.

Não me lembro das justificativas para as mudanças; tudo que sei é que assim como nossos ancestrais russos que foram de cidadezinha para cidadezinha, o treinador Kahn carregou nosso filho de uma liga à outra como se escapassem de um massacre.

Para mim, até hoje é um mistério como ele acha esses times e quantas ligas existem em cada bairro. Não quero discriminar, mas acho que são os pais que espalham essas informações. Eles falam sobre o assunto ou há algo no código genético do homem por onde essa informação é compartilhada? Cada organização tem regulamentos, códigos de conduta e representantes, e você deve conhecer o cumprimento secreto ou alguém que tenha permissão para penetrar no labirinto do sistema. Não é segredo para ninguém que tenha filhos que praticam esportes que cada uma dessas equipes é um feudo governado por um treinador cujo filho, coincidentemente, é a estrela do time. Cada time tem a própria estrutura hierárquica que nunca deve ser desafiada, senão seu filho fica no banco de reservas a temporada inteira. É o feudalismo encontrando Moose Lodge. O treinador Kahn rapidamente se adaptou ao sistema e começou a socializar com os treinadores, e se oferecia para dar treinos e dicas sobre rebatidas, porque ele adora passar para as crianças sua paixão por esportes e, o mais importante, estava determinado a garantir um bom lugar para nosso futuro atleta de ouro.

O negócio é que Ez realmente parecia adorar o jogo e tinha uma maravilhosa coordenação olho-mão, então meu marido decidiu que precisava se tornar treinador de um time também. Era adorável ver todas as crianças da equipe de Jeff uniformizadas. O único problema era que, aos 7 anos, nem todas elas haviam desenvolvido a capacidade de

---

* Tive de perguntar os nomes a Jeff; nunca ia conseguir me lembrar de todos.

atenção necessária para o beisebol. *Eu* nunca tive atenção necessária para o jogo. Como funcionária de Ted Turner, certa vez recebi a honra de ser a capitã do Atlanta Braves por um dia. Quando sugeri brincando que o time jogasse apenas cinco ciclos, porque achava que nove era um pouco repetitivo, acho que só escapei da surra porque, alguns dias antes, o lançador do Brave, John Rocker, fizera comentários racistas* e o empresário Bobby Cox não queria atrair mais atenção negativa para o time.

Enquanto isso, em nosso campo de ilusões para homens que realizam seus sonhos de infância através dos filhos, um garoto desenhava círculos na terra, outro contava as nuvens no céu e outro chorava. Muitas vezes, o menino às lágrimas era nosso próprio filho. Por quê? Pelo jeito como o treinador K o selecionava, você poderia achar que nosso garoto estava sendo chamado para o jogo da vida dele. "Ezra, fique na posição", "Ezra, não olhe para baixo", "Ezra, não olhe para cima!", "Corra para valer, Kahn, corra para valer", *Pense no jogo, Pense no jogo*! Pensar no jogo? Essas crianças rebatiam a bola em cima de um montinho. Não era incomum eu aparecer e perguntar como o jogo prosseguia e ouvir: "Não sei do time, mas seu marido está com tudo!" A reputação de durão do treinador Kahn foi selada quando ele ameaçou colocar um jogador no banco por ter esquecido o boné. Desde quando "Não esquecerás o boné" virou um mandamento? Essa criança ia para a escola em nosso carro. Nosso passeio de manhã ficou muito divertido e descontraído depois disso! Mas para o treinador Kahn, as regras tinham de ser seguidas ao pé da letra, sem questionamentos. É engraçado quando você se dá conta de que meu marido é tão entusiasmado com beisebol

---

* É a cidade mais caótica e irritante. Imagine ter de pegar o metrô até o estádio de beisebol, como se passasse por Beirute ao lado de um garoto com cabelo roxo, que está ao lado de uma bicha com Aids, que um cara que acabou de sair da cadeia pela quarta vez, que está ao lado de uma mãe de 20 anos com quatro filhos. Você pode andar um quarteirão inteiro na Times Square e não escutar ninguém falando inglês. Asiáticos, coreanos, vietnamitas, indianos, russos, espanhóis e tudo mais estão por lá. Como diabos eles entraram neste país?

quanto com ver o fim de todas as religiões organizadas, e ainda assim essa coisa de seguir as regras do esporte tem exatamente o mesmo tipo de rigidez que só vemos num outro grupo de pessoas: o dos fanáticos religiosos. Com medo de ter de nos mudar para uma nova comunidade e trocar nossos nomes por motivos de segurança, delicadamente sugeri que talvez devêssemos parar temporariamente com essa história de treinador enquanto as crianças iam treinar rebatidas.* Ele concordou em pendurar o boné oficial de treinador dele, mas achava que precisavam mudar de liga — de novo.

Saímos de uma ruim para outra pior, como diz o ditado.

Jeff descobriu uma nova liga. Ezra entrou para o time dessa liga que era comandado por uma treinadora que não acreditava em contar pontos em jogos com crianças muito novas. Toda semana Jeff ficava cada vez mais nervoso com essa treinadora que, por coincidência, era uma velha amiga minha.

Eu não estava presente quando o "incidente" aconteceu, mas, como soube por várias fontes, Jeff trocou gritos com minha amiga na frente dos jogadores de 7 anos. Eu me senti muito desconfortável depois que a notícia do incidente se espalhou pela comunidade. Eu me via na casa de minha amiga concordando que meu marido havia exagerado, mas me sentia como se o traísse. Existe algo mais doloroso do que ver mulheres como Hillary Clinton, Silda Spitzer ou Elizabeth Edwards ficarem publicamente do lado dos maridos? Sempre pensei que nunca faria isso. Com certeza o comportamento de Jeff não chegava ao nível de humilhação pública — estava mais para desafeição no bairro — mas uma escolha precisava ser feita. Fiquei do lado dele... em público. Reduzi o tempo que passava com minha amiga, mas isso não me impediu de puxar a orelha de Jeff na privacidade de nossa casa e em todos os lugares para onde fomos juntos durante o mês seguinte.

---

* Eu poderia ter dito: "Se você insistir em voltar a treinar novamente, pedirei o divórcio e você deixará uma cicatriz eterna em seu filho, idiota!"

"Você parou de tomar remédio? Você está fora de controle e precisa se recompor!"

Sair de uma ruim para uma pior? Nenhuma expressão idiomática dá o real significado disso. A próxima liga em que Jeff enfiou Ezra treinava num parque local chamado Campos Elíseos, a área do submundo grego que era o lugar do descanso final das almas das pessoas heroicas e virtuosas. Mas na Los Angeles moderna, o Campos Elíseos é a casa de um grupo fechado de treinadores e famílias que não gostavam muito do temperamento emocionalmente expressivo e artístico de nosso filho. Achei que seria uma boa lição de vida Ezra passar por algo desse tipo — afinal de contas, nem todo mundo gostará de você —, mas Jeff insistia em deixar claro que não estava contente, e as coisas começaram a ficar ruins de novo com o treinador K que começava a aparecer regularmente no Campos Elíseos. Durante o tempo em que nosso filho jogou naquele time, não teve um dia em que Jeff e eu não discutimos sobre como ele era duro com Ezra em campo e sobre como ele apressava o menino a fazer o dever de casa para que, além de chegar cedo no treino, também pudesse participar de treinos complementares!

O treinador K ficou obcecado com a ideia de que nosso filho devia batalhar para ganhar uma bolsa* na faculdade jogando beisebol, apesar de o corpo inteiro dele caber dentro de uma perna da calça de qualquer um dos colegas de sua equipe. A tensão chegou a um ponto em que nosso filho um dia, irritado, disse: "Cale a boca, pai!" Na semana seguinte, Ezra insistiu para que o treinador K parasse de falar durante os jogos, e ele acabou sendo exilado para fora do campo, onde o time podia vê-lo gritando a distância, mas, felizmente, não conseguia escutar as repreensões dele.

Pouco tempo depois o treinador K anunciou que havia encontrado a melhor de todas as ligas, aquela que serviria de trampolim para a car-

---

* Na média, as bolsas de esportes que pagam melhor são de hóquei (US$ 21,755). A bolsa de basquete é a segunda mais baixa (US$ 5,806).

reira de Ezra Kahn. Essa nova liga é muito conhecida por ser cheia de intrigas e competitividade, há muitas lutas por poder entre pais ávidos por status e posição para suas proles.

Jeff adora! O mais importante é que Ezra ama jogar nessa liga; ele fez boas amizades e parece animado para dedicar seu tempo ao jogo, apesar disso significar que ele tem de jogar nos dois times ao mesmo tempo. Para falar a verdade, não entendo como podem esperar que essas crianças façam tudo direitinho. Na última liga, você podia roubar, mas não podia ter uma vantagem em direção à base seguinte. Na nova liga, você pode ter a vantagem, mas se não deslizar, está fora. Não faço ideia do que isso quer dizer, e se visse isso no campo, ficaria tão confusa quanto escrevo a respeito. Só posso esperar que esse tipo de coisa sirva como exercício de pensamento em sequência, para que nosso filho seja melhor em matemática do que nós.

Talvez seja um tipo de síndrome de Estocolmo, mas eu entendo. Não sei se Ezra vai querer seguir no esporte, e a saúde do rim dele pode muito bem ditar a trajetória da carreira dele. Mas depois de todas as cirurgias reconstrutivas a que ele se submeteu, é incrível ele ser tão atlético e é maravilhosa a maneira como ele aprendeu a trabalhar em equipe.* Também foi uma grande oportunidade para que eu começasse a aceitar a atitude zen que Jeff diz ter adotado em relação à saúde de Ezra. Por exemplo, estávamos conhecendo uma escola e tentando causar uma boa impressão no diretor quando uma criança se levantou, apontou para Jeff e anunciou para a sala de aula: "Ele é o pai que grita nas arquibancadas!" Ah, foi muito engraçado.

---

* Esportes como futebol, futebol americano e hóquei são proibidos pela maioria dos nefrologistas pediátricos, mas beisebol e basquete estão na categoria de contato médio. Alguns dos pacientes da nossa nefrologista usam protetores especiais que dão paz de espírito a eles e a seus pais na hora de participar de tais atividades. Se Ezra de fato continuar, ele enfrentará bolas a 96km/h, então mantenho o telefone de um ortopedista sempre à mão.

Ele diz

Annabelle não é a primeira pessoa a supor que eu não gosto de esporte (porque sou baixinho) logo no primeiro encontro, mas garanto que o esporte e ser um atleta muito bom foram os aspectos mais cruciais e importantes de minha vida até o segundo em que uma garota tocou em meu pênis.

Tudo bem, se você for membro do Talibã, a rapidez com que você corta a cabeça de um infiel pode agradar seus companheiros, mas na maioria dos lugares, o que faz isso é o esporte. Ao longo dos anos, o esporte me conferiu muitas vantagens. É como ter um passaporte invisível que lhe permite ultrapassar todas as fronteiras do homem, independentemente de lugar de origem, política, raça, religião ou situação socioeconômica. É a nossa linguagem masculina em comum, e sinto que é meu dever paterno passar o amor pelo esporte a meu filho, que não é diferente do pai em relação à falta de altura e pode se beneficiar do mundo amplo do esporte.

Annabelle gostaria que todo mundo acreditasse que eu tinha algum tipo de conspiração sinistra, predestinada, ao estilo *O bebê de Rosemary*, para envolver nosso pequeno Ezra no mundo sombrio da competição esportiva, mas não foi isso que aconteceu. Aqui está a verdadeira história sobre Ezra e a jornada de nossa família em direção ao mundo dos esportes infantis:

Quando tinha cerca de dois anos e meio, Ezra estava vendo Tiger Woods na tevê quando, de repente, como se estivesse hipnotizado, ele saiu de casa, foi para o quintal e começou a acertar bolas de golfe de plástico com seus tacos também de plástico. Aquele garotinho tinha a manha. O taco de golfe virou um taco de beisebol e, um ano e meio mais tarde, Ez jogava em seu primeiro time de uma liga infantil, o T-Ball Giants. Logo em primeiro jogo, o treinador empolgado reparou nele, e rapidamente Ezra se transformou numa estrela, jogando na posição de lançador e fazendo home runs.

Ezra não gostava de beisebol, ele adorava. Meu coração se agitava de alegria. Meu filho ama beisebol! Ele era insaciável. Jogávamos todos os dias, depois da escola. Ele queria que eu continuasse a jogar mesmo depois que os treinos da equipe chegavam ao fim. Todas as noites, em nosso quintal, ele me fazia arremessar bolas até o pôr do sol, e até meus braços ficarem moles. E mesmo assim não era o suficiente para ele. "Só mais uma vez, pai. Só mais uma." Uma vez mais, na verdade, queria dizer mais cem, no escuro, com Annabelle gritando para irmos jantar, até que meus ombros e braços não aguentassem mais. Todas as noites, eu emplastava meus membros doloridos com pomada analgésica. Todas as minhas camisas ficavam com cheiro de menta. Para meu futuro atleta de ouro, era beisebol 24 horas por dia. Foi por isso que disse a Annabelle que se Ezra quisesse jogar beisebol profissional, ela não o impediria.

Eu me ofereci para treinar o time de Ezra na segunda temporada. Só me tornei "treinador Kahn" porque tentava ser um pai bom e engajado, e não Svengali do esporte, como Annabelle quer que acreditem. Há também um longo histórico de pais e filhos no esporte: Tiger Woods e o pai, Earl; Michael Jordan e o pai, James; Archie Manning e os filhos, Peyton e Eli. Talvez se o pai de Hittler tivesse praticado alguns esportes com ele, as coisas teriam saído melhores. Admito que meu estilo de treinar podia ser polarizador. Alguns pais me amavam e adoravam meu entusiasmo, enquanto outros ficavam boquiabertos, com uma irritação estupefata, como se eu tivesse dado uma fechada neles na estrada e atirado em seus pneus. Depois de escutar algumas das reclamações de pais decepcionados a meu respeito, Annabelle assumiu o papel de representante oficial antibeisebol de nossa família e concluiu que jogar beisebol interferiria nas expectativas acadêmicas rigorosas do segundo ano. Então, a representante Gurwitch e o treinador Kahn brigavam um com ou outro por causa da paixão de nosso filho por beisebol, como se fosse a versão Little League do julgamento de Scopes.

As habilidades de Ezra evoluíam tão depressa que era natural ele deixar de rebater a bola num montinho e entrar para uma liga em que os treinadores arremessavam a bola para os jogadores rebaterem. Eu me juntei a outro pai esportista do bairro, Tom, para comandar a nova liga. Achei que daríamos uma boa dupla, porque eu tenho um comportamento exagerado, quase histérico na beira do campo, e Tom tem uma atitude mais elegante e discreta. Mas a nova liga não tinha árbitros, então eram os treinadores que determinavam quem estava fora e quem estava a salvo. Não é de surpreender que a situação tenha se deteriorado quando alguns treinadores adversários começaram a questionar as decisões de Tom no campo. Houve acusações raivosas, xingamentos e o desafio para um duelo tipo "Tudo bem, vamos lá, você e eu aqui e agora", feito por um treinador baixinho e violento que necessitava urgentemente de um calmante. Logo todos os pais começaram a se envolver, e as crianças a chorar e a sair do campo à procura de alguém para abraçar. Uma guerra entre treinadores era exatamente o tipo de prova incriminadora de que a representante Gurwitch precisava para desacelerar a carreira de Ezra no beisebol, e era o que ela poderia mostrar a nossos amigos, parentes e até estranhos na rua, como prova de que ela estava certa sobre eu ser intenso demais. (Estar certa é o passatempo preferido de Annabelle.) Felizmente, os ânimos esfriaram, mas decidi mudar de liga depois da temporada. A representante declarou que eu arrastava Ezra de uma liga a outra como se fôssemos jogadores de beisebol ciganos, mas eu tinha uma explicação razoável. Se a liga não tinha árbitros, eu não deveria achar uma que tivesse?

A nova liga que encontrei para a quarta temporada de Ezra tinha árbitros voluntários e também um veterano legal de 18 anos, o treinador do time. Fiquei extasiado ao saber do treinador adolescente que ele tinha a intenção de levar o time à vitória até o campeonato no final da temporada. Ele parecia ser tão perfeito que nem dei atenção ao fato de ele ter uma cotreinadora. Ela era uma mãe que geralmente estava sempre muito ocupada com o trabalho, mas se comprometia a estar presente caso ele não pudesse comparecer, o que "quase nunca" aconteceria.

Antes do primeiro jogo, a assistente técnica do treinador adolescente foi até o campo com uma camisa do Ramones e um taco sobre o ombro, como se fosse um soldado israelense com uma Uzi, e audaciosamente anunciou, com a atitude de George Bush em seu primeiro mandato, que não acreditava em esporte competitivo para crianças, que vencer e perder eram irrelevantes para ela e completamente contrário à maneira como comandava "meu time". Apesar de o treinador adolescente ter dito que estava no comando, era óbvio que ela era o chefe. Não demorou muito para ele alegar que ficara inesperadamente ocupado se preparando para a faculdade e que precisava se afastar, preparando o caminho para que a treinadora Cruela assumisse o controle. A tensão entre mim e a treinadora Rainha de Neve de Nárnia tomou proporções gigantescas. Ela orgulhosamente chegava para os jogos despreparada, desprovida de detalhes triviais como ordem para rebater e as posições que as crianças deveriam assumir. Ainda assim, eu não fazia ideia de que tipo de carro-bomba esperava por mim, até que num sábado de manhã, antes do jogo semanal, a treinadora Enfermeira Ratchet me viu preparando as crianças para o aquecimento. Deve ter sido a gota d'água para ela e o momento por que esperava para acabar comigo. Ela reclamou em voz alta, diante de todas as crianças, dos pais e de meu próprio filho. Ela berrou: "Você é o treinador?" O que veio em seguida foi: "Não encoste em meus jogadores." A briga continuou com: "Se quiser treinar seu próprio time, vá tirar sua impressão digital!" (Na maioria das ligas, os treinadores devem tirar suas impressões digitais para provar que não são criminosos sexuais.) Ela continuou berrando: "Vá tirar suas impressões digitais", como se em vez de ser um treinador num jogo da Little League eu fosse o objeto de escárnio de um protesto contra a Nambla (Associação Americana pelo Amor entre Homens e Meninos). Eu só podia presumir que, aos olhos da treinadora Lady Macbeth, mover os pés de uma criança era equivalente a colocar a mão dentro da calça dela e ajustar as bolinhas de beisebol.

Para piorar ainda mais as coisas, Lizzie Borden, treinadora da Little League, era uma velha amiga de Annabelle e fazia parte da elite lésbica poderosa de Hollywood. Além da perda da amizade, Annabelle temia que ela e eu fôssemos considerados párias pela comunidade gay do show biz por ordem do Reverendo James Dobson e da pós-Ellen Anne Heche. Isso tornou minha situação em casa particularmente precária. Apesar de Annabelle professar que ficou do meu lado, isso teve um custo. Digamos apenas que é difícil levar sua esposa a sério quando ela fala que *você* precisa aprender a controlar a raiva quando ela está berrando com você.

E então trocamos de liga de novo. A nova tinha campos bem-cuidados, uma cantina ótima, uniformes e bonés de verdade, um placar eletrônico, e os jogadores, não os treinadores, arremessavam para os batedores. Mas os treinos três vezes por semana levaram eu e Annabelle a brigar por causa da falta de tempo para Ezra fazer o dever de casa. Eu estava encurralado. Se Ezra não comparecesse aos treinos, ele nunca teria a chance de provar seu valor aos novos treinadores. Então passei por cima da autoridade de Annabelle e garanti que Ezra participasse de todos os treinos. Nosso tempo e esforço foram recompensados com um time pateticamente treinado que perdia a maioria dos jogos, e Ezra ficava metade do tempo no banco de reservas. Não quero dizer que seus treinadores eram preguiçosos, mesquinhos, parciais e não faziam ideia de como treinar um time de beisebol — tudo bem, quero dizer isso, sim. De forma providencial, ao final da temporada horrível, Tom telefonou para me dizer que estava muito satisfeito com uma nova liga que havia encontrado e sugeriu que a experimentássemos.

Fiquei impressionado com a reação da representante Gurwitch à novidade. "Você só pode estar brincando! Meu Deus, Jeff, quando isso vai acabar? Já parou para pensar que o problema pode não ser treinadores, os árbitros e os pais, mas sim você?" Eu abordei o assunto de forma diferente: Ezra adorava beisebol e merecia estar num lugar onde seu talento, trabalho duro e dedicação fossem apreciados. Encontrar a liga certa era como namorar: você precisou passar por alguns fracassados antes de se casar com o cara certo. "E eu me casei com você, não é, querido?" Annabelle revirou os olhos, soltou uma gargalhada irônica e disse: "Vamos ver quanto tempo essa vai durar."

Na nova liga, a habilidade e a ética profissional de Ezra foram imediatamente reconhecidas nos testes, e muitos treinadores o queriam em seu time. Eles eram pais de jogadores e me faziam lembrar muito bem de mim: eram caras legais, levemente neuróticos, com humor saudável, às vezes temperamentais e irracionais, mas pais carinhosos e intensos defensores de seus filhos, como o ex-piloto de helicóptero do exército Buzz — isso mesmo, Buzz, um nome perfeito — que gritou o seguinte durante o momento de rebatedor do filho dele: "Vamos, Seth! Aplaque minhas inseguranças de adulto e meus sonhos desfeitos!" Isso mesmo, eu encontrara minha gente. Até mesmo a representante Gurwitch concorda que foi a combinação perfeita. Não sou essa caricatura louca, fora de controle, do treinador Kahn que Annabelle inventou. Sou apenas um ativista lúcido e carinhoso dos talentos de jogador de beisebol de meu filho. Certo? Claro que ao longo do caminho houve treinadores, pais, jogadores, lésbicas, árbitros, irmãozinhos de jogadores, pessoas que administravam a cantina, o motorista do caminhão de sorvete que tocava aquela musiquinha insidiosa repetidamente e até mesmo estranhos passeando com seus cachorros que me detestavam. Isso quase destruiu meu relacionamento com meu filho e meu casamento com Annabelle, mas tudo valeu a pena porque, depois da jornada longa e precária, finalmente encontramos a liga certa.

Tudo bem, admito que a nova liga não é perfeita. Ela tem sua cota de política, boatos, fofocas, panelinhas sociais e um sistema de castas em relação aos jogadores tão rígido quanto qualquer coisa que você possa encontrar na Índia. Também é verdade que se eu dedicasse tanto tempo e energia à minha carreira de roteirista quanto dedico ao beisebol de Ezra — a essa altura eu já poderia ter escrito três romances do tamanho de *Guerra e paz*, uma dúzia de roteiros, meia dúzia de peças de teatro, dois livros de contos e uma coleção de poesia, sem falar que poderia escrever para uma coluna de alguma revista, ter meu programa de comédia na internet e ainda ter tempo para trabalhar meu corpo na academia e inventar minha própria linguagem. Mas valeu muita a pena, porque nada é melhor do que ver seu filho acertar a bola para fora do campo, correr pelas bases ou fazer uma bela pegada. E no ano passado, depois que o time de Ezra venceu uma grande competição, ele pulou em meus braços como Yogi Berra fez com Don Larsen depois que ele realizou um jogo perfeito na World Series de 1956. Sei que não importa o que aconteça depois que o time de Ezra, o Titans, jogar em Cooperstown, em 2010, no Torneio Fields of Dreams, ele sempre se lembrará do dia em que pulou em meus braços para comemorar a vitória. E se ele esquecer, com certeza vou lembrá-lo.

o que o amor tem a ver com isso?

Pesquisadores da Universidade Nacional da Austrália, entrevistando 2.500 casais, casados ou morando juntos, de 2001 a 2007, identificaram o que faz um casal ficar junto, e é muito mais do que apenas amor. Estava incluído nas descobertas: casais em que apenas um dos parceiros fuma têm mais chances de fracassar no relacionamento. Um marido nove ou mais anos mais velho do que a esposa tem duas vezes mais chances de se divorciar, assim como maridos que se casam antes dos 25 anos; 16% dos homens e mulheres cujos pais se separaram ou se divorciaram experimentaram separação conjugal comparados a 10% cujos pais nunca se separaram.

variedades de casamento:

Poligamia: a prática de se ter mais de um cônjuge ao mesmo tempo. *Bigamia*: se casar com uma pessoa estando ainda legalmente casado com outra. *Poliginia*: a prática de se ter mais de um cônjuge ao mesmo tempo. *Endogamia*: casamento entre pessoas do mesmo grupo social ou tribo. *Monogamia*: casamento com apenas uma pessoa por vez. *Casamento arranjado*: a escolha de um cônjuge pode envolver o casal que passa por um processo de seleção de cortejo, ou o casamento pode ser arranjado pelos pais do casal ou por qualquer pessoa de fora, um casamenteiro.

estudo confirma que os sogros são a causa principal dos divórcios

Dados de um estudo do Conselho Nacional de Desenvolvimento Populacional e Familiar da Malásia revelaram que "sogros intrometidos" são o principal motivo do divórcio de casais indianos. Ironicamente, a maioria desses casamentos são arranjados pelos mesmos sogros que, mais tarde, causam conflitos com os cônjuges que escolheram para seu filho ou filha.

10

Eles não são os sogros de nossos pais

Serpentina, Sheldon, serpentina!
O CONSELHO SÁBIO DE PETER FALK PARA ALAN ARKIN,
UM CASAMENTO DE ALTO RISCO

Entrando numa fria, para algumas pessoas, é um filme hilário, mas, para outros, é algo muito mais sério. No Quirguistão, um terço dos casamentos é iniciado com o sequestro da noiva da casa dos pais. Na noite da abdução, ela é levada para o lar de sua nova família. Os futuros sogros devem persuadir a noiva a usar um chalé branco de casamento, como símbolo de que ela concordou em passar a noite. Se eles forem bem-sucedidos, o negócio está praticamente fechado. Aparentemente, a bajulação deles é algo do tipo: "Todo mundo pensa que você é uma grande prostituta agora, então por que resistir?" Pode não ser elegante, mas é muito persuasivo. Em Botsuana, a família inteira, liderada pelos pais do noivo, se reúne para fazer uma petição à família da noiva num processo de negociação longo. "Ei, você a quer, então aguente ou cale a boca." Ela é como um jogador de passe livre da NBA.

Nós, que moramos muito longe dos sogros, pensamos em novas maneiras de estragar tudo.

Ele diz

Em dezembro passado, eu estava a caminho do aeroporto internacional de Los Angeles que, dependendo do trânsito, fica a dois ou três anos-luz de onde nós moramos em Hollywood, para buscar minha sogra e — isso mesmo, eu disse que ia buscar minha sogra no aeroporto, sozinho. Antes de me casar, sempre pensei que dois pais eram o suficiente, e tremia de pensar que teria de lidar com mais uma dupla. Os pais eram o pão branco macio e enriquecido em comparação a meu pão de forma integral, com semente de linhaça e sem glúten. O que poderia ser menos romântico do que interagir com os sogros? Tomar chá com membros do Talibã? Pegar a gripe suína? Ver *I'm a Celebrity... Get Me out Of Here*? Nos relacionamos com os sogros por obrigação e foi disso que tentei fugir minha vida toda. Mas, e a verdade é esta, se você vai se casar, ter sogros é inevitável, assim como ter de comparecer como jurado, ter chuva logo depois que seu carro foi lavado e ter refluxo ácido assim que você faz 40 anos.

Não me animei para conhecer os pais de Annabelle porque não costumo causar a melhor das primeiras impressões. Não esqueçamos o fato de que, por meia década, Annabelle não sabia se aceitava me namorar ou se mandava me prender por persegui-la. Por outro lado, é verdade que quando as pessoas me conhecem um pouco mais, elas gostam mais de mim, exceto, é claro, meus próprios pais. Infelizmente, como meus sogros moram muito longe, seria quase impossível passarmos tempo o suficiente juntos para eles esquecerem a primeira impressão terrível e começarem a gostar de mim, então achei desde o começo que as coisas não dariam certo.

Nós nos conhecemos em São Francisco. Eles estavam na cidade para a páscoa judaica, para homenagear Lisa Gurwitch e sua família. Conhecer meus futuros sogros no Seder tinha todos os ingredientes para um desastre de proporções bíblicas. Além de família e religião, a única coisa que faltava para me transformar num babaca beligerante, cínico e sarcástico era um teatro musical. Essa peça do quebra-cabeça foi resolvida quando Lisa nos instruiu a começar a refeição da páscoa cantando "There's No Seder Like Our Seder" no ritmo de "There's No Business Like Show Business". Também reparei que a mãe de Annabelle, Shirley, faz muitas perguntas. Eu me refiro a salpicar de perguntas qualquer um que escute sobre como armas antiaéreas disparam milhares de balas na direção do céu para derrubar um inimigo. "Eu escrevia para TV ou cinema? Trabalhava normalmente durante o dia ou a noite? Trabalhava em casa ou no escritório? Eu ia de carro para o trabalho? Qual era a distância do trabalho até minha casa? O prédio tinha estacionamento? Os banheiros eram legais? Onde eu almoçava? Eu era vegetariano? Galinha ainda é considerada carne? Meus amigos também eram escritores? Onde eles trabalhavam? Eu alguma vez trabalhava com eles? A maioria dos escritores é vegetariana? Eles comem galinha? Qual a distância que meus amigos dirigem de casa para o trabalho? Quais são os nomes e os endereços de seus amigos?". Eu mal conseguia responder uma pergunta antes que outra fosse feita. Finalmente, desisti e, sem dizer uma palavra, me levantei da mesa e me afastei em meio às ervas amargas.

    O pai de Annabelle era outra história. Com 1,92m, Harry Gurwitch é um homem gigantesco, nascido e criado em Mobile, Alabama. Com seu sotaque sulista rude, ele parece um Frangolino judeu: "Ei, Jeff, você gosta de fumar aqueles charutos cubanos?" "Aposto que vocês jogam muito golfe na ensolarada Califórnia." "Jeff, você já foi a uma daquelas lendárias boates de striptease perto do aeroporto de Los Angeles?" Detesto charuto, nunca jogo golfe e não ia começar uma conversa sobre boates de striptease com meu futuro sogro, então fiz meu melhor para mudar o assunto para times de esporte de Miami: Dolphins, Heat, Marlins, Panthers, e até jai alai. Também reparei que mais do que golfe, charutos e até clubes de striptease, a grande paixão de Harry é a comida, e ele parecia estar numa busca quase espiritual para continuar a comer sempre que tivesse a oportunidade. Havia café da manhã, pós-café da manhã, um agrado antes do almoço, almoço, lanche, beliscos, aperitivos antes do jantar, jantar, sobremesa e uma comidinha antes de dormir.

No dia seguinte, Harry e eu fomos nos conhecer melhor ao longo de refeições, começando pelo lanchinho depois do café da manhã. Finalmente sozinhos, o grandão compartilhou comigo seu gosto por algumas das partes famosas do corpo de Halle Berry. Durante os aperitivos antes do jantar, começamos a discordar sobre política (Harry é um republicano contra o controle de armas, impostos e a favor dos negócios), então Harry mudou de assunto e me contou sobre sua ideia para um programa de TV. Era sobre uma advogada estudiosa. Durante o dia, ela é banqueira entediante, mas à noite ela troca os terninhos, a meia-calça e a pasta por sapatos de látex, chicotes e correntes e arrasa como a dominatrix mais notória da cidade. Eu achei que parecia irritado quando disse que o programa poderia se chamar *Law & Order, S&M*. Harry não captou meu tom irônico e, me achando sincero, me ofereceu o trabalho de redator-chefe para quando ele e eu vendêssemos *Law & Order, S&M* para uma emissora por milhões de dólares.

Nunca esperei que meus sogros gostassem de mim. Não temos nada em comum, fora o fato de amarmos, adorarmos e nos irritarmos com Annabelle. Depois de 13 anos de casamento, e objetivamente falando, não sou um bom genro. Só os vejo uma ou duas vezes por ano; nunca ligo muito para eles e nunca mando cartões de aniversário, mas, por algum motivo, eles parecem realmente me amar. Muito! A única explicação em que consigo pensar é que criei tão poucas expectativas em relação a meus sogros, que basta um pequeno gesto de boa vontade para gostarem de mim. Na verdade, se eu fizer qualquer coisa, como mandar fotos de Ezra, eles ficam tão agradecidos que me sinto culpado por não fazer mais, o que resulta em que eu queira fazer mais por eles, e é exatamente por isso que eu ia buscar minha sogra no aeroporto. Eu me ofereci para isso. Fico tão consumido pela culpa que tenho vontade de agir assim. E também, como Harry e Shirley moram tão longe, é impossível eles nos visitarem todas as tardes de domingo, como meus avós, Katie e Pat, fizeram durante minha infância. Sem a proximidade geográfica e as visitas semanais, as tensões e provocações familiares são muito reduzidas, e no lugar delas existe algo que chamo de empatia pela distância. Quando finalmente vejo meus sogros, tenho acumulado quase um grão cheio de compaixão por eles. E além de tudo, há o neto na mistura. Isso é o que chamo de "fator Ferrari". Se você tiver a sorte de ter uma Ferrari e dirigi-la todos os dias, ela se torna apenas o carro que você dirige, apesar de todo mundo na rua pensar: "Você está dirigindo uma Ferrari, irmão!" Para mim, a Ferrari é Ezra. Posso vê-lo e estar com ele todos os dias, mas Harry e Shirley o veem tão raramente que não acho um exagero dizer que vivem para isso. Consequentemente, quando eles vêm a LA, realmente quero que se sentem ao volante dessa verdadeiramente incrível entidade que é Ezra.

Então, em dezembro passado, quando finalmente cheguei ao aeroporto internacional de LA para buscar Shirley, ela estava muito empolgada. Annabelle havia inscrito nosso filho no cotilhão, como se não houvesse nada que um garoto de 10 anos e meio quisesse fazer mais do que colocar terno e gravata e dançar foxtrote e valsa com uma garota de 10 anos vestida também formalmente e com luvas brancas. Minha esposa tinha uma teoria — ela sempre tem uma — de que um cotilhão, apesar de ser tão obsoleto quanto um telefone público e a GM, poderia incutir em Ezra a importância da cortesia social e facilitar seu caminho em direção às garotas. Como acontece com a maioria das teorias, essa não tinha a menor chance na realidade. O cotilhão é basicamente um show pré-adolescente — uma boa oportunidade para os pais babarem pelos filhos e tirarem fotos constrangedoras, mas não é natural nem confortável para os pequenos. Para o Cotilhão de Natal, os meninos tinham de dançar com as mães, e as meninas, com os pais. Infelizmente — ou convenientemente, depende do ponto de vista —, Annabelle trabalharia em Nova York na mesma tarde, então sugeriu que sua mãe, Shirley, viesse e a substituísse como parceira de dança. Pela reação que teve, parecia que Shirley fora indicada ao prêmio Nobel da Paz. Enquanto ela e eu íamos do aeroporto para casa, em Los Feliz, ela teve, dependendo do trânsito, dois a três anos-luz para me perguntar sobre o evento, e eu não tinha como escapar. "Quando começa? Quanto tempo demora para chegar lá? O que Ezra vestirá? Ele sabe todas as danças? Quando será minha vez de dançar com Ezra? Quantos meninos e meninas participarão e quais os nomes e endereços deles?

No dia seguinte, tive de levar minha sogra e Ezra para o evento e documentar tudo com fotografias. As fotos contam a história. Shirley toda sorridente e alegre dançava com Ezra, pisava o tempo todo nos pés do menino. Ezra estava constrangido, incrédulo e morria de rir e de dor enquanto tentava manter o equilíbrio com a avó que pisava nos pés dele toda hora. Shirley parecia estar extasiada. O cotilhão de Ezra foi como o Woodstock dela.

Eu sabia que Ezra detestava do fundo da alma aquele evento, e depois daquele baile de Natal, ele nunca mais pisou, e muito menos dançou, naquele salão de novo. Shirley, por outro lado, não fazia ideia do quanto ele odiava aquilo tudo. Para deixar a avó feliz, Ezra interpretou o papel do neto bonzinho e carinhoso. Eu sei exatamente de onde ele tirou esse talento. Eu o testemunhei na primeira vez em que ela conheceu meus pais, antes de nos casarmos. Annabelle se transformava; ela era uma mistura entre Cameron Dias em *Quem vai ficar com Mary?* e Julia Roberts em *Um lugar chamado Notting Hill*. Meus pais a achavam irresistível.

Meus pais são separados desde o começo dos anos 1980 e, apesar de terem uma relação amigável, levam vidas bem distintas. A primeira a conhecê-la foi minha mãe, que enxerga todas as relações interpessoais pelo prisma de um cartão da Hallmark que foi mergulhado em melado e salpicado com açúcar. Minha mãe festeja o Dia dos Namorados com a mesma reverência que festeja do Dia da Independência e o *Yom Kippur*. E minha Annabelle durona, insensível e direta levou minha mãe para caminhadas *significativas* e almoços *íntimos*, acertando na mosca para corresponder às expectativas dela em relação à nora perfeita.

E, novamente, quando Annabelle foi conhecer meu pai em Albany, ela foi brilhante. Eu estava nervoso com o encontro entre os dois porque, apesar de meu pai conseguir ser agradável, carinhoso e muito engraçado, também pode ser muito crítico, desconfiado e rígido em suas opiniões, a ponto de fazer Nancy Grace parecer tão tolerante quanto Wolf Blitzer. Mas Annabelle conversou destemidamente com ele, no gramado da casa dele.

Eu, por outro lado, regredi aos 12 anos quando pensei que tivesse perdido meus óculos escuros caros. Eram da Oliver Peoples, e eu gostava muito deles. Meu pai me empurrou seu par de óculos escuros, alegando que também eram estilosos e protegiam dos raios UV, ou seja, eram horrorosos e foram comprados em alguma drogaria de Albany, na época da crise dos reféns iranianos. Depois me puxou de lado e me repreendeu duramente por fazer tempestade em copo d'água, o que me fez agir mais ainda como um pré-adolescente.

O fato de levarem vidas distintas não impede meus pais de demonstrarem união quando se trata de me criticar e mexer comigo emocional e psicologicamente. Depois que meu pai telefonou para minha mãe para contar sobre "o incidente dos óculos escuros", ela me ligou em pânico. Temendo que minha conduta terrível fizesse Annabelle cancelar o casamento, minha mãe me aconselhou a sair e comprar uma dúzia de rosas, um cartão da Hallmark e um ursinho de pelúcia fofo, aconchegante com uma camisa com a estampa "Eu te amo", e implorasse perdão. Fiquei na posição absurda e incrivelmente complicada de me defender dizendo que Annabelle, quem eles veneravam, também tinha defeitos. Então, além de ser um babaca por causa da perda dos óculos escuros, eu era um cretino em relação ao carinho de meus pais por

Annabelle. Era a história do John Mahoney de novo. Ele era o garoto com que meus pais me comparavam quando eu era criança. John Mahoney só tira nota 10. John faz o dever de casa assim que chega da escola. John sempre consegue o papel principal numa peça de teatro da escola. John é o representante de turma e zagueiro do time de futebol americano. Ele arruma a própria cama todos os dias depois que termina as tarefas matinais. John Mahoney não fica de castigo, nem brinca com fogos de artifício, nem responde os pais, nem briga com a irmã. Nunca entendi como meus pais sabiam tantas coisas sobre John Mahoney. E agora, segundo eles, Annabelle não fazia nada de errado. Ela ia ser minha esposa estilo John Mahoney?

Durante mais de 14 anos desde que conheceu meus pais, ela provou que não é nenhum John Mahoney. Annabelle, com seu encontro original sincero e cativante com meus pais, criara expectativas muito altas. Depois da primeira impressão absolutamente perfeita, tudo que ela fez desde então não tem nem comparação. Expectativas muito altas só rendem decepção, como a carreira de Gretchen Mol depois da capa da *Vanity Fair* de 1998. Annabelle jamais conseguiria acompanhar a devoção religiosa de minha mãe à doçura. Annabelle é indiferente a todos os feriados em que se faz jejum e nunca na vida comprou um cartão da Hallmark. Quanto a Annabelle e meu pai, tenho certeza de que todas as vezes em que nos reunimos desde que ela o conheceu, meu pai pensa "O que diabos aconteceu com aquela garota que veio à minha casa e me encantou com o comportamento e o timing impecáveis dela?" Com expectativas tão altas, Annabelle só poderia ir ladeira abaixo.

Quanto a mim, de modo geral, me considero muito sortudo por Shirley e Harry gostarem tanto de mim. E conhecendo Annabelle, como conheço depois de 13 anos de casamento, os primeiros 18 anos da infância dela não devem ter sido fáceis para os pais. Então isso faz com que eu tenha pena deles também.

Ela diz

Detesto decepcionar Jeff, mas ele não precisava ter se preocupado. Como genro, ele conquistou meus pais quando disse "Oi".

Com esses milhares de quilômetros entre nós, meus pais conheceram poucos homens que namorei, apesar de eu ter levado para casa um namorado do primeiro ano da faculdade. Jacob era filho de um famoso filósofo socialista francês, mas tudo que meus pais sabiam é que ele tinha o cabelo raspado, possuía só uma roupa e que os hábitos higiênicos dele eram definitivamente europeus. Ele vestia uma jaqueta de couro preta, calça jeans justa para dentro de uma bota na altura do joelho e uma camisa com a estampa de uma mão levantando o dedo do meio. Ele usava essa roupa para ir à praia. Não falava inglês. Passávamos a maior parte do tempo em Miami, cheirando cocaína. Foi tão bom que se passaram dez anos* antes de meus pais conhecerem outro namorado meu. Meus pais só conheceram meu primeiro marido depois de nossa fuga, então quando fiquei noiva de Jeff, o fato de eu ter escolhido me casar com alguém com quem eles tinham a chance de ter algo em comum era muito impressionante. Tudo que Jeff precisava fazer era conjugar alguns verbos corretamente e se vestir de maneira apropriada.

Meus pais não conseguem acreditar que alguém tenha concordado em permanecer casado comigo por tanto tempo. Minha mãe adora dizer que morar comigo é como manter alguém refém. Há alguns anos, quando ela livrava a casa de todos os sinais de minha juventude, me devolveu um bilhete com um pedido de resgate que enviei do acampamento de verão quando eu tinha a idade que nosso filho tem hoje. Está escrito: "Me mande balas e revistas em quadrinhos senão não escrevo mais para você. Com amor, Anne."

Se Jeff tem sido um presente enviado dos céus para meus pais, eu tenho sido a nora Cavalo de Troia. Como muitas atrizes admitem,

---

* Jacob mora na Europa, é um diretor premiado e pai hoje em dia. Ele tem muita roupa a essa altura.

nós queremos que gostem de nós, que gostem muito de nós. Apesar de eu ter me curado disso até certo ponto, ainda posso ter uma recaída quando estou sob pressão. E foi isso que aconteceu quando fomos para o Leste, para eu conhecer o pai de Jeff. Eu queria ter uma atuação brilhante em meu novo papel de futura nora de Bob Kahn, o homem que nos dera os parabéns pelo noivado e nos lembrara de que metade dos casamentos não dura (tudo na mesma frase).

Bob graciosamente dirigiu comigo por Albany, mas não para me mostrar os lugares históricos da capital de Nova York. Em vez disso, ele passou pelas casas de pessoas com quem Jeff crescera e me fez um resumo dos divórcios dos pais de cada uma delas. Bob trabalhou em todos eles. Bob divide o mundo em duas categorias, indivíduos em cujos divórcios ele trabalhou e aqueles em cujos divórcios ele espera trabalhar no futuro. Talvez fosse porque Bob me via como uma futura cliente, mas nós começamos com o pé direito.

A casa onde Jeff passou a infância, a toca de meu sogro, é algo fora do espaço-tempo continuum. Com paredes espelhadas, ornamentos cromados e cortina de contas na porta que dá para o porão, o interior está igual a quando Jeff e sua irmã eram crianças, enquanto Bob mora a maior parte do tempo na casa da namorada de longa data, em cujo divórcio ele trabalhou. Jeff me dera descrições de como eram as casas de seus pais, e ele estava certo.

Caminhar pela casa requer navegar através de pilhas de livros e documentos legais — é como passear dentro de um arquivo. Bob tinha uma gata chamada Cat que ficava restrita a apenas um cômodo da casa, a cozinha. Ela parecia resignada com seu papel de habitante solitária da casa de Bob e ficava alegremente deitada no alto das estantes. Acredito que quando a gata morreu, há uns cinco anos, ela simplesmente se arrastou para dentro de uma das pastas de papelão de Bob e se arquivou como Caso Encerrado.

Naquela noite, Bob magnanimamente propôs que dormíssemos em seu santuário. Em sua *cama de água*. Eu não fazia ideia de que alguém ainda tivesse esse tipo de coisa. É o equivalente tecnológico e se dormir sobre um pager. Na manhã seguinte, Bob entrou no quarto de cueca e camiseta, bateu no peito e declarou: "Talvez você esteja se casando com o Kahn errado." Jeff diz que não se lembra desse acontecimento, mas não tem certeza, pois ele acredita que pode ter tido uma "embolia de constrangimento" na hora.

Se visitar a casa de Bob era uma viagem de volta no tempo, conhecer a casa de Ilene era uma expedição para outro planeta. Eu tinha conseguido causar uma ótima primeira impressão em Los Angeles, mas a casa dela era um território completamente desconhecido para mim. Como Jeff explicara, Ilene teve uma butique especializada em balões, enfeites e brindes. Alguns desses itens migraram da loja para a casa dela, junto a xícaras de café que nos lembram coisas que talvez esqueçamos, como "um sorriso é apenas uma careta de cabeça para baixo". Toda superfície é um veículo para alguma mensagem: "Seja o melhor que você puder ser." "Encontre sua princesa interior." "Eu ♥ o amor." É tudo muito alegre, algo que muitas pessoas acham reconfortante. Não sou uma pessoa muito alegre. Maníaca, claro. Alegre, nem tanto. A casa também era intimidadoramente limpa. Ilene tem fobia de germes e sempre coloca as roupas para lavar. Você poderia fazer uma cirurgia sobre seu capacho de boas-vindas. Talvez eu tenha ficado com uma expressão congelada no rosto durante nossa estada, mas qualquer desconforto de minha parte foi eclipsado pela visita estilo Sturm und Drang de Jeff Kahn.

A partir do momento em que passamos da placa BEM-VINDO A ALBANY, CAPITAL DE NOVA YORK, Jeff havia se transformado num Alexis Tocqueville adolescente e petulante, falando com irritação sobre a preponderância das lojas enormes e a opressão das cidades dormitório ao redor de Albany, com seus lagos artificiais e nomenclatura confusa. "Turning Leaf Manor — isso é um conjunto habitacional, um centro de reabilitação ou ambos?" Como Jeff é chato para comer, conseguir que ele concordasse em fazer uma refeição num restaurante local — Ruby Tuesday, T.G.I. Friday's ou Applebee's, perto de Olive Garden — era equivalente a perguntar se ele queria ser enforcado ou esquartejado. Depois, ele perdeu os óculos escuros. Esse incidente permanece vivo e infame na coleção de histórias da família Kahn. A provocação de Bob pode ter sido um pouco excessiva, mas era Jeff que estava sendo um completo pé no saco. Enfim concordei com os pais de Jeff que ele estava insuportável. No final da viagem, todos estávamos furiosos com ele, e fui embora pensando: "Bom, foi tudo bem."

Jeff tem razão, não consegui me superar depois disso. Às vezes, quando tomo chá em nossa caneca que diz "Sou uma criança de 10 anos presa no corpo de uma pessoa de 30", cortesia da loja de Ilene, me sinto culpada por tê-la privado da experiência de ter a nora que ela merece. Não jogo golfe; não vou à manicure; e as comédias com Matthew McConaughey (especialmente aquelas em que ele tira a camisa, ou seja, todas) me fazem querer correr pelas ruas e esfaquear as pessoas nos olhos. Tenho certeza de que Ilene ainda não sabe que tipo de pessoa não acha adorável uma litografia de duas crianças angelicais de mãos dadas, correndo pela praia e segurando balões. Infelizmente, para Ilene, sou o tipo de pessoa cínica que Jeff acha atraente. Então, desde aquele primeiro encontro, nunca cumpri com a promessa inicial de ter mais encontros significativos. Quanto a Bob, jamais consegui programar tempo suficiente ou reunir a energia intensa que despejei sobre ele na primeira vez em que nos vimos. Eu criara expectativas altas demais.

Nossa peregrinação anual para Albany me supriu de informações que posso usar contra Jeff durante uma discussão. Gritar "você é igual a seu pai" é pisar nos calos dele. Por outro lado, dizer "você não se parece com seu pai" produz o mesmo efeito. Utilizo uma dessas frases quando Jeff perde a cabeça e a outra quando o comparo com o pai que foi bem-sucedido na escolha da profissão. Funciona como mágica! Mas foi uma promessa conjugal visualizar nossos pais pela perspectiva do outro, então, há cinco anos deixei que Jeff e Ezra os visitassem sem mim. Assim eu os encontrava em um restaurante, escolhido por meu marido, em território neutro, como Manhattan. Não estar presente para testemunhar o mau-humor de Jeff nos encontros familiares me poupa de adotar uma postura polarizada. Faço esse sacrifício pelo bem de meu casamento.*

Poder escolher o tipo de relação que você quer ter com seus sogros é um luxo que teria sido impensável para meus pais, cuja vida em comum no início, como a de Bob e Ilene, era conduzida perto de seus sogros. Meus pais compartilhavam refeições, creches e interesses de negócios com os sogros um do outro.

Alguns amigos nossos já tiveram de abrigar sogros por motivos de saúde, financeiros ou as duas coisas. Jeff e eu ainda não tivemos de enfrentar esse tipo de desafio. Não que meus sogros fossem querer morar conosco. Acho que Ilene preferiria ser colocada num pedaço de gelo no Oceano Ártico a ser submetida a uma casa com hábitos de trabalho doméstico ridículos. Jeff prometeu que, se algum dia meus pais precisarem morar conosco, encontraríamos um meio de acomodá-los. O simples fato de ele propor isso faz com que eu o ame mais do que nunca, e com certeza eu telefonaria para casa com frequência dos portos ao redor do mundo, porque é mais fácil me juntar à marinha mercante do que morar com meus pais de novo.

Como as oportunidades de emprego aparecem em diferentes partes do país, muito mais pessoas se encontrarão na mesma situação que a minha e a de Jeff, longe de discussões diárias ou até mesmo mensais com os sogros. Isso é bom ou ruim? Será que transformamos as culturas tradicionais em que as várias gerações vivem próximas em fetiche? Um estudo de Harvard, de 2008, mostrou que as mulheres japonesas

---

* Acabei de pensar nessa desculpa e me convenci de que ela tem lógica.

que moram com os sogros têm três vezes mais chances de sofrerem um infarto.* Esse estudo não levou em conta os benefícios financeiros de se ter gente em casa para tomar conta dos filhos nem o tipo de laço familiar que o pequeno usufrui quando cresce perto dos avós; mas como as pessoas se casam e têm filhos cada vez mais tarde, quem sabe como as coisas serão no futuro? Quando Big e Carrie, de *Sex and the City*, se casaram no cinema, nenhum dos pais estava presente.**

Que tipo de futuro isso trará para mim e Jeff? Certa noite, Ezra segurou minha mão e me pediu para ficar com ele por alguns minutos, antes de ele adormecer. Eu me deitei a seu lado. Eu estava silenciosamente me dando os parabéns por ter criado um filho que quer a minha companhia, quando ele sussurrou baixinho: "Mãe, quero passar o máximo de tempo com você agora, antes de começar a odiá-la." A experiência de ser pai ou mãe nos deixa humildes. Sou apenas a futura sogra de alguém cujas visitas serão cuidadosamente avaliadas ou delicadamente zombadas. Se eu tiver sorte.

---

* É estranho, mas morar com os sogros não tem efeitos negativos na saúde do homem.
** Jeff acha que Robert De Niro e Diane Keaton não estavam disponíveis.

O TESTE DE RELACIONAMENTO GURKAHN

Você não sabe como está seu relacionamento comparado ao nosso? Some seus pontos e verá se vocês dois deveriam estar economizando juntos para a aposentadoria ou fazendo as malas agora mesmo. Boa sorte!

1. Você é bom em influenciar seu parceiro (a)?
   a. Sou Alan Dershowitz!
   b. Só quando há muito álcool envolvido.
   c. Influencio quase tão bem quanto prevejo terremotos.
   d. Eu teria mais sorte ao fazer Rush Limbaugh admitir que estava errado em relação a tudo que ele já disse.

2. Vocês são competitivos entre si?
   a. Somos cocapitães de nossa equipe de casamento.
   b. É difícil de saber, mas acho que estou ganhando.
   c. Yankees *versus* Red Sox, mas pior e sem a renda multimilionária das vendas de mercadorias.
   d. Já ouviu falar da pequena rixa entre Deus e o Diabo? É assim.

3. Quando as coisas não saem do seu jeito, você fica de mau humor ou deprimido?
   a. Nunca. Sou uma pessoa bem-ajustada que foi criada por pais felizes, equilibrados e carinhosos.
   b. Há momentos em que eu fico de mau humor e meu companheiro(a) fica deprimido(a) ou vice-versa, mas nunca ao mesmo tempo ou por mais de um mês ou dois.
   c. Eu fico de mau humor e deprimido quando estou acordado.
   d. Como uma criança cujos pais confiscaram todos os videogames e os deram a crianças mais necessitadas.

4. Vocês se divertem?

a. Sempre. Estar com meu cônjuge é como alugar nosso próprio parque de diversões no meio da rua mais alegre da cidade mais divertida!

b. Isso é possível se uma quantidade suficiente de antidepressivos for misturada a muitas outras drogas menos legais.

c. Se você considera a Baía de Guantánamo divertida, então, sim, nós nos divertimos.

d. Que palavra estranha é essa, "diversão"? Não, nunca ouvi falar.

5. Você sente muita raiva e irritação?

a. Nosso relacionamento é como o templo budista no aniversário de Buda.

b. Nós nos irritamos um com o outro, mas não somos Baldwin e Basinger.

c. Digamos que é ótimo acreditarmos em controle de armas. Realmente ótimo.

d. Eu sou o vulcão Vesúvio e ele/ela é o vulcão Santa Helena, e está na hora da erupção!

6. Vocês se sentem incluídos na vida um do outro?

a. Não há um momento em que não estejamos juntos em corpo, mente e espírito. Não somos dois seres; somos um só unidos no sagrado matrimônio.

b. Mais ou menos, mas acho que o couvert artístico é muito caro, e as bebidas na Boate da Inclusão Conjugal são muito fracas.

c. Eu me lembro de que ele/ela me perguntou algo durante o planejamento de nosso casamento. Essa foi a única vez.

d. Tenho mais chance de ser convidado para assumir a Coreia do Norte.

ELES NÃO SÃO OS SOGROS DE NOSSOS PAIS

RESULTADOS:

7-9: Vocês estão numa união incrível, gloriosa e perfeita e nós odiamos vocês — muito. Parem de se gabar.

10-18: Tudo bem, vocês têm alguns problemas e provavelmente isso deve piorar; então recorram à terapia logo e comprem um vibrador dos bons.

19-26: A situação é ruim; muito ruim; muito, muito ruim — não podemos ajudá-los. Sinto muito.

27-28: Vocês entraram no território de Jeff e Annabelle, onde não existe saída. Liguem para o advogado de vocês imediatamente.

69% dos desentendimentos que surgem no casamento nunca são resolvidos.

How to Survive Your Marriage
(Como sobreviver ao seu casamento), 2004.

como dividir esse bem conjugal?

O Dr. Richard Batista, de Long Island, Nova York, doou o rim para sua esposa, Downell. Na petição de divórcio de 2009, ele pediu para o rim ser devolvido ou para receber 1 milhão de dólares como compensação.

meu romance químico

O amor produz reações químicas no cérebro, mas e se você não estiver mais apaixonado? Como produzir os mesmos resultados?

> Serotonina: (se apaixonar) = luz do sol, inibidores seletivos da recaptação da serotonina. Leite quente, chocolate
>
> Oxitocina: (confiança e laço) = ter um bebê, criar laços com ele, comer mais chocolate
>
> Endorfinas: (segurança do amor a longo prazo) = correr ou nadar, chocolate de novo
>
> Feniletilamina: (a descarga de adrenalina de um caso) = escalar o monte Kilimanjaro, meditar, cafeína. Desista e compre logo a droga do chocolate

70% dos casais discutem por causa de dinheiro pelo menos uma vez por semana.

Smart Money

11
Eu estou bem, você é o problema

No começo, você briga porque um não entende o outro.
Mais tarde, você briga sem motivo.

JOAN DIDION

Dizem que Sócrates falou: "A vida não examinada não vale a pena ser vivida." Registros daquela época sugerem que ele também brigava com a esposa regularmente. Que surpresa!

Ela diz
Em alguns meses, nos primeiros nove ou dez anos de nosso casamento, eu ficava de saco cheio com a quantidade de discussões que tínhamos e tentava convencer Jeff a ir comigo a sessões de terapia de casal citando o papel do árbitro nos esportes. "Os jogadores precisam de alguém de fora para julgar", argumentei. Mas Jeff respondia: "A menos que haja um cara de camisa listrada e apito que consiga acompanhar nosso casamento e chamar nossa atenção quando houver algum problema, não estou interessado."

No entanto, consegui vencer pelo cansaço e fomos a alguns terapeutas. Nos encontrávamos em um desses consultórios e, inevitavelmente, um de nós se atrasava e isso era motivo de discussão. Depois acabávamos um com o outro. Achava que o objetivo de fazer terapia de casal era para eu mostrar meu ponto de vista para o terapeuta, que naturalmente concordaria comigo. Uma vez que Jeff fosse repreendido por uma pessoa neutra, ele teria de seguir minhas diretivas ao pé da letra. Ouvi dizer que isso é uma interpretação errada do objetivo da terapia, apesar de eu suspeitar de não ser a única que pensa assim. Existe um ditado que diz o seguinte: você prefere ser feliz ou ter razão? Ter razão, claro! Isso é o que me faz feliz. As emoções vêm e vão, mas a certeza de que você está certo sempre reconforta quando cada um vai para seu canto irritado, para remoer os detalhes dos desentendimentos.

Ele diz

Não desgosto de terapia. De que outra maneira eu poderia ter descoberto que tudo que fiz de errado foi na verdade culpa de meus pais? Terapia de casal, por outro lado, é o que há de pior. É como discutir cinquenta minutos na sala de um estranho.

Então por que me permiti ser arrastado para os consultórios desses terapeutas de casal? Essa é fácil de responder. Depois de cada sessão eu me achava uma bosta, mas Annabelle se sentia ótima. Como se isso não fosse o suficiente, ela se culpava por eu me sentir tão mal. A combinação de seus sentimentos tornava muito mais fácil eu conseguir transar com ela. Tudo bem, posso ser superficial e ter um pensamento limitado, mas pelo menos sou consistente.

Ela diz

Experimentamos a terapia juntos com uma terapeuta matrona e taciturna chamada Diane. Foram consultas caras durante as quais Diane balançava a cabeça, eu me expressava e Jeff se irritava. Eu me sentia muito melhor depois das sessões com Diane, mas Jeff ficava com vontade de se jogar pela janela. Então terminamos com Diane e passamos para Glen, que pode ou não ter usado uma peruca muito mal-colocada. Jeff e eu discutíamos com tanta veemência sobre o status do trabalho dele que não conseguíamos concentrar em nós mesmos, então largamos Glen. Depois, ficamos com a new age Donna; a tradicional Charlene; Bonnie, a mulher muito mordaz a quem Jeff assustava sempre que elevava o tom de voz (o que era frequente); alguns homens de meia-idade muito sérios e que estavam ficando carecas e tinham vozes suaves; meu rabino e conselheiro espiritual Mel, que Jeff respeita, mas proibiu de celebrar nosso casamento e em cuja companhia ele não conseguia evitar falar mal de religiões organizadas, mesmo quando o assunto era divisão de tarefas domésticas.

Em uma de nossas sessões — acho que foi com Diane, mas também pode ter sido com Charlene ou com a mulher mordaz que se assustava com Jeff — pediram que fizéssemos um exercício terapêutico conjugal. Eu estava animada para experimentar. Jeff achava perda de tempo, mas concordou porque se fôssemos embora mais cedo pegaríamos um engarrafamento danado. A tarefa era "O catálogo de afeto e admiração". Mandaram que listássemos o que nos incomoda e irrita em relação ao outro. Depois, tínhamos de justificar o fato de tolerarmos essas coisas. Acredito que o objetivo seja perspectiva, partindo do princípio que cada participante examinará sua lista e se dará conta de como as preocupações são pequenas e mesquinhas em face do amor e respeito profundos que um sente pelo outro, e então os dois trabalharão no afeto e na admiração.

Aqui está a transcrição da sessão:

JEFF

Está me perguntando o que me incomoda em relação a Annabelle. É sério? Meu Deus, por onde devo começar? (Ele faz uma pausa para pensar a respeito.) Tudo bem, nunca deixo de ficar perplexo com a maneira como Annabelle abre as caixas de cereal, biscoito, remédio, pacotes de salmão defumado e recipientes de queijo. Ela parece um animal feroz, faminto, com garras e presas enormes, irracional, sem habilidade de usar a lógica ou os dedos. Tenho certeza de que a maioria dos chimpanzés, dos orangotangos e até mesmo dos golfinhos nariz-de-garrafa conseguiriam abrir as coisas muito melhor do que Annabelle. Sempre tenho de encontrar novas maneiras de salvar as caixas e contêineres destroçados com fita isolante e alfinetes, ou então simplesmente abandoná-los e esvaziar o conteúdo em sacos plásticos, que a essa altura preciso comprar aos montes. E depois ela tem a cara de pau de gritar comigo, dizendo que sacos plásticos fazem mal ao meio ambiente. Se eles fazem tão mal, talvez ela devesse aprender a abrir caixas!

A técnica de fazer a cama de Annabelle também sempre me impressiona. Ela deixa os cobertores na mesma bagunça emaranhada da noite anterior e depois casualmente joga a colcha por cima. Os travesseiros depois são empurrados e amassados sob as cobertas desgrenhadas. Não há nada de errado em deixar a cama parecida com um cannoli.

E como ela não vê problema em levar todas as xícaras e todos os copos da cozinha e deixá-los no escritório? Fico sem saber para onde foi tudo, até que me lembro do que ela faz, então tenho de subir e buscar todas as xícaras e taças sujas de café e vinho.

Ainda mais irritante é o fato de que embora ela seja viciada em café e use a cafeteira umas cinco vezes por dia, Annabelle se recusa a limpar, adicionar água ou cuidar dela de alguma maneira. Ela trata a máquina como se fosse sua vadiazinha de fazer café, explorando e maltratando-a até que tenha uma morte feia, suja e desidratada devido à negligência e ao abuso. Passo quase a metade da manhã limpando a cafeteira, removendo o leite de soja e adicionando água até a próxima vez em que Annabelle decide tentar matá-la de novo. E você devia ver como é o interior do carro dela. É como se todo mundo da cidade de Los Angeles tivesse aberto a porta do carro e esvaziado o conteúdo dos bolsos dentro dele. Sentar no banco do carona é como sentar na traseira de um caminhão de lixo. Não sou maníaco por limpeza, mas depois de dirigir o carro de Annabelle, preciso tomar banho e catar piolho. É realmente nojento.

ANNABELLE

Jeff não gosta muito de meus hábitos domésticos, o que é interessante se levarmos em conta que ele entra numa briga mortal com os aparelhos da cozinha diariamente. Recentemente, Jeff se desentendeu com nossa torradeira. Ezra e eu estávamos alegremente lendo *Harry Potter e a Ordem da Fênix* quando a briga começou. A batalha entre Voldemort e Harry era travada em nossa casa? Não, era apenas Jeff. "Merda, droga! Annabelle, por que você comprou essa porcaria de torradeira?" Sucedeu-se uma disputa e sons de metal com metal. De manhã, eu perguntei: "Quem ganhou?", mas não precisava ter perguntado. Quando fui ao andar de baixo, vi que a torradeira estava acabada. A ira de Jeff não se limita a aparelhos de cozinha. Ele também tem raiva de secretárias eletrônicas, cadarços de sapato, sinais de trânsito, solicitações telefônicas e (principalmente) religiões organizadas.

É verdade, ninguém pagará um centavo por uma cama arrumada por mim, mas Jeff deixa vestígios de sua presença em todos os lugares. Todo dia me deparo com a mesma visão. Toalhas úmidas amontoadas no chão. Parece até que um idoso se encolheu perto da banheira e morreu ali. Jeff se recusa a aderir aos novos regulamentos de nosso programa de reciclagem. Ele reage a meus lembretes como se eu pessoalmente estivesse querendo regulá-lo, mas as instruções são da cidade de Los Angeles. Consequentemente, passo muito tempo impedindo que nossos recursos reutilizáveis parem num depósito de lixo.

Meu marido também não leva em conta que vivo grande parte de meu dia no carro, faço dele minha segunda residência, mas Jeff transformou nossa casa no equivalente ao interior do meu carro. Ou Jeff está se tornando o pai dele ou o interesse por civilizações antigas se transformou em compulsão por criar pilhas. Esses montes de detrito agem como uma Pedra de Roseta na vida de Jeff Kahn. Recibos, números de telefone, informações para imposto de renda, etiquetas com o preço de roupas novas e ingressos para cinema podem ser encontrados numa configuração interessante, espalhados por todas as superfícies planas da casa. Isso faz o fato de morar com Jeff se tornar um perigo de incêndio ou algo muito divertido para alguém que goste de scrapbooks. Infelizmente, não gosto de trabalhos manuais, por isso coloquei detectores de fumaça pela casa inteira, no caso dos detritos de Jeff transformarem nossa residência em cinzas.

JEFF

Em primeiro lugar, 98,9% das vezes jogo o lixo certo na lata de lixo de reciclagem correta. Então, por que colocar acidentalmente um item reciclável na lata de lixo errada faz de mim, segundo Annabelle, o capitão do Exxon *Valdez*? Falaremos de como as iniciativas dela funcionaram bem. Certo ano, ela insistiu em bolinhos de trigo integral adoçados com frutas para o aniversário de Ezra. Alguns dos meninos detestaram, outros os usaram como bolas de basquete e os jogaram contra a parede de nossa casa. Eles eram tão densos que ainda se decompõem em nosso quintal três anos depois.

ANNABELLE

Ainda bem que Jeff mencionou esse aniversário, porque ele sempre zomba de minhas tentativas de organizar atividades estruturadas. Naquele ano em particular, para a comemoração do aniversário de Ezra, contratei uma prima e alguns amigos dela para supervisionarem as crianças assando biscoitos, fazendo trabalhos de arte e jogando futebol. Jeff caçoou disso e falou que eu havia sobrecarregado os garotos. Então, no ano seguinte, deixei Jeff fazer as coisas do jeito dele. Não planejamos nada para o evento anual. Todos os garotos foram brincar do lado de fora, no quintal. Em menos de dez minutos, esses meninos paroquiais se transformaram numa gangue baderneira. Um menino foi amarrado numa árvore enquanto dois ou três garotos o provocavam com um pedaço de pau. Outro bando no meio do quintal lutava com cadeiras. Só conseguimos restabelecer a ordem ao pedir pizza e permitir que todos os baderneiros jogassem fatias uns nos outros até ficarem exaustos. Foi um pesadelo. Ainda estou cansada.

JEFF

Fala sério, você está sempre cansada. Quando não está cansada, está ao telefone. Com quem ela conversa o tempo todo? Com certeza não é comigo. Ela se recusa a ficar acessível para mim durante o horário de trabalho, que vai do momento em que ela acorda até a hora de dormir. Uma pessoa poderia pensar que ela faz parte da equipe do Departamento do Estado. Ezra e eu chegamos a inventar um apelido para ela: Telefonabelle. Curiosamente, quando está ao telefone, ela assume uma personalidade completamente diferente. Ela é... legal. Telefonabelle fica com uma voz exageradamente simpática e alegre. É uma voz muito diferente daquela que atende quando eu ligo. A personalidade telefônica atende assim: "O que foi, Jeff? O quê? Rápido, porque estou com uma ligação muito importante na outra linha." Entre os telefonemas e o tempo que ela gasta checando e-mails, Annabelle fica com um dispositivo de comunicação na cara durante três quartos do dia. O um quarto que resta ela usa para dormir. Sobra pouquíssimo tempo para, digamos, ver um filme ou fazer sexo oral.

ANNABELLE

Fico impressionada por Jeff achar que o fato de eu falar ao telefone para tratar de assuntos de trabalho seja uma agressão pessoal contra ele, quando às vezes parece que o itinerário inteiro da família gira em torno da obsessão dele com uma função corporal em particular. Basicamente, o dia dele é um continuum de idas ao banheiro, o que faz ser impossível calcular o tempo que as outras pessoas passam nessa parte da casa. Inevitavelmente, posso caminhar para o banheiro ao mesmo tempo em que Jeff vai em direção a ele armado com jornal, um novo romance de Philip Roth e com o *Mahabharata*. Jeff está convencido de que conspiro para deixá-lo do lado de fora só porque também uso o banheiro para tomar banho e colocar maquiagem; no entanto, é impossível planejar minhas idas, porque ele parece precisar usar o cômodo o dia todo. Fazemos uma reencenação diária da cena de *Maratona da morte*: "É seguro?"

JEFF

Aqui está outra coisa que me deixa maluco: ela não domina nenhuma tecnologia inventada depois de 1989. Não sou nenhum mago tecnológico, mas, comparado a Annabelle, sou Steve Jobs. Ela nunca descobriu como mexer na DirectTV, no aparelho de DVD ou, claro, no TiVo. Nosso filho aprendeu a manusear essas coisas todas aos 3 anos. Isso significa que depois de salvar a cafeteira de uma morte certa, eu assumo minha outra identidade como escravo tecnológico de Annabelle. Subo e desço as escadas o dia todo, tentando resolver muitos mistérios técnicos que sempre desconcertam Annabelle e paralisam a vida dela. Ela me chama até o escritório dela para ver o que há de errado com o computador ou com a impressora, e na maioria das vezes dou uma olhada e digo que, como o computador e a impressora funcionam por meio de eletricidade, seria bom ela se lembrar de ligá-los na tomada. Mais tarde, à noite, preciso ligar a tevê para ela e lembrá-la de como usar o controle da DirectTV e mexer no TiVo, uma tarefa que Annabelle considera tão inimaginavelmente complicada quanto a teoria das cordas. Se ficasse por conta dela e eu não atualizasse a casa com tecnologias do século XXI, Annabelle escutaria fitas cassete num walkman da Sony, veria fitas de vídeo e trabalharia numa máquina de escrever.

ANNABELLE

Jeff tem razão. Não consigo entender os controles remotos. Eles me irritam, não consigo evitar; não sinto vontade de aprender porque, verdade seja dita, esse tipo de informação se torna obsoleta logo depois que você aprende. O pequeno espaço que me restou no cérebro está ocupado por nomes de usuário, senhas, datas de validade de cartões de crédito e endereços de e-mail. Tudo isso tem de ser atualizado constantemente, então não sobra lugar para informações e instruções novas. Sei que assim que aprender a manusear o TiVo, um novo chip estará pronto para ser baixado. Quando descobrir como adicionar música em meu iPod, poderei baixar músicas direto para meu telefone multifuncional. E se algum dia me der ao trabalho de aprender a fazer isso, pode apostar que na semana seguinte a Apple inventará um meio de mandar arquivos de música direto para meu cérebro.

JEFF

Annabelle não escuta música em meu carro enquanto dirijo se o som estiver mais alto do que um diálogo sussurrado de Jennifer Lopez. Adoro escutar música enquanto dirijo, mas fazer esforço para ouvir a letra dos Strokes num volume que apenas um cachorro consegue escutar é simplesmente enlouquecedor. Esse tipo de proibição não se aplica somente a música, ele também vale no controle da temperatura do carro, da velocidade e das vezes em que posso ou não buzinar. Annabelle não é apenas minha copilota com pouco senso de direção, ela é minha passageira estilo Mussolini.

ANNABELLE

Posso ser sua passageira estilo Mussolini, mas ele é um verdadeiro Stalin ao volante. Ele age como o ditador das estradas, que narra os erros dos outros. Carros, caminhões, motos, bicicletas, pedestres, esquilos, buracos, placas — Jeff buzina para tudo. A única coisa que irrita Jeff mais do que os hábitos dos outros motoristas são os próprios erros que ele comete quando pratica algum esporte. É verdade, Jeff não lida bem com isso. Eu nos inscrevi em aulas de tênis semanais, mas toda vez que Jeff errava, ele se xingava e tacava a raquete no chão. Essas duas expressões de falta de espírito esportivo vinham acompanhadas por um grito, que às vezes continha expletivos. Quando Jeff jogava, parecia que ele se submetia a uma amputação sem anestesia nos tempos da guerra civil. A alegação de que as "aulas estragavam seu jogo" eram uma novela. Enquanto isso, nosso filho testemunhava todo esse comportamento. Que tipo de exemplo ele dava com essa atitude?

JEFF

Falando em atitudes desse tipo, me irrita o fato de Annabelle se recusar a usar lingerie. Ela não as veste no Dia dos Namorados, no meu aniversário nem nos aniversários de casamento. Annabelle diz ser antilingerie. Ela considera cintas-ligas e meias-calças até a coxa coisas bobas, desnecessariamente provocantes e que transforma a mulher num objeto, três coisas que estimo muito. Mas acho que ela protesta tanto porque há provas do contrário. Vi dúzias de fotos de Annabelle vestindo artigos de lingerie muito sensuais ao longo dos anos 1980 e início dos anos 1990. Ela insiste que não foi para ficar sexy para um cara, mas algo meio neofeminismo — pós-moderno, para chamar a atenção. "Foi algo para ela mesma." Bom, sinto muito, mas não acredito. Até mesmo Annabelle admitirá que o período dos anos 1980 até o começo dos anos 1990 foi o auge dos anos de piranha dela. Aqueles namorados e pretendentes sortudos tiveram a garota emocionalmente desesperada, quase ninfomaníaca, vestida com lingerie que perdi ao me casar com ela.

ANNABELLE

Jeff gostaria que eu vestisse lingerie sensual. Entendi! Nunca fui muito de usar lingerie. Jeff acha que inventei o fato de que eu vestia essas peças de roupa por questões políticas. Ele esquece que não sou da geração atual de pós-feministas que se sentem perfeitamente confortáveis tendo filhos na casa dos 20 anos ao mesmo tempo em que colocam piercings nos lábios e postam o vídeo disso no YouTube. Não, sou uma feminista pós-feminista, sábia e irritante que vestia lingerie fora do quarto para desfazer estereótipos, mas, por dentro, sempre preferi vestir calças, e não calcinhas. Tudo bem, às vezes não vestia nenhuma das duas coisas, mas nunca usei cintas-ligas nem sutiã para levantar os seios. Enquanto isso, a única coisa que Jeff diz mais vezes do que "Por favor, vista um par de meias-calças até a coxa" é "Como está meu cabelo?" Se Jeff fosse hindu, esse poderia ser o mantra dele. Ironicamente, o cabelo dele é sempre o mesmo para mim.

JEFF

O fato de Annabelle achar que meu cabelo é sempre o mesmo diz muito do quão pouco ela olha para mim. Meu cabelo continua o mesmo desde quando nos conhecemos. Na época era um pouco mais comprido e volumoso. Depois cortei um pouco, ficou com comprimento médio. Depois cortei curto e, em seguida, muito curto. Quando cresceu estava cacheado. Não sei o que aconteceu.

Foi quando Susan ou Donna, ou talvez Bonnie ou Glen disse: "Ótimo trabalho." Os terapeutas ficavam agradecidos pela nossa sinceridade e impressionados com a atenção que dávamos aos detalhes.

Jeff (interrompendo)

Tem mais coisa. Não suporto o jeito como Annabelle diz a frase "Não me controle" toda vez que discordo da maneira como ela faz alguma coisa. Por exemplo, ela enche a máquina de lavar louça sem limpar os pratos sujos de carne.

Annabelle

Jeff tem uma lista de palavras e frases que não posso dizer. Ele acha que a palavra *propriedade* acaba com qualquer ereção. O que eu deveria dizer: "Jeff, a conta da terra sobre a qual está nossa casa chegou hoje pelos Correios"?

Nesse ponto, a terapeuta diz: "Nosso tempo acabou, mas vocês dois com certeza deveriam voltar." Na verdade, ela sugeriu que voltássemos duas vezes por semana pelos próximos seis meses, se não pelo resto de nossas vidas. Annabelle respondeu que pensaríamos a respeito, então obedientemente marcamos nosso próximo horário e deixamos o consultório.

Enquanto voltávamos para casa, com os Strokes tocando numa altura quase inaudível, conversamos sobre a sessão. Concordamos que realmente precisávamos escolher nossas batalhas. Um de nós, sabendo que o timbre de nossas discussões pode ser um pouco acalorado, sugeriu que talvez devêssemos maneirar no tom de voz. Um de nós disse que a palavra "maneirar" estava prestes a se tornar tão usada quanto "controlar". Um concordou que deveríamos tentar não usar tanto a palavra "maneirar", e o outro aceitou que apesar dos inibidores seletivos da recaptação da serotonina terem acabado com a libido a todo vapor do parceiro, talvez tenham sido importantes para a pessoa funcionar melhor no mundo. E a música poderia ser tocada um pouco mais alto. Concordamos, enfim. Depois calculamos quanto custariam os próximos seis meses de terapia. Apesar de sermos péssimos em matemática, até nós conseguimos chegar ao resultado: US$175 uma vez por semana durante seis meses daria US$4,200. Avaliamos nossas opções. Esse valor era o suficiente para três noites no surrealmente luxuoso Post Ranch Inn, em Big Sur (vista para o mar, lençóis macios, chocolates Lindt nos travesseiros) ou para quatro meses e meio num albergue em Flagstaff, Arizona (toalhas e roupa de cama de linho estavam incluídas, e banheiro compartilhado.) Parando para pensar, ao longo dos anos, gastamos em terapia dinheiro suficiente para fazer uma viagem de barco de um mês pelo Sena (US$25,000) ou uma semana de jantares num dos restaurantes mais famosos das Américas, o French Laundry. Sem vinho, claro.

Acreditamos que seja mais compensador completar os exercícios de afeto e admiração comendo tiramisú à luz de velas do que sentando num sofá diante de um estranho, evitando fazer contato visual. Os dados mais recentes revelam que há mais de cinquenta mil terapeutas de casal atuando nos Estados Unidos hoje em dia; então, está claro que muitos casais estão gastando — tanto ou mais do que nós — com análise e com a mais recente inovação: campos de treinamento conjugais. Estatisticamente, depois de quatro anos, mais de 38% dos casais que procuram ajuda se divorciam mesmo assim; então, temos uma sugestão para casais que pensam em torrar o dinheiro suado com terapia: vão para Paris. Fiquem bêbados e comam comida boa. Vocês podem até se divorciar, mas pelo menos terão a lembrança de brigar um com o outro diante da catedral Notre Dame, em vez de em algum consultório de terapia apertado e sem janela.

guia prático da trajetória de férias de um casal

finais de semana pré-casamento: festa do sexo

Dois dias e duas noites de puro sexo em um hotel pitoresco no alto de uma montanha em Santa Barbara.

primeiro ano: bacanal em napa valley

Bebendo vinho, comendo boa comida, mais vinho, mais comida, vinho, comida, vinho, comida, sexo, sono, comida, vinho, um pouco de bicicleta e tênis, comida, vinho, sexo, sono, sexo, dormir abraçados o restante da noite.

segundo ano: romanticamente rústico

Uma cabana aconchegante nas florestas de Bir Sur. Ficamos de molho num ofurô, fizemos fogueira, trepamos. Jeff estava tão feliz que estava inspirado para devorar toda uma revoada de perus selvagens que viviam em uma fazenda vizinha à cabana. Os perus confundiram Jeff com uma fêmea no cio e tentaram estuprá-lo. Os perus o perseguiram até a cabana, se empoleiraram em cima dela e ficaram espiando pela claraboia enquanto tentamos transar. Nada podia nos parar; estávamos pegando fogo de paixão! Glu, glu!

terceiro ano: sempre teremos paris

Esse foi o ponto alto de nossas férias conjugais. Deixamos nosso filho com a avó em Albany. Caminhamos sentindo culpa, mas muito felizes, pela avenida Champs-Élysées, fizemos sete refeições por dia. Por sorte, não tínhamos ideia de que essas seriam nossas últimas férias, senão talvez nunca teríamos voltado da França. Assim sendo, foram precisos muitos garçons para afastar as mãos de Jeff do último prato de mexilhões cozidos no vapor, ou teríamos perdido nosso voo de volta. *Au revoir, joie de vivre.*

quarto ano: convenção da intervenção

Depois de quatro anos de união, era uma viagem estilo "reféns, ninguém sai daqui vivo" ao centro de nossa relação. Annabelle passou o fim de semana inteiro chorando e pensando se deveríamos ter um segundo filho. De alguma forma, no meio desse turbilhão emocional, Jeff descobriu que tinha um filme pornô só de anal feminino no aparelho de DVD da sala. Imagine só — só mulheres e só anal, convenientemente esquecido em nossa sala. Ele passou dois dias tentando convencer Annabelle de que não colocou o filme ali e passou a memorizar cada cena para reencenar mais tarde. Enquanto isso, Annabelle quebrou seu recorde de choro dentro de casa.

quinto ano: caindo na real

Paramos no relativamente barato Rancho Harris para as férias de uma noite a caminho do jantar do Dia de Ação de Graças anual da família Gurwitch, em São Francisco. Ezra comia uns pedaços da carne do prato de Annabelle, um delicioso, embora duro, pedaço de carne de vaca, quando aquela velha estenose esofágica fez sua aparição inesperada. Ela forma uma teia em seu esôfago. Passamos a maior parte da noite tentando fazer o pedaço de carne descer, e boa parte do dia seguinte discutindo se deveríamos levá-lo a um hospital em São Francisco. Assim que resolvemos voltar para Los Angeles, Ezra levanta os braços e anuncia "Desceu!" Nos arrastamos até São Francisco, mas quando chegamos em casa, fomos recebidos por uma privada transbordando. Passamos a maior parte da noite e alguns dias seguintes lavando o chão com alvejante. No mais, um feriado nada relaxante.

sexto ano: a boca-livre da família frugal

Um adorável passeio de avião com horas de escalas até a pitoresca Albany, em Nova York. Pode parecer uma boa ideia aceitar a oferta anual dos pais de Jeff para ficarem de babá enquanto relaxamos em um hotel. Como um casal pode fabricar romance nas suítes de Viewcrest, que não possuem vista nem estão localizadas em um cume, mas ocupam um lugar sem inspiração em uma parte industrial da estrada onde cada um dos quartos pré-fabricados cheira mais a peixe estragado e a meias velhas do que um albergue ou um cais de pesca? Vamos, nós o desafiamos!

sétimo ano: con-fusão asiática

Jeff surpreendeu Annabelle ao fazer reserva em um hotel perto de casa, inteligentemente eliminando o custo de uma viagem. Comemos um delicioso jantar asiático e foi marcada, para Annabelle, uma hora e meia de massagem shiatsu. Jeff só se esqueceu de um detalhe: Annabelle acabara de voltar de Nova York e ainda estava no fuso horário da Costa Leste. O efeito das três horas de diferença e a massagem relaxante a colocaram num profundo estado de sonolência, do qual ela só acordou meia hora antes da hora de partir. Número de vezes que transamos: zero. Número de duchas frias que Jeff tomou: quatro.

oitavo ano: a chave do banheiro da Flórida

Annabelle fez uma viagem de carro com os pais e Ezra pela costa da Flórida, em direção a Keys. Já fez uma viagem de carro com duas pessoas na casa dos 70 anos? O quarteto excursionou exaustivamente por cada banheiro de Miami Beach até Key West. Levaram-se quase nove horas para fazer um percurso que demora cinco horas.

nono ano: comer e correr

Jeff surpreendeu Annabelle no aniversário de casamento levando-a para jantar no restaurante Hitching Post, que ficou famoso por causa do filme *Sideways — Entre umas e outras*. Annabelle devorou meia vaca, enquanto Jeff devorou uma família inteira de codornas. Dispensamos a sobremesa e voltamos correndo para Los Angeles. Muita indigestão e gases, mas a comida estava deliciosa e economizamos 75 dólares com a babá.

décimo ano: alarde de sonambulismo no spa de aniversário de casamento

Jeff surpreendeu Annabelle no aniversário de casamento com uma escapada para um SPA no Vale Santa Ynez. Nosso filho estava na casa de amigos, então era mais dinheiro economizado numa escapada caríssima (mas desesperadoramente necessária). A extravagância do SPA fez Annabelle dormir o primeiro dia inteiro e boa parte do segundo, enquanto Jeff se refugiou nos Pinot Noirs locais para entrar no clima de "tentando esquecer que sou casado". Quantidade total de tempo passado juntos: uma hora! Mas ah, que hora!

décimo primeiro ano: férias da retirada

Sem dinheiro para tirar férias por causa da greve dos roteiristas, por sorte o parque nacional que cerca a nossa vizinhança pegou fogo. Nossa evacuação obrigatória nos deu oportunidade para uma fugida impulsiva para a hospedaria de um amigo, que foi deixada vaga pelo filho adolescente. O jovem nunca havia limpado o ambiente nem trocado os lençóis ou as toalhas do banheiro. Já passou a noite dentro de um tênis? Com formigas?

décimo segundo ano: as não férias de US$22,065

Nesse ano, fomos à falência por causa de uma noite no chalé mais caro de Beverly Hills: o hospital Cedars Sinai. Ezra desenvolveu um bloqueio intestinal causado por cicatrizes de cirurgias anteriores, provocando um desconforto terrível e requerendo necessários cuidados de emergência. Nosso pequeno soldado escapou de uma cirurgia quando seu intestino entrou nos eixos sem a ajuda de nada além de uma noite no soro. Adicione aí mais US$65 pela massagem tailandesa de emergência para Annabelle no dia seguinte. Qualquer coisa vale a pena pela saúde de nosso filho, mas com uma conta de US$22 mil, vamos tirar férias no quintal, com uma tenda de lona até Deus sabe quando! Siga nosso conselho: se quiser fazer algo especial por você, eles só cobram US$8,725 por uma daquelas superultra ressonâncias magnéticas de alta resolução. Alimentação e estacionamento não estão incluídos no pacote.

décimo terceiro ano: as falsas férias de US$14.98

Com o colapso da economia, não pudemos nos dar ao luxo de sair do quarto, que dirá viajar para qualquer lugar da noite para o dia. Deixamos a criança ter o domínio sobre a TV e a internet durante a noite enquanto assistíamos a uma maratona de nosso programa favorito na HBO e bebericávamos um vinho barato da Califórnia na cama. Como todas essas aberrações sobrenaturais foram parar em uma cidadezinha da Louisiana? Gostamos de assistir e depreciar juntos, até pegarmos no sono de roupa mesmo. Amamos cada momento.

12
• • • •
Vale tudo

O casamento nos coloca em uma conexão fatal
com costumes e tradições, e tradições e costumes
são como o vento e o clima: imprevisíveis.

KIERKEGAARD

O que aquelas pulseirinhas vermelhas da cabala, livros como *As cinco pessoas que você encontra no céu* e os incontáveis e-mails em massa sobre histórias miraculosas de superação e redenção pessoal que você simplesmente precisa encaminhar para mais de dez contatos se não quiser ter dez anos de azar têm em comum? Eles confirmam um estudo publicado recentemente pelo Pew, que mostra que grande parte dos americanos está procurando desesperadamente maneiras de "transcender a vida cotidiana" sem dogmas pesados e doutrinas fatigantes e difíceis de cumprir. Mas, na prática, o que isso quer dizer? Se você não sente medo do castigo de algum Deus vingativo, pode ser difícil ter motivação o suficiente para manter qualquer tipo de obediência. Complicamos as coisas, o que significa que a rotina diária de nossa família inclui a busca sagrada pelas chaves perdidas, cruzar os dedos para ainda termos café e leite de soja o suficiente para nosso café matinal, e a esperança mística de que nosso filho se lembre de anotar o dever de casa. Com o passar dos anos, incorporamos um conjunto de hábitos antiquados, vanguardistas e simplesmente absurdos às nossas tradições Gurkhan. Essas são algumas de nossas preferidas:

Ele diz
As Três Noites de *Chanuka*

Aí está um feriado que comemora uma guerra curta e vitoriosa, em que Israel derrotou os sírios há mais de dois mil anos. Nossa, como os tempos mudaram! Você consegue imaginar uma guerra entre Israel e Síria agora? É verdade, as crianças gostam do *Chanuka*, pois adoram qualquer festa que celebre vitórias militares e óleos milagrosos que queimaram por oito dias a mais do que era realisticamente possível, Deus seja louvado. Ah, sim. Claro. As crianças gostam dos presentes, e é exatamente isso que o *Chanuka*, por ser uma data próxima ao Natal, significa. Vocês se lembram do Natal, a celebração que comemora o primeiro banho de loja do menino Jesus?

Todos os anos, Annabelle e eu ficamos determinados a tentar dar a Ezra alguma noção de sua herança religiosa acendendo as velas de *Chanuka* e fazendo orações. Também gostamos de como as luzes brilhantes parecem ainda mais festivas em contraste com o céu escuro, típico dessa época do ano. No primeiro dia de *Chanuka*, arrumo a menorá e coloco duas velas. E pronto! Nos reunimos em volta dela, acendemos as velas, fazemos as orações e então damos a Ezra um dos presentes dos avós, tios ou tias. O segundo dia de *Chanuka* é basicamente igual ao primeiro, mas Ezra demora para descer, enquanto Annabelle esquece o jantar no forno e, quando a casa começa a ficar cheia de fumaça, ela corre para ligar o ventilador de teto e abrir todas as janelas. Antes que eu acenda a segunda vela, Ezra pergunta onde está seu presente. Cato outro presente dos avós/parentes. Esse presente nunca é tão bom quanto o da primeira noite, e Ezra volta para fazer o dever de casa bem menos animado. Na terceira noite, Annabelle não está em casa. Ezra está no meio do dever de casa e não quer descer a não ser que receba logo o presente. As velas não parecem estar bem-encaixadas na menorá, e continuo reencaixando-as quando elas caem. Conseguimos acender as velas, mas nem fizemos a oração. Na quarta noite, nem Annabelle nem Ezra estão em casa, e eu estou em meu escritório escrevendo no computador ou vendo pornografia de graça na internet. Na quinta noite, nenhum de nós está em casa. Na sexta noite, Annabelle acha que o *Chanuka* acabou, pois não se lembra quando começou, guardou a menorá e nenhum de nós ligou a mínima. Na sétima noite, me sinto culpado e procuro a menorá, mas não faço ideia de onde Annabelle a enfiou. Desesperado, coloco as velas em um pedaço de pão e, em vez da oração tradicional, Ezra acha engraçadíssimo cantar "Parabéns para os judeus". Rimos, as velas caem, eu as apago. Na última noite de *Chanuka*, sempre acabamos na festa de Natal de algum amigo nosso, comendo uma ceia nada judia, com tender de presunto e queijos importados, os três tomando remédio, pois Ezra, assim como nós, tem intolerância à lactose. No ano que vem, tenho certeza de que tentaremos comemorar as oito noites, mas previsivelmente chegaremos até a terceira noite e pararemos por ali. Quem realmente sabe se aquele óleo durou oito dias? Talvez só tenham sido três e eles pensaram: "Ei, não é tempo suficiente para um feriado de fim de ano que um dia terá de competir com o Natal; vamos dizer que foram oito." Então, talvez os Gurkahn não sejam somente preguiçosos e religiosamente apáticos, mas também historicamente corretos.

Ela diz
Feitiço do tempo, o filme, encontra o Dia das Bruxas 2005

Sinceramente, três dias de qualquer feriado é o suficiente, certo? Gosto das coisas que podem ser concluídas em um espaço de tempo de 24 horas. Por isso, o Dia das Bruxas parece suportável. Infelizmente, ainda estamos comemorando o Dia das Bruxas de 2005. Em 2005, eu fiz a festa. Comprei quilos de balas para distribuir para as crianças da vizinhança, até consegui providenciar a decoração e arrumar tudo com uma semana de antecedência. Pela primeira vez na vida consegui decorar direito, então seria uma pena tirar tão cedo as máscaras de fantasma que pendurei em nossas árvores. Eu pretendia deixar os enfeites só mais uma semana, mas ela se tornou um mês e, em 2007, uma casca começou a crescer em volta das máscaras. Agora uma folhagem macabra virou nosso ponto de referência: "Ah, não tem como errar, é a terceira casa à esquerda, uma que tem decoração permanente de Dia das Bruxas."

Aquele também foi o ano em que a Gata Medrosa saiu de casa e foi morar dentro de uma cerca viva do lado de fora de nossa entrada. Não conseguíamos vê-la, mas podíamos ouvir o miado de dentro do arbusto. Nós todos nos sentimos mal por Medrosa, menos Jeff, que começou a chamá-la de Bizarra. Eu estava tão desesperada que contratei uma psiquiatra de animais. Dois minutos e 75 dólares depois, ela chegou à conclusão psiquiátrica de que a gata não gostava de ser chamada de Bizarra/Medrosa e que precisávamos começar a chamá-la de Esme novamente. Se fizéssemos isso, falou a psiquiatra, ela voltaria para dentro de casa. Embora Jeff realmente detestasse a gata, por amor a mim ou porque gritei com ele — ou as duas coisas —, ele se juntou a mim no ritual diário de implorar a Esme para voltar a fazer parte de nossa família. Nem a mudança de nome nem as latas inteiras de atum com que tentamos atraí-la funcionaram para trazê-la de volta para dentro de casa.

Certa noite, mais ou menos três semanas depois de recebermos o conselho inútil da psiquiatra, Jeff e eu escutamos um barulho nos arbustos, acompanhado de um chiado alto e miadinhos curtos. Jeff abriu a porta da frente de casa, e viu o corpo da bolinha de pelos que era Esme/Bizarra/Medrosa na boca de um coiote. Agindo por instinto ou talvez por causa de muito Pinot Noir, Jeff pegou um dos sabres de luz de *Guerra nas estrelas* de Ezra — que na verdade não passa de uma lanterna com um cone de plástico grudado — e foi atrás dele. O coiote desembestou descaradamente pela rua, deixando Jeff sem fôlego, enquanto sacudia a espada de plástico atrás dele. Esme/Bizarra/Medrosa se foi para sempre.

Então, para o Dia das Bruxas de 2005, Jeff marcou o lugar onde Medrosa foi levada de nós esculpindo "Descanse em Paz, Medrosa" em uma pedra no caminho de nossa casa. Todos os anos mudamos a pedra de lugar. Enquanto os vizinhos decoram seus jardins com lápides falsas, desde aquele ano usamos uma de verdade.

Esse ano também foi marcado pela recusa de Ezra em usar uma fantasia pronta. Era mais fácil quando ele não sabia falar. Era só enfiá-lo em uma roupinha acolchoada e, *voilà*, uma vaquinha ou abóbora instantânea. A partir do momento em que ele pôde opinar, tornou-se o Homem-Aranha em todos os Dias das Bruxas (e muitos outros dias durante o ano também) até 2005, quando ele anunciou que queria que fizéssemos uma fantasia juntos. Pais espertos e talentosos transformam seus filhos em sushis, iPhones ou turbinas de vento, mas, por causa de nossos talentos para a falta de organização, às 5h30 da manhã fuçávamos armários em busca de roupas velhas e uma barba postiça para produzir a fantasia favorita dos pais enrolados: mendigo. Tentei ajudá-lo a tornar convincente seu papel de mendigo ensinando sinais que variavam de "Amigo, pode me dar um milhão" a "Trabalhamos por plano de saúde" (que seria tanto gostosura quanto travessura). Ano passado, no auge da febre do lançamento de *Crepúsculo*, Ezra incrementou a fantasia com presas de vampiro, tornando-se assim, o primeiro vampiro mendigo da vizinhança.

Como não há muitas crianças que batem à nossa porta dizendo "gostosuras ou travessuras", desde 2005 distribuímos descaradamente os mesmos doces. Não gastamos quase nada do que compramos, então continuaremos a distribuir os mesmos doces até Deus sabe quando. Talvez essa seja nossa travessura. Fizemos o tempo parar, e é sempre o ano de 2005 em nossa casa, pelo menos durante uma noite do ano.

Ele diz
Dia dos Pais, Clube da luta

Mais uma ótima tradição dos Gurkahn é tirar até a última gota de alegria do Dia dos Pais. Talvez seja por causa da indiferença habitual e eterno desprezo por sentimentalismos de Annabelle, ou por eu ter herdado de minha mãe o gosto pela alegria dos feriados programados. É verdade; realmente gosto dessas comemorações fabricadas. É um dia em que você pode demonstrar seu apreço e reconhecimento por outra pessoa, por mais breve e artificial que seja. Não é como ganhar um Oscar ou um Pulitzer, mas às vezes é bom ser reconhecido.

Há alguns anos, Annabelle estava em uma apresentação de peças curtas escritas por adolescentes. O porquê de ela resolver participar dessas peças eu não sei. No Dia dos Pais, ela me deu de presente convites para ir com Ezra às peças para vê-la. Não acho que ela tenha feito por mal, mas algo pior do que ver peças medíocres em Los Angeles é ver peças medíocres em Los Angeles escritas por adolescentes. Não sei quem gostou menos, eu ou Ezra.

Depois das peças, havia um plano vago de sairmos para um almoço de Dia dos Pais e uma ainda mais vaga ideia de onde iríamos. Ao sairmos para procurar um restaurante, eu estava a ponto de entrar em uma ruazinha estreita perto do teatro quando uma limusine Hummer gigantesca apareceu do nada e entrou na rua ao mesmo tempo. O motorista viu que eu virava e poderia facilmente ter parado e me deixado passar, mas em vez disso resolveu bloquear meu carro como um tanque que passa por cima de uma bicicleta. Ele abaixou o vidro da limusine e berrou comigo em um inglês ininteligível para eu dar a ré na rua e o deixar passar. Abaixei minha janela e disse para ele me dar a vez. Ele ficou nervoso, eu fiquei nervoso; ele começou a me xingar, eu xinguei de volta. Annabelle ficou louca. O que eu estava fazendo? E se ele estivesse armado? A menção de uma arma deixou Ezra histérico, pensando que eu ia levar um tiro. A disputa do Dia dos Pais continuou, o motorista da limusine e eu gritávamos e xingávamos um ao outro. Annabelle me repreendia, sussurrando com uma voz cheia de ódio, e Ezra estava aos prantos. Finalmente, desisti e o deixei passar. Não fomos a nenhum restaurante e, em vez disso, dirigi até em casa em um amargo silêncio, só quebrado pelas fungadas pós-choro de Ezra. Passei o restante do dia sendo ignorado por Annabelle — sozinho, assistindo a um jogo das finais da NBA. Ela foi para a cama sem dizer boa-noite enquanto o jogo terminava e começava o *SportsCenter*. Dormi no sofá.

Depois desse dia, Annabelle propositalmente foi para outro estado e não apareceu no Dia dos Pais dos três anos seguintes. Então no ano passado — para minha surpresa — ela estava na cidade e prometeu me levar para almoçar em um de nossos restaurantes franceses preferidos. Ela estava muito doce e carinhosa e jurava que precisávamos acabar com nosso péssimo costume de distância e desprezo no Dias dos Pais. A caminho do restaurante, sem mais nem menos, Annabelle falou que queria ter uma conversa sobre nossas finanças. Disse que nunca conversamos sobre isso. Respondi que sempre conversamos, inclusive até na bosta do Dia dos Pais. Ela insistiu, eu resisti, ela insistiu, e logo começamos a brigar novamente. Os planos para o restaurante foram por água abaixo mais uma vez, e voltou a ser: ignorado/sofá/esportes na TV para mim. E assim, lá se foi mais um Dia dos Pais.

Este ano, espero que o Dia dos Pais chegue e passe, como outro domingo qualquer. Talvez eles não sejam dias especiais, mas também podem não ser tão ruins.

Ela diz
Mau negócio na terra das fadas

A visita da Fada do Dente e seu honorário é uma daquelas tradições infantis que tentamos enxergar com alguma credibilidade, mas graças à nossa incompetência, competitividade e incapacidade de manter um plano, nosso domínio sobre o mundo das fadas teve um começo infeliz, meio inconsistente, e está chegando a um final catastrófico.

Um dos efeitos colaterais inesperados de se ter um filho com uma doença crônica é que você está sempre condenado a engatar o modo de gerenciamento de crises ao menor sinal de problemas, portanto quando Ezra estava no jardim da infância e ele berrou de seu quarto "mamãe, meu dente caiu", eu gritei: "Meu Deus, Jeff, o dente dele caiu! Vamos para o hospital!" Eu já empurrava um Ezra muito confuso para dentro do carro quando me lembrei de que os dentes de crianças pequenas precisam cair. Quando ele foi dormir, estávamos estarrecidos — caiu o primeiro dente de leite do Ezra. Jeff bolou o que parecia ser um plano. "Não seria engraçado se disséssemos ao Ezra que vimos a Fada do Dente? Ou melhor, e se ele pudesse vê-la?" Jeff sugeriu que fizéssemos um vídeo da visita da Fada do Dente cada vez que Ezra perdesse um dente. Jeff filmaria e eu seria a Fada do Dente. Talvez por eu ter ficado tão empolgada com o fato de ter conseguido um papel sem ter feito teste, imediatamente concordei e parti para a ação.

Parece um bom plano até você realmente parar para pensar sobre ele. "O que a Fada do Dente deve vestir, Jeff?" "Um lençol." "Assustador demais, ela não é o Fantasma do Dente!" Escolhi um casaco com um complicado bordado de miçangas usado por minha mãe nos anos 1960. Eu parecia o Maître do Dente. Estávamos agora na porta do quarto dele, discutindo sobre o enredo da história. "O que devo dizer?" "Não sei o que uma Fada do Dente diria." "O que faremos se ele acordar?" "Você é a atriz, faça o que uma Fada do Dente faria!" Após debatermos por uns três minutos, Jeff se deu conta de que não havia filme na câmera e fomos cada um para seu canto. Parecia que era aquilo — nosso filho estava condenado a uma infância sem fadas.

Na manhã seguinte, Ezra acordou extasiado, pois recebeu dois envelopes diferentes, com um total de quarenta dólares. O quê? Esse valor será difícil de ser produzido cada vez que o menino perder um dente! No final das contas, cada um de nós deixara vinte dólares debaixo do travesseiro de Ezra. Em uma tentativa de encobrir nosso erro, inventei a brilhante desculpa de que existe uma Fada da Costa Leste e uma fada da Costa Oeste, e por estarmos sempre visitando a família no leste, Ezra fazia parte das duas jurisdições. Na vez seguinte em que Ezra perdeu um dente, ele foi dormir cedo pela primeira (e, no fim das contas, única) vez em sua vida, pois estava ansioso pela visita, mas Jeff e eu concordamos que quarenta dólares é caro demais para um dente e resolvemos cortar a verba pela metade. Para amenizar sua decepção, adicionamos uma reviravolta na lenda da Fada do Dente: por morarmos tão longe, a fada da Costa Leste nem sempre pode vir, dependendo de quantos dentes foram perdidos ao longo das linhas longitudinais por que ela é responsável a cada noite. Se você quer confundir uma criança de 6 anos, use a palavra *longitudinal*.

Dente após dente, começamos a ter de distribuir notas de vinte e arrumar mais e mais desculpas da Fada do Dente da Costa Leste: ela deve ter sido pega por uma corrente de vento que a impediu de chegar a tempo. Ela se confundiu com o fuso horário. Ela está em greve por melhores benefícios. Por causa da crise econômica, voos interestaduais de fadas quase não existem mais.

Atualmente, após um longo período sem dentes caindo, Ezra anunciou que tinha perdido um dente, e ele e eu iniciamos um debate sobre a existência da Fada do Dente. Ezra está com 11 anos, uma idade difícil, mas ele ainda está na fase da pré-puberdade, talvez mais bem caracterizada pela frase de chamada da série de TV *Arquivo X* "Eu quero acreditar." Eu sou o Mulder, ele é a Scully, e se eu disser do jeito certo, talvez consiga enrolá-lo mais uma vez. Em um esforço para fazer a Fada do Dente se tornar mais plausível, propus a seguinte linha de raciocínio: "Sei que você não acredita no Papai Noel; quer dizer, como um cara pode dar a volta ao mundo em uma noite só, certo? No entanto, existem milhares de fadas por aí, de vários tipos diferentes; a Fada do Dente é só uma das categorias que operam em seções regionais, uma dessas funciona em nosso bairro." Ele me olhou incrédulo. Eu expliquei, "Você não acredita em mim? E quanto aos duendes, que são muito próximos das fadas? Os irlandeses têm fama por acreditarem em pequenas criaturas". (Deixei de mencionar que os irlandeses também têm fama por suas bebedeiras.) Ezra continuou sem acreditar e disse que não acha que Los Angeles seja mágica o suficiente para atrair uma legião de fadas. Meu marido estava tão cansado da tradição Gurkahn da Fada do Dente que disse a nosso filho que a verdadeira Fada do Dente é um duende transgênero que come dentes velhos e depois os urina em forma de dinheiro. "Se é dinheiro que você quer, é dinheiro que você terá." Ezra deu risadas e depois ficou mortalmente sério. "Isso é verdade?" Obrigada, Jeff.

No dia seguinte, Ezra estava completamente decepcionado, pois a Fada do Dente não tinha aparecido. Jeff e eu estávamos tão cansados de discutir sobre por que continuar com essa história, que fomos dormir achando que o outro ia colocar o dinheiro. Quando ele estava distraído, coloquei uma nota de 5 dólares em um envelope dentro do estojo que Ezra leva para a escola, junto a um bilhete que dizia "Para Ezra, com amor, F.D". Quando fomos buscá-lo mais tarde, Ezra contou, todo entusiasmado, que encontrou uma carta de amor com dinheiro dentro de seu estojo e que quer descobrir que menina é F.D. Quando eu disse a ele que F.D. significava Fada do Dente e não uma menina da escola, Ezra me xingou e me expulsou do quarto dele. Acho que pagar por seu aparelho de dente um dia será a punição por eu ter estragado a história da Fada do Dente. Esse ritual foi um completo desastre dentário. Graças a Deus ele só tem mais um dente para perder.

Ele diz
Uma longa jornada de um dia até uma noite romântica

Nós tentamos sair uma vez por semana para ver um filme, jantar ou tomar uma taça de vinho e conversar. Uma noite por semana, apenas Annabelle e eu juntos, parece simples... Ainda assim, acho que seria mais fácil o Iraque se governar do que conseguirmos uma noite romântica. Mas insistimos toda semana.

Para que uma noite dessas tenha uma chance mínima de sucesso, precisamos encontrar uma babá para Ezra. Isso significa telefonar, mandar e-mail e mensagens de texto para todas as babás que já tivemos, que foram três. Quando conseguimos uma, inevitavelmente ela cancela na última hora. A maioria das explicações tem a ver com carros: eles não dão a partida ou enguiçaram; os freios não funcionam ou a janela da frente foi quebrada; um namorado precisa dele para ir até Lincoln, Nebraska, para visitar a mãe doente. Já ouvimos desculpas que variavam de dores de garganta espontâneas a uma babá que anunciou que havia lançado uma música de sucesso na Inglaterra e o trabalho atrapalhava a turnê de sua banda pelo Reino Unido.

Quando a babá cancela no último minuto, passamos para o plano B: tentamos mandar Ezra para a casa de algum amigo. Como todos os pais sempre descobrem, esses pernoites são a maneira que usamos para ajudarmos uns aos outros quando há uma noite romântica à vista. Depois de deixar Ezra em outro quarteirão ou do outro lado da cidade, dependendo de quem foi que ajudei e onde essa pessoa mora, ficamos livres para a noite! Não tão depressa. Ainda precisamos escolher um filme para ver, mas perdemos as sessões mais cedo levando Ezra, e Annabelle estará cansada demais para as sessões mais tardes. Estou com fome, mas ela já jantou e não quer comer muito tarde da noite. Decidimos tomar um vinho num bar local que também serve comida. Perfeito! Ela diz que como não precisamos assistir a um filme ou voltar a tempo de conseguir uma babá, podemos relaxar e não ter pressa. Então Annabelle vai tomar banho e se arrumar.

Isso parece razoável, então rapidamente nos beijamos e desço para terminar com o que restou da garrafa de vinho da noite anterior e esperar Annabelle. E então reparo que há um filme da Netflix fechado em cima da mesinha. Eu o coloco no DVD, pego outra taça de vinho e começo a assistir. É um daqueles filmes franceses que li no *The New York Times* que é "sensual, provocante e emocionalmente esclarecedor", mas nunca consegui ver nos cinemas porque é muito difícil ver filmes numa noite romântica. Pelas legendas, percebo que se trata de pessoas infelizes, que fumam muitos cigarros, têm casos extraconjugais e falam sem parar. É muito mais devagar e difícil de acompanhar do que pensava, mas é ambientado em Paris, e as atrizes francesas são sempre incrivelmente sensuais. Penso em ficar assistindo até Annabelle ficar pronta para sair. Quando me dou conta, o filme acabou e são 3 horas da manhã. Devo ter adormecido, o que significa que perdi o clássico clímax cinematográfico francês em que o casal se confronta a respeito dos casos extraconjugais, grita, chora e depois faz sexo e fuma cigarros. Vou para o andar de cima e encontro Annabelle dormindo sobre a cama, com a roupa de sair fofa que ela escolheu, segurando a última edição do *New Yorker* no colo, a luz e a TV acesas. Demoro dez minutos para encontrar o controle remoto e desligar a TV. Depois tiro o jornal da mão dela e vou tomar banho. Sim, mais uma noite romântica de sucesso para Annabelle e Jeff.

Ela diz
Sozinhos em casa

É verdade. Mas gostaria de dizer que Jeff e eu temos expectativas diferentes para noites românticas. O que sempre quero fazer numa noite dessas é sair com meu marido na companhia de outras pessoas. Contanto que o assunto não seja religião, ele consegue ser muito engraçado, divertido e fofo. Normalmente, socializar me dá uma descarga de dopamina apaixonada que me faz achar Jeff adorável. Ter outras pessoas conosco num encontro também garante uma pausa em nossas discussões diárias. No entanto, além de resolver todas as coisas que podem dar errado em nossa tentativa de sair de casa, quando amigos de quem gostamos estão disponíveis e conseguimos uma babá, isso é equivalente a ganhar na loteria. É por isso que aquele grupo de sexta-feira à noite que tínhamos quando Ezra era bebê funcionava para mim. Era uma maneira de garantir que conversássemos com outros adultos. Mas todos os casais desse grupo estão agora divorciados e indisponíveis para se juntarem a nós na noite romântica. Agora que estão solteiros, a noite romântica deles inclui outras pessoas solteiras. Então quem restou? Como muitos casais, perdemos contato com muitas pessoas que conhecíamos antes de nos tornar pais.

Aqui está um resumo curto de com quem você pode esperar socializar quando seus filhos forem pequenos e você tiver a sorte de conseguir sair de casa numa noite romântica ou em outra noite qualquer.

Pessoas com quem você vai socializar
Pais cujos filhos têm a mesma idade do seu. Pais cujos filhos têm a mesma idade e sexo do seu filho. Pais cujos filhos têm a mesma idade e sexo do seu filho e ganham mais ou menos tanto dinheiro quanto você. Por mais que seja divertido se reunir com outras pessoas, se não houver paridade, vocês não poderão tirar férias juntos e serão cortados da lista. Pais cujos filhos têm a mesma idade e sexo do seu, ganham mais ou menos tanto dinheiro quanto você e moram perto de sua casa.

Pessoas com quem você não vai socializar
Pessoas solteiras. Principalmente aquelas que não têm filhos. Pessoas solteiras e sem filhos que vivem muito longe de sua casa. Contudo, se você conhecer alguém solteiro que considere seu filho incrível e lindo, que não se desistimule com o fato de ir até sua casa porque você não tem babá, essa pessoa pode ser agradável. Isso aconteceu conosco em diversas ocasiões, e sempre oferecemos um jantar como forma de gratidão.

Pessoas que fazem você quebrar as regras e arrumar tempo para vê-las

Amigos com quem você cresceu. Colegas de trabalho para quem você pode telefonar quando está sem trabalho e precisando de um ombro amigo. Pessoas que telefonam e dizem que vão se divorciar e precisam de seu apoio. Pessoas que foram diagnosticadas com câncer. Parentes que viajaram de avião para ver você. Parentes que viajaram longas distâncias de carro, ônibus ou trem (mas não para ver você) podem ser encaixados em planos preexistentes, "Vamos ver nosso filho interpretar uma árvore na peça de Dia de Ação de Graças da escola, quer vir?" Caso contrário, pode esquecer. (Tenho uma prima que nós dois adoramos, mas ela é solteira e apesar de morar muito perto de nossa casa, não a vemos há três anos.)

Tudo isso para dizer que ajuda gostar da pessoa com quem você está casado, porque, quando você tem filhos, a maioria das noites românticas, caso tenha sorte o suficiente para tê-las, será passada na companhia dela.

Ela diz
Deus da interfé sem fé

De acordo com estudos, crianças criadas em lares não religiosos tendem a procurar organizações religiosas quando ficam mais velhas em maior número do que aquelas educadas em lares onde tiveram alguma exposição à religião. Sem saber como processar essa informação, misturamos escola episcopal, três noites de *Chanuka*, barras de sabonete na forma de um Buda meditando, *South Park* e música gospel. Foi uma confusão.

Jeff insiste que é agnóstico, mas permanece aberto a um Ser Supremo, por mais que seja algo incognoscível e pouco provável. Eu me considero uma ateia humanista secular. Não consigo conceber um Deus que cria uma coisa tão deliciosa, permite que produzamos as ferramentas para colher essa coisa, e depois não quer que desfrutemos de algo tão fundamentalmente maravilhoso quanto molusco. É um desafio à gastronomia e à lógica da evolução. Ainda assim, quando Ezra recentemente me perguntou se tinha problema orar para Deus mesmo sem ter certeza de que Ele existe, agarrei essa oportunidade para instituir a tradição de orações todas as noites, porque é um jeito muito melhor de terminar o dia, em vez de ele brincar com o iPod na cama.

Nossas orações na hora de dormir consistem em uma lista de coisas que agradecemos todas as noites. Às vezes, pela casa dele, pelos amigos e professores preferidos. Outras vezes, pela versão de Jimi Hendrix de *All Along the Watchtower*, pelo NBA '09 Live, do Playstation, e pela proporção entre sua perna e seu tronco.

Às vezes, conversamos no fim do dia sobre fatos que aconteceram no mundo, que acabam sendo incluídos em nossas orações. Durante um mês inteiro, Ezra e eu terminamos nossas preces com "Pelo menos não tive de serrar minha própria perna depois de ser soterrada por escombros, após um terremoto".* A participação de Jeff nesse ritual vem na forma de nos zombar, dizendo que a prece noturna dele é agradecer por não ter de participar de orações à noite. Depois ele faz o urso polar de pelúcia, Bola de Neve, dizer para Ezra: "Agora que você vai dormir, reze para que Deus proteja sua alma; agora cale a boca e durma, vadia!" Bom, talvez a falta de um treinamento religioso formal fará Ezra se revoltar quando for mais velho e se tornar um judeu ortodoxo, um mórmon ou um druida new age que acredita que deuses extraterrestres vão levá-lo para o planeta Ironia Poética, onde os pais deles são reféns.

---

* Gong Tianxiu, de Beichuan, na China, não apenas suturou a própria perna como também bebeu o próprio sangue para se manter hidratada depois que o marido morreu em sua casa que desmoronou durante o terremoto de 2008. Impulsionada pelo sentimento que ela mesma chamou de amor materno, estava determinada a permanecer viva para que o filho não ficasse órfão.

Aqui está uma lista de sabedoria conjugal popular e como escolhemos segui-la:

1. *Sabedoria popular*: dialogue nos tempos difíceis.
Annabelle e Jeff: não. Preferimos gritar.

2. *SP*: aprenda a escutar.
A&J: não de novo. Escutar faz com que percamos tempo para discutir e gritar.

3. *SP*: aprenda a fazer concessões.
A&J: não mais uma vez. Concessões são para bobões. Preferimos jogar a versão conjugal de covarde — o primeiro a desistir de uma discussão a todo o vapor que poderia levar ao divórcio perde.

4. *SP*: perdão é o valor mais importante de uma relação.
A&J: não. Qual é o sentido disso? É muito mais satisfatório se irritar com algo que o parceiro fez de errado. Construir ressentimento é uma atividade que gostamos de fazer juntos.

5. *SP*: nunca faça nada sem você e seu cônjuge estarem de acordo.
A&J: nunca faça nada sem discordar!

6. *SP*: se comprometa com a relação a longo prazo.
A&J: não gostamos da expressão "a longo prazo". Estamos procurando algo entre a eternidade e o começo do próximo ano escolar.

7. *SP*: certifiquem-se de que vocês têm a mesma visão em relação ao futuro.
A&J: futuro = assustador demais. Preferimos ficar com o que sabemos: discutir sobre o passado.

13

O futuro cônjuge em choque

*Aquele que aqui entra deixa para trás toda
a esperança.*

O INFERNO DE DANTE

A expectativa de vida para a maior parte da civilização ocidental aumentou em mais de trinta anos ao longo do último século. As pessoas se casam mais tarde, mas o "até que a morte os separe" ainda parece um longo caminho a ser percorrido. Achamos a frase assustadora. Será que um dia iremos acordar e perceber que não gostamos mais um do outro?

Ela diz

Durante mais de um ano ficou sobre minha mesa uma caixa de presente que continha um pequeno aparelho. Foi somente quando nosso filho perguntou "Mamãe, porque você não usa seu iPod Shuffle?" que descobri o que era aquilo. Meu Shuffle era tão pequeno que pensei ser um controle remoto para o iPod e, por não ter um, eu o abandonara em cima da mesa. O fato de uma criança corrigir seus conhecimentos sobre tecnologia é um dos primeiros sinais de que se está envelhecendo. Isso e o uso da expressão *hoje em dia*.

Com cada dia a nos lembrar de como o tempo passa rápido, decidi que, após treze anos adiando, Jeff e eu deveríamos conversar sobre o rumo de nossa relação. Não existe um livro sobre casamentos ou conselheiro matrimonial que não ressalte a importância de se compartilhar uma visão do futuro. O Marriage Builders, um site popular de conselhos, diz o seguinte: "Você não entraria em um carro sem ter a direção de seu destino, entraria?" Obviamente eles nunca dirigiram até São Francisco comigo. Mas essa é uma de nossas dificuldades. Nós nem sequer dividimos mais um cobertor. Desistimos no quarto ano de casamento. Muita discussão sobre a temperatura. Estou sempre com frio e Jeff, sempre com calor, ou então um de nós comeu um pedaço a mais de queijo e precisa ser colocado num tacho de ferro com tampa.

Quando disse a Jeff que deveríamos chegar a uma confirmação de nosso matrimônio, ele prontamente se recusou, alegando ser um sintoma de minha preocupação neurótica com o futuro. Admito. Mas suponho que não seja só eu e que, principalmente as mulheres, estejam dando início a esse tipo de discussão. Precisamos fazer planos, pois nossa fisiologia determina limites de tempo. Homens também têm um relógio biológico; porém o deles informa que comprar um carro caro é uma ótima forma de gastar muito dinheiro ou que encontros sexuais com prostitutas em motéis baratos ou, ainda, que investidas sexuais em cabines de banheiros podem ser uma excelente maneira de desperdiçar uma carreira na política.*

Ele insinuou que essa discussão era meramente parte de minha obsessão por envelhecimento. Admito. Se o esporte, como Jeff diz, é a linguagem universal dos homens, me arrisco a afirmar que, ao chegar a certa idade, catalogar os efeitos psicológicos e físicos de envelhecer é a cola que une a maior parte das mulheres. Nora Ephron é famosa por odiar seu pescoço, enquanto Chrissie Hynde diz que não se importa em envelhecer, só detesta o que ela julga humilhante: o processo de ficar mais feia. Embora a declaração de Hynde pareça perturbadora, sou a

---

* Inclua aí: fazer sexo com seu cinegrafista ou encontrar sua alma gêmea na América do Sul com o dinheiro de seus eleitores.

primeira a admitir que envelhecer é uma droga. Injetei em meu rosto substâncias que não usaria nem para limpar minha casa.

Para toda a comemoração do Cougar,* não importa o quão inteligente e realizada você seja, você tem de ser organizada e aprimorada para conseguir os mesmos resultados que um homem. Há apenas uma Demi e um Ashton. É um mundo em que os Michael Douglas fazem trocas pelas Catherine Zeta-Jones. Eu agradeceria simplesmente por um aviso prévio, caso Jeff resolvesse quebrar nossa união, pois levaria muito tempo para deixar meu traseiro em forma caso ele voltasse a ficar disponível no mercado.

Quando finalmente consegui que Jeff se sentasse comigo para conversar, ele admitiu nunca ter pensado num futuro tão distante, pois mantinha a impressão de que viveria mais do que eu e arrumaria alguma ninfeta bem jovem e atraente, com quem certamente *não* se casaria. Só isso? Eu estava furiosa. Jeff tivera a audácia de pensar que viveria mais do que eu! *Isso é completamente ridículo!* Quanto a seu plano de seduzir núbeis jovenzinhas, não é que me oponha a uma última maratona sexual, é que fico um pouco em dúvida quanto a sua habilidade de atrair supermodelos sedentas por sexo quando sua concorrência são empresários bilionários como Ronald Pearlman. Tenho certeza de que Ronny tem uma ótima conversa, mas uma de suas qualidades mais atraentes é um gigantesco portfólio, enquanto Jeff não sabe a diferença entre um plano de previdência e uma casquinha de sorvete.

Naturalmente, pensei, com base em *toda e qualquer* estatística existente, que eu viveria mais do que ele. Quando esse momento chegar, com Ezra bem encaminhado no mundo, já terei alguns planos. Minha lista inclui: viajar para a Toscana com minhas amigas que certamente também viverão mais que seus esposos, caminhar pelo leste da Ásia, cavar poços na África e monitorar as eleições na América do Sul e no sul da Flórida — o tipo de coisa pretensiosamente altruísta de que sou entusiasta.

---

* Cougar = mulher na casa dos 40 anos. [*N. do E.*]

Jeff tentou justificar o fato de supor que viveria mais do que eu. Ele citou seu colesterol baixo e o fato de frequentar aulas de spinning duas vezes por semana. Argumentei que não sabia meu nível de colesterol de cor, mas o fato de ter decorado o nível de colesterol não é algo de que ele deveria se gabar em futuros encontros. Nenhuma mulher com menos de 50 anos quer saber se você decorou seu nível de colesterol. Junte a isso o fato de que as aulas de spinning o deixam tão cansado que ele tira uma soneca logo depois, algo que não é nada excitante para alguém acima dos seis anos e que só se interessa por historinhas e pelo leite com biscoitos que as precede.

Cada um de nós foi para o próprio escritório e começou a procurar na internet sites que preveem a data da morte de uma pessoa. Como era de esperar, todos eles favoreceram meus champanhes na Riviera italiana e os bolinhos de arroz da Birmânia em vez das fantasias de meu marido com uma peruazinha alegre. Fui para cama feliz, dormir enrolada em meu edredom quentinho. Era por volta de 1 hora da manhã quando Jeff entrou no quarto às pressas, me acordou de um sono profundo, triunfante, sacudiu uma folha impressa com o resultado do único relógio da morte que previra que ele viveria mais do que eu. Tive de explicar que o resultado era suspeito, pois ele errara ao dar a informação de que tenho uma atitude negativa em relação à minha vida. Não sou negativa em relação à minha vida; sou negativa no que diz respeito à vida em geral. Na verdade, se existe algo de positivo em minha psicologia, é em minha negatividade. Um de meus colunistas favoritos do *New Yorker*, Dr. Atul Gawande, da Escola de Saúde Pública de Harvard, escreveu sobre a importância do pensamento crítico, que, segundo ele, leva à melhoria dos sistemas. "Na administração de uma faculdade, dos negócios, das estratégias de guerra e do cuidado com pessoas doentes ou feridas, o pensamento negativo pode ser exatamente aquilo de que precisamos."
Não é um exagero dizer que essas mesmas habilidades são necessárias

O FUTURO CÔNJUGE EM CHOQUE

para se administrar uma família.* Na realidade, muitas fontes seguras veem uma relação direta entre a confiança no pensamento positivo, que induz as pessoas à complacência otimista e à ousadia, e à falta de visão, abastecendo tudo desde a recessão ao colapso das bolsas de valores até o escândalo de Bernie Madoff. Se algo me levar para o túmulo mais cedo, acho que será o estresse de lidar com a máfia dos planos de saúde, cuja missão principal parece ser: "Unam-se para dificultar ao máximo o acesso aos benefícios médicos por que eles pagam."

À 1h30 da manhã, chegamos mais perto do que nunca de uma confirmação de nosso matrimônio: "Nossa visão compartilhada é realizar nossos sonhos de futuros divergentes."

Às 2 horas da manhã, começou oficialmente a disputa para ver quem viveria mais.

Já no dia seguinte, Jeff era um homem com uma missão. Quando se trata de caçoar de mim, ele é o mais empenhado. Não há um dia, desde que nossa disputa começou, que faltem amoras na geladeira. Claro que algumas vezes ficamos sem ovos, manteiga ou café, mas haja o que houver, sempre temos amoras. Jeff acredita que é nas propriedades antioxidantes delas que ele encontrará o segredo de sua vitória. Passou uma semana sem comer glúten, na seguinte já cortara os carboidratos completamente, mas surgiu uma nova pesquisa afirmando que carboidratos fazem bem à saúde, então ele voltou a se entupir de arroz integral como Joey Chestnut se entope com os cachorros-quentes de Nathan. Depois de saber que uma dieta de poucas calorias retarda o processo de envelhecimento, Jeff passou a comer menos, praticamente sub-existindo com pasta de grão-de-bico, pão sírio e purê de vegetais. O lado

---

* Um dos aspectos mais surpreendentes de nosso casamento é o quanto frequentemente sou solicitada para dar meu "parecer médico". Annabelle, meus linfonodos parecem inchados? Estou com dores na costela, será que é sério? A área de meu rim está fria? "Sim, não, sim", "Sério?", "Digo, não, não, sim!" (se ele pergunta novamente, eu troco a ordem). Nosso filho também solicita conselhos parecidos, mas faço muito mais por ele.

positivo disso? Jeff fazia a maior parte das compras, e eu odeio pasta de grão-de-bico, então perdi mais peso que ele.

Entre junho e agosto de 2008, um cheiro de carpa acompanhava Jeff onde quer que ele fosse. O que aconteceu foi que ele se sentou sem querer em um daqueles óleos de peixe que estão na moda, que ele toma todos os dias. Foi o mesmo que envernizar sua calça jeans favorita com gel de ômega-3, fazendo sua bunda cheirar a salmão velho. Ele tentou lavar as calças para tirar o cheiro, mas só conseguiu espalhar para as outras roupas que eram lavadas junto. O fedor literalmente exalava de seus poros; você conseguia até sentir um cheiro de arenque de vez em quando só de andar pela casa. Ele por fim diminuiu a dosagem e seu guarda-roupa inteiro teve de ser desinfetado.

Seu esforço para se manter saudável e em forma foi ainda mais por água abaixo quando ele começou a tomar Advil, para aliviar a dor após um tratamento de canal. O medicamento, por sua vez, causou uma úlcera estomacal, o que eventualmente o deixou anêmico. Resultado? Jeff se cansava com facilidade e começou a tirar sonecas e tomar Nexium para curar a úlcera. Pobre e *velho* Jeff.

Toda essa disputa está nos enlouquecendo, mas continuaremos com ela, pois estamos determinados a viver mais do que o outro, mesmo que isso nos mate.

Com toda a nossa conversa sobre um futuro distante, o dilema real é o futuro enquanto ainda podemos caminhar. Segundo meu cálculo preferido no Relógio da Morte, Jeff está condenado a morrer, espero que de forma rápida e indolor, no dia 9 de abril de 2036, e eu ficarei por aqui até o dia 16 de janeiro de 2041. Isso nos garante aproximadamente 660.148.106 minutos juntos se continuarmos casados até lá — e, verdade seja dita, a probabilidade está contra nós. Muitas pessoas, incluindo o futurista Alvin Toffler, apontaram o fato de que o casamento, como uma instituição, não faz mais sentido. Em seu inspirador, e ainda assim surpreendentemente relevante livro *O choque do futuro*, escrito em 1978, ele prevê que, no futuro, será mais apropriado termos diversas carreiras e vários casamentos que exprimam todas as transformações pessoais que podemos ter, dada nossa expectativa de vida mais longa.* Eu mesma tive um "primeiro casamento" e, segundo o paradigma de Toffler, em pouco tempo, Jeff e eu devemos estar prontos para trocar um ao outro por novos cônjuges, com os quais daremos novos rumos às nossas vidas. Mas odeio pensar em não estar mais com Jeff — de que outra forma eu poderia dizer que encontrei um novo motivo para ficar brava com ele?

Então bolei um plano para estendermos nosso casamento até que um de nós (infelizmente) vença a disputa. A meu modo de ver, nossa única esperança para termos um futuro é continuar trabalhando na intimidade. Especialistas dizem que o segredo para um casamento duradouro é aumentar o nível de intimidade. Não, obrigada. Que me reste um pouco de mistério. A intimidade é a droga que inicia você na familiaridade — o que, como sabemos, leva ao desprezo.

Aqui vai uma lista de coisas que recomendo para se adquirir intimidade: fazer faxina, compras, dobrar a roupa limpa, fazer um boneco de neve, aulas de dança, taxidermia, passeios em parques de diversão, jardinagem, jogar badminton, estudar a Bíblia, colecionar moedas e montar maquetes.

Aqui aponto uma lista do que não fazemos como um casal: fazer faxina, compras, dobrar a roupa limpa, fazer um boneco de neve, aulas de dança, taxidermia, passeios em parques de diversão, jardinagem, jogar badminton, estudar a Bíblia, colecionar moedas e montar maquetes.

Só o fato de viver com alguém pode criar um excesso de contato e transparência. Os homens preferem agir com base na necessidade de saber. Por exemplo, venho de uma família que praticamente não produz

---

* Toffler e sua mulher, Heidi, podem ter difundido a ideia do casamento em série, mas o casamento deles durou cinquenta anos. "Nós passamos 56 anos discutindo, mas ainda nos amamos. Eu sinto falta dela e ela sente minha falta, e nos amamos como crianças." Diz o Sr. Toffler.

pelos; entretanto, e verdade que alguns vêm aparecendo ultimamente. São como aqueles colonizadores fanáticos da Cisjordânia: eles avistaram um alvo e estão teimosamente tomando conta da parte até então despovoada de meu rosto.

Se o pelo for preto, você pode remover com laser, mas se é branco, você só pode usar certo tipo de laser, se ele tiver determinada espessura. Caso ele se encaixe nesses padrões, você precisa deixá-lo crescer por uns dias e, então, raspá-lo com a lâmina de barbear. É tão complicado e toma tanto tempo que passei a estocar pinças no quarto, no carro, nos bolsos dos casacos e até na carteira. Ter pelos faciais é definitivamente equivalente a cometer suicídio social, e pode até ser considerado uma pequena contravenção em alguns bairros de Los Angeles. Enquanto isso, Jeff me pergunta quinzenalmente, quando me sento em frente ao espelho com a pinça, "Você não tem pelos, tem?", "É claro que não, querido!", eu o tranquilizo. Então fecho a porta com firmeza e volto a procurar.

Aqui estão mais alguns exemplos de como cultivar a individualidade pode produzir um esplendor inesperado:

Costumávamos fazer longas caminhadas juntos, mas após um desses passeios, Jeff ficou convencido de que tinha contraído algum tipo de vírus que come carne, ainda que tenha sido diagnosticado como urticária. Foi o fim das caminhadas para Jeff. A princípio fiquei muito chateada com isso, mas comecei a correr e melhorei a forma física por causa disso.

Jeff tira férias para jogar beisebol com Ezra e com sua esposa nos esportes, o treinador Tom, e com o filho dele, Paris, que futuramente estará no Hall da Fama dos esportes. Acho que não conseguiria aguentar Jeff dirigindo estressado ao longo de todo o percurso até um daqueles campos de treino no Arizona, e eles se divertem muito sem mim. Por outro lado, levei Ezra comigo quando fui fazer um trabalho no Alasca. Fomos até lá de helicóptero, pousamos em uma geleira e aprendemos a pilotar um trenó puxado por cachorros. Com seu medo de voar, Jeff jamais teria nos acompanhado.*

Por causa de nossos horários de trabalho conturbados, dos treinos de beisebol de Ezra e do trânsito de Los Angeles, Jeff e eu raramente jantamos juntos durante a semana. Então, quando finalmente conseguimos nos sentar para uma refeição juntos, temos uma daquelas conversas "Olá, como foi seu dia?", seguida de longos momentos de doloroso silêncio. Sempre precisamos colocar o papo em dia, ficamos muito animados por estarmos nos vendo e não discutimos por pelo menos até a hora da sobremesa.

Nunca amo Jeff tanto quanto quando estamos separados. Sinto tanta falta dele quando viajo que ligo para dizer "Estou com tantas saudades. Você é o amor da minha vida". Ao que Jeff responde, "Quem está falando?" Então, quando volto, somos muito carinhosos e amorosos um com o outro por pelo menos duas ou três horas.

Desejar mais intimidade é muito melhor do que ter intimidade demais. Precisamos ter cuidado para não nos distanciarmos muito e pararmos de desejar um ao outro por completo. Há uma diferença entre distância e distantes. Não fingirei que será fácil. Como todos podem lhe dizer, casamento é um trabalho árduo. Ambos teremos de trabalhar muito duro para ganhar dinheiro o suficiente para compensar a falta de intimidade a que nos acostumamos, mas se continuarmos assim, preservaremos mistérios suficientes para sermos nossos próximos cônjuges.

Droga. Isso significa que não serei capaz de manter firme nossa confirmação de nos conscientizarmos de nossos futuros divergentes. Quem diria! Mais uma das ideias difundidas por especialistas em casamento que não funciona para nós.

---

* Só contei a Jeff sobre a aventura quando voltamos. Na verdade, disse a Jeff que os celulares não funcionavam no barco onde estávamos, só para ter um descanso de tecnologia. Só um ano depois ele ligou para um amigo que, coincidentemente, estava viajando pela mesma linha que usamos e fui desmascarada.

Ele diz

Quando eu tinha 16 anos, o futuro era cantar em minha banda de rock diante de fãs e adoradores no Madison Square Garden. Aos 26, o futuro era protagonizar, escrever e dirigir meus próprios filmes. Aos 46, o futuro é envelhecer, adoecer, envelhecer mais, adoecer seriamente, deteriorar depressa física e mentalmente, envelhecer ainda mais e então morrer. Portanto, quando Annabelle insiste que eu converse com ela sobre o futuro, geralmente digo a ela que tento não pensar sobre isso. Estou bem aqui no presente, obrigado. Essa abordagem, no entanto, não a impede de insistir em me pressionar para fazer planos para nosso futuro financeiro e questionar sobre o que faremos e quem seremos como casal. "Se existe uma certeza é de que a mudança é uma certeza. O mundo que estamos planejando para hoje não existirá dessa mesma forma amanhã." Assim diz Philip Crosby, um homem de quem nunca ouvira falar até começar a procurar boas citações que concordem comigo no que diz respeito ao futuro. O único plano que faço para o futuro é uma lista de supermercado.

Sim, é verdade que eu disse a Annabelle que, depois da morte dela, gostaria de conhecer alguém e ter mais uma aventura com alguma jovem selvagem e libidinosa. Também é verdade que nós dois calculamos nossos respectivos fins nos sites de Relógios da Morte. Embora ela tenha encontrado alguns que resultassem a seu favor, encontrei um que me condenava no dia 13 de junho de 2053, e ela no dia 10 de fevereiro de 2041. Isso foi baseado principalmente na visão pessimista dela *versus* minha visão otimista. Ela nega isso até o fim, alegando que é tão pessimista quanto eu. Posso ser muitas coisas: carrancudo, impaciente, me frustro facilmente, sou cínico e estressado, mas, comparado a Annabelle, sou Deepak Chopra. Tomando Prozac e bebendo martíni. Recebendo uma mensagem de Natalie Portman.

Existem muitos outros fatores a meu favor no que diz respeito a viver mais do que minha mulher. Sejamos sinceros, é uma moda passageira minha dieta de amoras, pasta de grão-de-bico, pão sírio, ômega-3 e vitamina D, trocar a carne vermelha, carne de porco e laticínios por legumes, frutos do mar e grãos? Sou culinariamente esclarecido, ou pragmaticamente saudável, ou apenas brilhantemente dietético! Agora comparem meu regime com o hábito de Annabelle comer sushi de supermercado e entornar cinco cafés com leite por dia, ao mesmo tempo que dirige e digita no blackberry. Acho que você vai concordar que isso favorece mais meu bem-estar futuro. Também frequento aulas de spinning duas vezes por semana, e por mais que tenha implorado a Annabelle para que me acompanhasse, ela sempre se recusa. Acho que ela tem medo de precisar de uma máscara de oxigênio de emergência se tentar e prefere não passar vergonha.

Tudo bem, admito que adquiri úlcera por abusar do Advil graças a uma dor horrível em decorrência do tratamento de canal, mas após fazer pouco de mim por causa de meu dente de velho, a própria Annabelle recentemente precisou fazer tratamento duplo de canal. Atenção, deuses da ironia! Mas, acima de tudo, sou só uma pessoa mais positiva do que ela e isso acontece, provavelmente, porque, ao contrário de Annabelle, não estou tão ansioso em relação ao futuro o tempo todo.

Envelhecer e morrer é uma coisa, mas estar e continuar casado é outra, e Annabelle está certa ao questionar o que acontece com o casamento à medida que ele envelhece. A frase "A sobrevivência do mais forte", comumente atribuída a Darwin e à ciência da evolução, na verdade significa a sobrevivência daquele que melhor consegue se adaptar. "Mais forte" nos faz imaginar que existe por aí uma espécie de sapo puxando ferro e fazendo polichinelos na intenção de sobreviver aos elementos da natureza e aos predadores. Os próprios escritos de Darwin descrevem a evolução como algo benéfico para as espécies que melhor se adaptam ao longo do tempo. Creio que esse paradigma de adaptabilidade também se aplica aos casamentos. Se aprendi alguma coisa depois de 12 anos de casamento é que é melhor eu aprender a me adaptar a quaisquer mudanças que possam ocorrer em nosso ecossistema conjugal. Quando começamos a sair, Annabelle adorava meu jeito bobo: "Oh, Jeff, quem diria que você seria tão esperto e fofo com suas vozes diferentes, personagens e sons." Risada-risada, gargalhada-gargalhada, calças no chão. Um ano depois era assim: "Para de miar pra mim, Jeff. Sou uma pessoa, não um gato! E se você encostar em mim mais uma vez com essa maldita luva em forma de lagosta, nunca mais vou fazer sexo com você." Eu precisaria mudar meu comportamento ao menos um pouco, caso um dia quiséssemos procriar. (Ainda mio bastante, mais do que a maioria dos gatos, mas a luva em forma de lagosta já sumiu faz tempo.) Quando éramos recém-casados, ela ficava preocupada de nos tornarmos um daqueles casais de Hollywood, que só se preocupam com a carreira, com ganhar rios de dinheiro e reformar a cozinha o ano todo. Agora, "Será que não poderíamos reformar nossa cozinha pelo menos uma vez antes de morrermos?" Por causa de sua mudança de visão em relação às finanças, Annabelle precisou se adaptar ao que aconteceu com a trajetória de minha carreira. Quando nos casamos, eu tinha uma renda muito mais segura e fixa, mas, com o passar do tempo, minha carreira se tornou bem mais instável e a renda muito menos fixa. Então existe uma boa probabilidade de que a evolução do foco de Annabelle em nossa situação financeira seja o reflexo da involução de minha renda. E a probabilidade é de que, no futuro, vão acontecer muito mais mudanças, muitas tão imprevisíveis quanto as que ocorrem no presente, que exigirão que nós dois nos adaptemos se quisermos que o casamento sobreviva.

Não existem respostas fáceis para o porquê de alguns casamentos durarem e outros, não. Para Annabelle, evitar a intimidade parece ser a resposta. Isso é típico dela. Negue a si mesmo algo que o mundo inteiro quer, intimidade, para se forçar a almejar isso. Devo admitir, existe alguma lógica estranha nisso. Quando ela está fora trabalhando, Annabelle sempre telefona para dizer o quanto sente falta de estar em casa comigo. Quando está em casa, ela sempre fala "Não dá pra ver que estou trabalhando?" A ausência, no entanto, não faz meu coração ficar mais sensível, só o faz começar a questionar sobre como posso me tornar íntimo de alguém que não está tão ausente. Eu gosto de intimidade. Não me entenda errado. Não me refiro ao tipo de intimidade em que as pessoas estão grudadas uma na outra, terminam as frases uma da outra e andam numa bicicleta dupla no parque, usam roupas combinando, sempre sorriem e acenam para os outros, porque estão tão felizes por estarem casadas. Às vezes, me sinto como se, para que Annabelle realmente sinta minha falta e queira estar comigo, eu devesse morar em outra casa, em outra parte da cidade, em outro espaço de tempo na história. Digamos no centro de Los Angeles, mais ou menos em 1949.

Por outro lado, conhecendo Annabelle, ela pode mudar completamente de ideia no que diz respeito à intimidade, assim como mudou de opinião sobre meu jeito bobo ou de como ela se sentia em relação a ganhar dinheiro e levar uma vida menos boêmia e passar a ter um estilo de vida de classe média. E, se esse dia chegar, é melhor eu estar preparado para me adaptar. Ela pode querer vender nossa casa e sugerir nos mudarmos para um estúdio. Assim economizaríamos e teríamos então uma vida focada na intimidade e em nossa cama.

Para nós dois, a maior charada ainda não tem solução. Por que os casais permanecem juntos até o fim? Será por hábito, medo, ou simplesmente exaustão física e emocional? Penso em meus avós. Vovô Pat no sofá vendo televisão, jantando sozinho, enquanto a vovó Katie limpava a cozinha. Embora ela não pudesse vê-lo na outra sala, gritava para que ele não comesse tão depressa como um glutão, e ele resmungava baixinho entre as garfadas: "Por que você não me deixa em paz, desgraça?" (E eles foram casados por cinquenta anos!) Ou talvez seja um laço realmente profundo que se tornou ainda mais rico e eterno por causa das inúmeras experiências compartilhadas ao longo dos anos, como os laços forjados pelos pinguins imperadores e Gertrude Stein e Alice B.

Toklas. Ou seria simplesmente continuar juntos pelo bem das crianças? Essa tradição conjugal martirizante de fingir para o mundo exterior que está tudo bem e feliz até os filhos se formarem no colégio e irem para a faculdade, e então você solta aquele suspiro aliviado do divórcio. Que direção tomará nosso casamento? Será que temos alguma chance de fazer dar certo até envelhecermos? Por mais que deteste pensar nisso, sinto que essa questão ainda merece uma resposta, por mais especulativa e imprevisível que ela seja.

Em meu escritório, por todos os lados, tenho fotos e desenhos de Annabelle. Algumas delas são de quando ela era pequena. Quando as olho, sinto que, mesmo desde quando ela era criança, eu já a amava. Não de uma maneira nojenta do tipo "me prenda", mas um amor paterno, que tenho pelos filhos de algum amigo próximo. As fotos de Annabelle na adolescência incitam uma resposta afetuosa também, embora eu deva confessar que começo a ficar um tanto excitado. As fotos dela na casa dos 20 anos, nos anos 1980, durante sua fase Madonna/Cindy Lauper/Boy George/Centro de Nova York, me fazem gargalhar alto, mas ainda assim acho que, se a conhecesse nessa época, eu a amaria, não importa o quão ridícula ela parecesse. E quanto a Annabelle no final da casa dos 20 anos e início dos 30, nós já havíamos nos conhecido e eu já estava apaixonado. Costumo dizer que amo todas as idades de Annabelle e, pensando nisso, só posso esperar que aos 60, 70 ou 80 anos, quando estiver grisalho até o último fio de cabelo e as pelancas de meu pescoço balançarem com a mais leve das brisas, eu ainda ame todas as idades de Annabelle, mesmo aos seus 60, 70 ou 80 anos. Sempre afirmei que me casei com Annabelle porque estava apaixonado por ela. E embora esse amor tivesse um foco vaginal, não era somente baseado nessa questão. Se realmente quiser experimentar tudo relacionado a Annabelle, então devo aceitá-la e amá-la quando ela estiver grisalha e enrugada. Se eu a deixar ou ela me fizer isso, então terei perdido a chance de realmente amá-la em todas as idades e, pior ainda, provavelmente terei perdido o que poderia vir a ser a melhor parte de nosso casamento. Talvez, à medida que envelhecemos juntos, nossa paixão, agitação, frustração e até mesmo nossos instintos competitivos em relação ao outro sejam canalizados na direção de algo mais compassivo e sábio. E se continuarmos casados, existe ainda a pequena chance de eu poder alcançar meu ideal de vida, que é realizar algo bom. Sim, tenho outros ideais de vida muito mais pervertidos, alguns envolvendo a Kate Moss de collant, Anne Hathaway em um submarino com muito oxigênio e Charlotte Gainsbourg em um apartamento parisiense com uma bela garrafa de Burgundy. Mas também imagino como seria ser uma pessoa genuinamente boa — evoluir de um egoísta narcisista e convencido para um homem —, não importa o quão velho e decrépito, que seja capaz de amar alguém sem importar o físico, o status social ou o sex appeal. Não quero criar um momento Hallmark, mas talvez esse seja o propósito do casamento; é um teste para ver se você é capaz de não sucumbir a seus piores defeitos para que, ao longo do tempo, se torne a melhor versão possível de você mesmo. Ou talvez as pessoas só fiquem juntas por medo de envelhecerem sozinhas e acabam esganando umas as outras — temendo cada segundo da companhia umas das outras e esperando pelo fim umas das outras, o que colocaria um ponto final em um relacionamento torturante. O que será de Annabelle e de mim? Somente o tempo dirá, mas, como falei, sou otimista.

Em um mundo cada dia mais descartável onde estamos constantemente trocando de celulares, computadores, televisores e carros, o casamento é cada vez mais uma advertência de que não devemos descartar as pessoas que amamos. Annabelle e eu moramos em Los Angeles e, em Hollywood, quando uma pessoa se torna bem-sucedida, ela geralmente compra um carro melhor, uma casa melhor, amigos melhores e, às vezes, até uma companhia melhor. Esse "sucesso" deixa para trás muitos velhos amigos, casas, carros e até parceiros/parceiras. Existe uma razão porque celebridades só se relacionam, namoram ou se casam com outras celebridades — porque eles podem. Mas, para mim e Annabelle, e para a maior parte dos casais não famosos menos festejados do mundo, podemos viver por meio de uma crença menos restrita, que é amar alguém por opção, sem condições. De todas as pessoas que conheci e poderia ter escolhido para me casar, eu quis Annabelle. Eu quis ser o marido dela desde o primeiro segundo em que a vi. A medida que envelhecemos, considerando todas as incertezas e instabilidades da vida, ela não merece ter a certeza de que estarei ao lado dela? Isso me parece a única coisa concreta que posso prometer a ela para o futuro: continuar sendo seu marido amoroso, "para amar e respeitar... na alegria e na tristeza, na riqueza ou na pobreza, na saúde ou na doença, até que a morte nos separe", ou até que chegue o mais trágico dos dias e Annabelle infelizmente, mas em paz, faleça e, depois de ficar de luto por ela da maneira mais sincera e convincente, eu conheça e conquiste uma modelo ucraniana de 22 anos que, por alguma razão, me escolha para realizar suas mais selvagens e pervertidas fantasias com velhos judeus.

felizes para sempre?

Tomografias cerebrais de um estudo realizado pela Universidade de Stony Brook, em 2008, sugerem que, embora para a maioria das pessoas os sentimentos de paixão diminuam depois de 15 meses de casamento e desapareçam por completo depois de dez anos, 10% dos casais ainda revelam as mesmas reações químicas cerebrais que apresentavam no começo do relacionamento ao verem fotos de seus respectivos companheiros.

Cerca de 65% dos adultos dizem não poder viver sem acesso à internet. Quando foi pedido que enumerassem outras coisas sem as quais não poderiam viver, a segunda resposta mais usada foi assinatura de TV a cabo (39%), jantar fora (20%), comprar roupas (18%) e frequentar uma academia (10%). Somado a isso, 46% das mulheres e 30% dos homens alegam preferir abrir mão do sexo do que do acesso à internet, 50% dos homens europeus preferem assistir a uma partida importante de futebol a fazer sexo, e incríveis 72% dos homens espanhóis preferem ver TV a fazer sexo.

você pode se divorciar, mas não pode se casar?

Trenton, Nova Jersey, 6 de fevereiro de 2009: a juíza do Supremo Tribunal do Estado, Mary Jacobson, que não permite a união entre casais gays, realiza divórcios entre casais gays. A decisão, a primeira de que se tem notícia, abre caminho para La Kia e Kinyati Hammond se divorciarem após uma audiência em 2 de março, e para La Kia Hammond voltar ao Canadá e se casar com outra mulher. A Holanda foi o primeiro país a reconhecer legalmente a união entre pessoas do mesmo sexo, em 2001. A partir daí, África do Sul, Suécia, Bélgica, Noruega, Espanha, Israel e França, bem como o estado de Nova York, passaram a reconhecer a união homossexual realizada em outras jurisdições, embora não a realizem.

"*As bases de* nossa sociedade estão correndo risco de serem queimadas; as chamas do hedonismo estão lambendo a própria base da sociedade."

Bob Barr, autor do Ato de defesa do casamento.
(Em 1992, ainda casado com a terceira esposa, ele foi fotografado lambendo chantili dos decotes de duas mulheres durante um evento para a caridade.)

14
• • • •
O estado de nossa união

Nossa nação está em guerra; nossa economia está em recessão; e o mundo civilizado encara perigos sem precedentes. Ainda assim, a União do estado nunca esteve tão forte.

GEORGE W. BUSH
(DISCURSO SOBRE O ESTADO DA UNIÃO, 2002)

O Estado da União é, claro, o relatório de progresso apresentado anualmente por nossos presidentes ao Congresso. É também um filme de Frank Capra, de 1948, sobre política, em que Katharine Hepburn finge ser esposa de Spencer Tracy para ajudá-lo a ser eleito. Na vida real, Hepburn e Tracy tiveram um relacionamento amoroso durante 27 anos, um casal que muitos ainda consideram que viveu um dos maiores romances da contemporaneidade, embora ele fosse casado com outra pessoa, estivesse bêbado durante a maior parte do tempo e jamais reconhecesse o romance em público. Se eles estivessem vivos hoje, seu status no Facebook seria "É complicado".

Ela diz
Eu amo meu marido. Só não quero ser "amiga" dele. Eu estava do outro lado do continente onde minha família ficara, no apartamento de

minha amiga Neena, quando descobri que Jeff acabara de adicioná-la à sua lista de amigos no Facebook. "É mesmo Jeff?" eu disse, "Eu nem sabia que ele tinha um perfil no Facebook". Eu nunca havia acessado o site, então Neena entrou na página dela e me mostrou a foto do perfil de meu marido. Era uma foto dele e de Ezra andando juntos pela rua. Uma graça, pensei... Meus dois meninos. Então clicamos no álbum para ver as outras. Lá estavam Jeff e Ezra no Yankee Stadium. E, espere. Mais uma foto deles, e embora seja difícil dizer exatamente onde estavam, é certamente uma cena de alegria doméstica. Então li as informações pessoais de Jeff e vi que meu marido se negou a divulgar seu estado civil. Foi então que pensei: onde eu estou? Jeff se divorciou? Talvez. Onde está a mãe dessa criança? Quem sabe? Essa mulher abandonou a família? Provavelmente. Será que ela morreu, mas não tragicamente o suficiente para impedi-los de ir ao Yankee Stadium? É bem possível. Era só um pai e seu filho com rosto redondamente adorável e sem mãe flutuando abandonado pelo ciberespaço. Peguei o telefone e liguei para ele dizendo que o amo e sinto saudades (afinal de contas, estava fora da cidade), e delicadamente dei a entender que se ele não colocasse uma foto minha em seu perfil, eu pediria o divórcio. Então ele respondeu, "Vai ser fácil assim?" Nossos e-mails começaram a adotar um tom nervoso nos dois dias seguintes. Ele deu a desculpa esfarrapada de que se esqueceu de colocar fotos novas desde que criou o perfil e que, se mudasse o status do relacionamento agora para "casado", seria bombardeado por mensagens de felicitações, e que algumas pessoas pensariam até que ele se divorciou e casou-se novamente. Tínhamos um impasse, mas depois que meu avião pousou em Los Angeles, Neena me mandou um e-mail com novidades: Jeff tinha adicionado uma foto minha no perfil dele. Eu tinha de ver com meus próprios olhos, o que significa que me inscrevi no site. Imediatamente adicionei meu marido como amigo, mas ele não me aceitou. Após muita bajulação, Jeff concordou em me aceitar como amiga, e eu pude ver a foto. Era de nós três. Viva! Venci!

Eu estava tão animada com minha vitória que desejei saber mais sobre meu novo amigo, então olhei a lista de amigos dele. Ele tem muitas amigas: Caryn, Kimm, Jennifer, Holly, Leslie, Erin, Stacey, Stacie com "ie", Maddie, Madeline, Michelle, Marianne — 80% dos amigos de Jeff eram, no fim das contas, mulheres. Quem são todas elas? Alguns nomes reconheci como ex-namoradas e conhecidas,* mas outras eram um mistério total para mim. Então, olhei casualmente as atualizações de status. Algumas das melhores:

12/3 Jeff está beijando o futuro.
12/10 Jeff está pensando em vaginas (no plural????).
12/18 Jeff é um filme pornô ambulante.
12/28 Jeff está excitado para o Ano-Novo.

Alguns dias ele atualiza o status mais do que fala comigo. Não posso deixar de reparar que há comentários de suas "amigas". Holly exclama: "Oh, Jeff, você está sempre excitado!" Kimm concorda com ela e diz: "Amo você, bobão!" Espere aí, só EU posso chamar Jeff de bobão. Nadine escreve: "Obrigada pelo cartão pervertido!" Ahn? O que está acontecendo? Sei que Holly é uma ex-namorada que hoje é casada; Kimm me parece familiar; mas quem diabos é Nadine? Nadine é maravilhosa. Isso é Facebook ou um site de relacionamentos judeu? Então estou em meu escritório, que fica exatamente em cima do escritório de Jeff, e embora estejamos a menos de cem metros um do outro, não estamos nos falando, e sim brigando pela internet. Escrevo para ele com raiva: "Quem diabos é Nadine, e que tipo de cartão você mandou pra ela?" Ele responde com uma mensagem dizendo que Nadine é uma velha amiga dos tempos de MTV e, enquanto estou digitando "Escuta aqui, senhor, não sei o que você anda fazendo, mas não gostei nada

---

* Veja "A história de um Saab", no Capítulo 2. Todas as mulheres sobre as quais ele escreve foram adicionadas.

disso", várias mensagens começam a aparecer na página inicial de Jeff, a primeira delas de Nadine. Ela diz "Desculpe, deixei sua esposa brava?", e uma mensagem em minha página "Ah, isso é divertido — parece que estamos todos fazendo terapia em grupo", e mais uma, "Agora se beijem e façam as pazes", e então meu telefone toca. É Spencer, um amigo com quem não falava havia muito tempo. "O que está acontecendo? Vocês dois estão bem?", ele pergunta com certa urgência na voz. Foi então que percebi que estava escrevendo na página de recados de Jeff, que pode ser lida não só por todos os amigos dele, mas também por trezentos e tantos amigos meus. Quando alguém se vê obrigado a derrubar o muro do ciberespaço e lhe procurar no mundo real, você sabe que a coisa é séria. E é também humilhante. Foi como se eu tivesse lido o diário de Jeff, escaneado seus e-mails, escutados suas mensagens de voz no celular — todas aquelas coisas que jurei que nunca faria. É o equivalente moderno de procurar recibos nos bolsos do companheiro. Em público.

Não era isso que eu defendia? Um dar espaço ao outro e, vamos ser sinceros, oportunidades de flertar? O flerte pode até ter seus benefícios indiretos. Uma pesquisa conduzida na Universidade do Sul do Alabama, em 2003, mostra que aquelas que não flertam muito têm um nível de energia menor e se consideram menos atraentes do que aquelas que flertam regularmente. Além do mais, o "cônjuge profissional" é agora um fenômeno comumente aceito, e Jeff trabalha no computador dele. Portanto, como o computador fica no escritório dele, o Facebook é a "esposa profissional" dele. Quero que Jeff se sinta atraente e tenha energia, então se ele quiser flertar no Facebook, tudo bem. Eu só não gostaria de saber a respeito. No dia 30 de janeiro de 2009, excluí meu marido de minha lista de amigos.

O episódio todo foi bem inofensivo, sem contar que sou eu quem não consegue prestar atenção e tem a ficha suja no que diz respeito à fidelidade, uma das razões pelas quais estamos juntos, e não é como se eu também não tivesse meus próprios cônjuges profissionais.

Recentemente, fui almoçar com um colega com quem tinha uma leve fantasia sobre como seria trocar meu homem por outro. Vamos chamá-lo de Outro Homem. O Outro Homem parecia me achar tão cativante e complicada... "Complicada", nesse caso, no bom sentido, que significa intrigante e espirituosa, e não tem a ver com minha habilidade de espirrar/arrotar/soltar gazes ao mesmo tempo e reclamar de pessoas que espirram/arrotam/soltam gazes ao mesmo tempo. O Outro Homem acha que estou envelhecendo tão bem — ele não sabe que estou usando cinta e que meu traseiro é muito maior fora dela. Quando atendo seus telefonemas, sou sempre simpática e receptiva. Ele recebe a Telefonabelle, e não a concisão a que Jeff está sujeito. O Outro Homem acha que sou uma pessoa bastante realizada, mas ao contrário de Jeff, ele não tinha lugar na primeira fila para testemunhar as oportunidades realmente grandes que deixei passar. Ele não viu quando removi as bolsas sob os meus olhos e fui transformada temporariamente em um personagem de um romance de Jacqueline Susann. Ele não me viu passar vergonha em "Hollywood Squares" nem ficou nos bastidores do programa sussurrando "eu amo você" à medida que os participantes desistiam das disputas para evitar escolher meu quadrado. Ele nunca viu meus guarda-roupas e minhas contas bancárias, nem ficou a meu lado quando comecei a tomar inibidores seletivos da recaptação da serotonina, minha performance individual de *O exorcista*, partes I, II e a introdução, tudo ao mesmo tempo. O Outro Homem mora na outra costa e não faz a menor ideia de quem eu seja, o que é ótimo!

O Outro Homem aparece para almoçar vestindo jeans desbotado. Jeans desbotado? Ele nem teve acesso ao que fica dentro de minhas calças e já está usando as calças erradas. Reparo e vejo que ele tem longos cabelos negros surpreendentemente grossos brotando de uma pinta no braço esquerdo. Nesse instante, me dou conta de que o Outro Homem com certeza deve ter uma enorme quantidade de hábitos estranhos e caprichos domésticos que começariam a se manifestar imediatamente, caso ele viesse a se tornar meu homem. Sei que encontraria nele muitas coisas que me irritariam, como encontrei em Jeff. Foi também nesse momento que percebi que só sou capaz de manter o nível de julgamento que tanto aprecio porque tenho em minha vida uma pessoa que sabe de todas as coisas sobre mim mencionadas acima e, ainda assim, consegue me amar por dois terços de cada período de 24 horas, mesmo que parte disso se deva ao fato de que durmo durante boa parte do tempo em que ele mais me ama.

Imediatamente volto à realidade, me concentro no cardápio e faço uma oração secular agradecendo por, de alguma forma, ter tido a sensatez de me casar com Jeff.

É definitivamente complicado. E, por complicado, quero dizer real. Não a sensação que se tem quando você acaba de se apaixonar ou até mesmo aquela dor de fim de namoro, que, embora dolorosa, funciona como uma descarga elétrica, um sinal de que se está viva. Este casamento me proporciona a chance de experimentar muitos "intermediários": frustração, comprometimento e crescimento pessoal. As experiências por que passamos constituíram nossa história, a história de nós dois, que é a base mais sólida que já tive em toda minha vida.*

Isso significa que continuaremos casados para sempre? Quando perguntaram a Margaret Mead por que seus casamentos fracassaram, ela deu sua famosa resposta: "Eu me casei três vezes e nenhum dos casamentos foi um fracasso." Por mais que eu goste de caçoar de Jeff, estar casada com ele faz de mim uma pessoa melhor. O que nasceu quando fomos morar juntos continuou. Incorporei muitas das qualidades contagiantes de Jeff. Adoro receber visitas em casa, pois todos são bem-vindos no Chez Us. Ele até me fez começar a colocar apeli-

---

* A antropóloga e bióloga Helen Fischer nos diz que a expectativa de vida do amor humano se desenrola ao longo de cada quatro anos, tempo suficiente para se desprender de um filho. Isso poderia ter sido verdade nos tempos das cavernas, mas nos dias de hoje levamos mais ou menos 18 anos para criar um filho, se tivermos sorte. Talvez estejamos lutando contra nossa biologia, mas quatro anos não me parecem tempo suficiente para construir uma história valiosa juntos.

dos nas pessoas. Em algum ponto do caminho, as palavras "Sargento Gurwitch" passaram a ser acompanhadas por "Sim, Senhor", e então me transformei no "Senhor". Então, por ter tão pouca imaginação no que diz respeito a tais coisas, passei a chamar Jeff de "Senhor" também.*

Stinky está com 17 anos agora; Jeff diz que ela vai se aposentar na Flórida, pois passa a maior parte do tempo dormindo no cantinho mais quente da casa, uma nesga de sol na mesa de meu escritório, no andar de cima. Jeff e eu paramos o que estamos fazendo, mesmo que seja uma discussão, para observar e escutá-la mastigar seus pedacinhos de ração quando ela desce para comer durante o dia. E ainda me emociona pensar que Jeff tentou salvar a vida de Esme/Gata Medrosa/Bizarra, ainda que ele a detestasse de um modo positivo.

Quando Ezra estava para chegar, Jeff acreditava que ele seria um "Senhor", então, cá estamos, os Três Senhores. Ezra está prosperando de todas as maneiras possíveis. Esse foi mais um dos prazeres inesperados de nossa união. Nos reunimos novamente com algumas das primeiras famílias do grupo "Mamãe e Eu". As mães não conseguiram se conter ao ver como Ezra está indo bem — uma delas chorou ao vê-lo. Por ser muito pequeno na época, Ezra não se lembra de nenhuma delas, então apenas dá de ombros.

Espantosamente, mais um assombroso diagnóstico para o problema no rim de Ezra nos foi dado. Ao longo das não férias de US$22 mil, Ezra fez uma daquelas novas ressonâncias magnéticas de alta resolução. Por pura sorte, conseguiram ter um vislumbre do rim dele. A nefrologista disse que conseguiu ver o rim melhor e que, no fim das contas, talvez ele não seja displástico. Interrompemos a medicação diária e, até agora, o rim parece estar funcionando como deveria. Jeff jura que esse

---

* Ouvi dizer que isso não é tão incomum; temos amigos que se chamam de Lou. Nenhum dos nomes, Peter e Yvonne, derivam de Lou, Louis, Louise ou Luanne, pelo menos não que eu saiba.

resultado se deve ao pensamento positivo. Tudo bem. Só vou continuar garantindo que nosso filho seja monitorado com frequência.

Somos uma equipe. A Equipe Gurkahn. Não é um nome horrível? Quase tão ruim quanto Gurwitch, mas Jeff se casou comigo mesmo assim. Somos como uma versão judia de Kobe e Shaq quando venceram o campeonato juntos antes que seus egos arruinassem a dinastia dos Lakers. Somos como o casal Brangelina (Brad Pitt e Angelina Jolie), mas sem a penca de filhos, dinheiro, fama e filantropia de alto escalão. Somos Lewis e Clark dos tempos modernos, e nossa Trilha de Oregon é nosso casamento.

Tudo bem, vou ser sincera; Jeff escreveu esse parágrafo comigo. Realmente não sei muito sobre Lewis e Clark, exceto que um deles era muito deprimido, o outro tinha um cachorro e que os dois foram guiados pela fabulosa, resistente e engenhosa índia Sacagewea, que carregou um bebê (que, provavelmente, tinha um ânus) por todo o caminho. Espero que eles tenham chegado a Oregon, embora não esteja completamente convencida de que tenham conseguido. Tive a ideia de falar sobre equipes famosas, e Jeff se encarregou dos detalhes. Temi que as pessoas fossem pensar que estivéssemos nos dando muita importância, mas Jeff argumentou que os leitores entenderiam que falamos metaforicamente. Discutimos também sobre quais nomes citar, mas esse é o tipo de casamento que nós temos, embora tenha certeza de que Jeff discordará.

Ele diz

No colégio, não fui eleito o palhaço da turma pela minha turma de formandos ou como o que tinha a maior probabilidade de acabar em uma clínica de reabilitação; não, eu era o galanteador do grupo. Vinte e nove anos depois, dos quais estou a quase 13 casado (sendo 13 anos meu maior recorde de monogamia), ainda sou o galanteador da turma. Só que, agora, minha sala de aula é o Facebook, e meus colegas de classe são os velhos amigos, romances antigos, as amizades coloridas e namoradas. Aqui vai um exemplo de minha interação com alguma antiga namorada/caso/amizade colorida no Facebook: "Ei, que bom ter notícias suas. Você está produzindo joias agora? Nossa, nunca pensei que fosse possível fazer um colar com ossos de rato. Isso é muito legal. Estou morando em Los Angeles com minha esposa, Annabelle, e nosso filho, Ezra. Ele vai fazer 11 anos! Minha esposa e eu estamos escrevendo um livro sobre nosso casamento. É tão louco. Nossa, o tempo voa, não? Não tenho notícias suas desde o verão de 1987, em Chicago. Bons tempos: tomando cerveja, jogando sinuca, fumando cigarros às margens do Lago Michigan e vendo o sol nascer... Então, o que você tem feito? Você ainda gosta de fazer 69 o tempo inteiro?"

Mas como essas conversas de Facebook afetam o estado de nossa união? Acredito que afetam de maneira boa. Aqui vai o motivo: quando Annabelle começou a me mandar e-mails ameaçadores, dizendo que se não colocasse uma foto dela, pediria o divórcio, perguntei a ela: "Vai ser fácil assim?" Então falei severamente, "É o Facebook. É minha cara e meu perfil. Se você quer me dizer o que fazer com minha cara e meu perfil, se cadastre no site e tente me adicionar como amigo". Após nossa briga ter sido explanada em minha página de recados, e Annabelle desistir de sua avaliação desaprovadora inicial, comecei a pensar que essa foi a primeira vez, desde que consigo me lembrar, que Annabelle realmente sentiu ciúmes. De fato, ela nunca foi uma pessoa ciumenta e nunca pareceu ligar para o fato de eu ser galanteador com suas amigas atraentes, inúmeras garçonetes dos restaurantes da vizinhança, as gatas perfeitamente em forma de minhas aulas de spinning, incluindo a professora e todas as lindíssimas mães da escola e do time de beisebol de Ezra. Eu realmente imaginava que poderia estar sentado no sofá, agarrando uma mulher, e Annabelle entraria em casa, olharia para nós e suspiraria desanimadamente, "Eu acabei de fazer o pior dos testes", e subiria para o quarto sem sequer piscar. E lá estava ela, fora de si, com ciúmes de minhas amigas do Facebook. Isso me fez sentir muito, muito... bem. Após todos esses anos, ela realmente se importa.

Isso me leva a perguntar quem diabos é esse cara do jeans desbotado a quem Annabelle se refere como o Outro Homem? Devo me preocupar com ele e com sua pinta cabeluda? Pessoalmente, eu poderia ter vivido feliz sem saber da existência desse cara de jeans desbotado. Preferia que, se chegasse a esse ponto, o que acontecesse em outra cidade permanecesse em outra cidade. Por outro lado, acho bom que outros homens ainda achem Annabelle sexy e desejável. É bom para o ego dela e para o meu também, pois homens dando em cima de sua mulher significa que você tem sorte por ter uma esposa tão gostosa. E, além do mais, para ser sincero, eu já tive um caso. Aconteceu após Annabelle ter sido demitida por Woody Allen. Ela estava em Nova York trabalhando em uma peça escrita e dirigida por ele. Trabalhar com Allen era a realização de um sonho, então, compreensivelmente, ela ficou completamente arrasada. No entanto, isso não a impediu de transformar os limões em limonada recolhendo histórias de centenas de pessoas que foram demitidas e transformá-las em um livro, filme e peça de teatro, até mesmo em um programa de rádio que foi produzido em Los Angeles por Susan Raab Simonson, esposa de um de meus amigos mais próximos, Eric Simonson. Contudo, Woody Allen foi banido completamente de nossa casa — e não tenho intenção de ser didático ou jocoso de forma alguma —, mas cada livro, filme e artigo de revista. Eu não podia sequer contar uma piada imitando sua voz, algo que faço muito bem e gosto de fazer quando estou bêbado o suficiente em festas. A proibição absoluta de Woody não foi tão terrível, pois foi na época em que todos os filmes do Woody Allen eram uma droga. Ainda assim, quando lançaram *Ponto final — Match Point* e todos voltaram a falar bem de Woody, cautelosamente perguntei a Annabelle se ela gostaria de ver o filme e ela me chutou. Cerca de um mês depois, quando ela estava fora da cidade trabalhando, fugi para assisti-lo. Por sorte, era no meio da tarde, e como o filme estava em cartaz havia muito tempo, não tinha ninguém no cinema. Minutos antes de as luzes se apagarem, me virei para ver o pequeno grupo de pessoas que entrava na sala. Meus olhos pararam em Susan Raab Simonson. Como é amiga de Annabelle e produtora do programa de rádio dela, Susie sabia muito bem como Annabelle se sentia em relação ao sr. Allen e que tudo relacionado a Woody estava proibido em nossas vidas. Ela rapidamente me reconheceu e abriu um sorriso de orelha a orelha, imediatamente percebendo o que eu fazia ali: "Annabelle não sabe, sabe?", ela brincou. Fui pego. Abaixei minha cabeça com vergonha e implorei: "Susie, se Annabelle perguntar onde eu estava hoje, por favor, diga a ela que eu estava com outra mulher. Talvez por isso ela me perdoe, mas não pelo que estou fazendo." Ela morreu de rir, mas me aproximei dela e disse: "É sério! Não conte para ela." E eu realmente estava falando sério. Uma nota de rodapé tremendamente triste e trágica para essa história: Susan morreu de câncer de mama. E que Deus a abençoe, nossa querida Susie jamais disse à Annabelle que me flagrou traindo-a com Woody Allen.

Annabelle também me proporcionou algo tão maravilhoso, impressionante, tão incrível; algo que ninguém mais consegue: ela me dá histórias. Como escritor, as histórias não têm preço, mas também como ser humano, preciso de histórias. Quem somos sem histórias? O que quero dizer é que, sem histórias, viveríamos em momentos fragmentados, tentando equilibrar todas as nossas diversas obrigações e responsabilidades que são nossos trabalhos, escolas e relacionamentos com as necessidades diárias de comer, defecar e dirigir. (Em Los Angeles, especialmente dirigir.) Nossas histórias são o que nos mantêm sãos e humanos em um mundo que, constantemente, não é muito são nem humano. Nossas histórias são o que nos conecta. São elas que nos unem como marido e mulher, pais de nosso filho, amigos de amigos, e todas essas pessoas com quem você dormia antes de se casar. Não é esse o sentido do Facebook? São as milhões de pessoas ao redor do mundo tecendo os fios de suas velhas histórias. De qualquer forma, ninguém jamais me deu histórias como minha Annabelle e nossa encantada, incômoda e desnorteada relação, nem mesmo meus dias desgovernados na escola militar. Ela tem sido minha musa mesmo antes de nos casarmos, e até este momento ela continua sendo. Ela me inspira, me intriga, e está sempre me dando histórias como a que vou contar:

Finalmente conseguimos passar nossa lua de mel vencida em Napa Valley, um ano após nosso casamento. Passamos o dia inteiro jogando tênis e andando de bicicleta para podermos passar a noite inteira comendo nos maravilhosos restaurantes do Napa. Gostei de conhecer todas as vinícolas, e certa tarde, quando estávamos passando pela propriedade da vinícola Niebaum-Coppola em nossas bicicletas, indaguei alto a razão por que Francis Ford colocou o nome de Niebaum na frente do seu. Annabelle descobriu a resposta imediatamente. E eu não tinha motivo algum para questionar a autenticidade da informação, pois ela sabe de coisas assim. Annabelle é uma genuína generalista, ou o que denominei "macroista". Enquanto um especialista tem vasto conhecimento sobre um assunto específico — um podólogo sabe sobre pés; um sommelier conhece vinhos (e eu sei de todos os melhores sites pornô gratuitos) —, um "macroista" sabe bastante sobre diversas áreas de interesse. Annabelle não é uma especialista qualificada em um campo específico, mas tem diversas informações pertinentes para transmitir em diversas áreas. Ela pode não ser uma chef, mas sabe muito sobre o preparo de alimentos, pois estrelou em um programa de culinária por quase sete anos e trabalhou bem de perto com o chef do programa. Ela não tem um diploma em Psicologia, mas sabe bastante sobre análise jungiana da interpretação de sonhos. Após ser demitida do supracitado papel de prestígio, Annabelle estudou sobre as políticas de emprego e econômicas e, ao final dessa jornada, ela estava colaborando com os senadores dos Estados Unidos, um antigo ministro do Trabalho e membros do UAW por todo o país. Então me pareceu completamente plausível quando ela me disse que Francis Copolla era famoso por ser um péssimo empreendedor e que Niebaum, seu advogado, teve de ajudá-lo a manter sua vinícola financeiramente viável após um começo conturbado. Como recompensa, Copolla colocou o nome de Niebaum na vinícola.

Mais tarde, quando fui visitar a vinícola, vi que, além da adega e da loja de suvenires, havia um museu. Dentro do Museu Centenário estava a história de Gustave Niebaum, um imigrante finlandês que fez sua fortuna comercializando peles no Alasca e então, em 1879, foi atrás do sonho de estabelecer uma grande propriedade vinícola para competir com rivais franceses em Napa Valley. Em fevereiro de 1995, Coppola comprou o imponente castelo de pedra Inglenook e suas vinícolas adjacentes que reuniam a propriedade original de Napa Valley fundada por Gustave Niebaum, preservando seu legado para as futuras gerações. A história perfeitamente plausível de Annabelle sobre Niebaum-Copolla se revelou, no fim das contas, 100% falsa. Envergonhada de sua história completamente mentirosa, ela se defendeu alegando que tinha confundido os fatos sobre os problemas financeiros do estúdio Zoetrope de Coppola com a vinícola. O caso do estúdio é em parte verdade... Minha musa macroísta ataca novamente. E nasceu assim mais uma história!

Para mim, Annabelle é uma autêntica jukebox das melhores histórias. Aperte VSF-99 e você ouvirá "A moça do vá se foder de 1999". Quando Ezra era bebê, Annabelle se proclamou a defensora dos bons modos e costumes, e me proibiu de falar palavrões. Ela não queria que Ezra aprendesse a falar me ouvindo xingar a "merda do computador!" e "essa bosta de torradeira!" Uma noite, após Ezra parar de chorar de cólica por volta das 21 horas, começamos a ouvir um barulho de festa vindo da casa vizinha. Sabíamos que os pais estavam viajando de férias e haviam deixado a filha de 16 anos e meio sozinha. Obviamente, ela estava dando uma daquelas festas de adolescente de 16 anos e meio sozinha em casa. Dei festas assim quando estava na adolescência e, por mim, estava tudo bem — até por volta de 1 hora da manhã. A festa além de continuar, estava ficando mais barulhenta.

Por volta das 2 horas da manhã, não aguentávamos mais, Ezra acordaria em algumas horas e, sem dormir, teríamos de começar mais um dia de trabalho exaustos, irritados e completamente inoperantes. A farra era exatamente sob nosso quarto, e Annabelle queria ir até a varanda e gritar com os adolescentes para acabarem com aquela festa imediatamente. Nunca quis ser um daqueles velhos chatos que gritam para os jovens do outro lado da rua pararem de se divertir por ser tarde e estarmos tão velhos que precisamos dormir. Então disse a Annabelle que iria até lá e diria aos meninos de maneira razoável e tranquila para eles diminuírem a bagunça.

Eu estava a caminho quando ouvi um berro vindo de nossa varanda: "Calem a porra da boca, seus filhos da puta!" Adivinhem quem estava xingando como Tony Soprano? Ela não poderia ter esperado um minuto até eu chegar lá? E como em um filme adolescente clichê, algum pirralho metido a macho gritou para ela cuidar da vida dela, e ela perdeu completamente o juízo. "Estou cuidando da porra de minha vida e se vocês não sumirem daqui, vou chamar a porra da polícia, cara de cu!" A garotada viu que ela estava com o telefone na mão, ligando para o 190. "É isso mesmo! Vão para casa antes que eu mande prender todos vocês, seus bostas." Conforme eu voltava para casa, precisei desviar de adolescentes bêbados e chapados, temendo a ira de Annabelle e a prisão iminente, que saíram correndo pelo gramado do vizinho e entraram em seus carros comprados pelo papai. Annabelle continuava gritando: "Isso mesmo, saiam daqui, seus merdas!" Após o incidente da "Moça do vá se foder" eu basicamente consegui o aval para falar palavrões o quanto quisesse.

E ainda tem mais: aperte na jukebox o número MC-08 e escute "A missão comestível de 2008". Por mais idiota que eu seja praticando esportes com Ezra, quando o assunto é o dever de casa, Annabelle fez Ezra chorar mais vezes do que Simon Cowell fez os rejeitados do "American Idol" chorarem. As lágrimas rolavam quando Annabelle — a czarina do dever de casa e a Stalin de tudo relacionado ao que é ecologicamente correto — determinou que o dever de Estudos Sociais de Ezra — construir uma maquete da Missão de San Juan Capistrano — seria uma oportunidade perfeita para fazer experimentos de arquitetura sustentável. Assim sendo, ela insistiu que eles fizessem a maquete usando somente materiais biodegradáveis. Ezra batia os pés de tanta frustração quando percebeu o quanto era difícil grudar bolachas cream craker com a cola ecologicamente correta da Elmer. A versão ecológica de San Juan Capistrano ficou parecendo mais uma cabana de adobe tosca e deprimente construída por um *Homo sapiens* que ainda não se acostumou a fazer uso de seus polegares oponíveis além de um modelo da "joia" das missões na Califórnia. Em vez de construir uma réplica histórica de um lugar religioso, a criação grudenta de Annabelle proporcionou um excelente ambiente para diversos insetos domésticos.

E os sucessos continuam surgindo. E espero que nunca parem de surgir. Pois, no fim das contas, quando me desconecto do Facebook após me despedir de minhas amiguinhas, só existe uma delas com quem quero estar. A única mulher com quem quero dividir uma taça de vinho e conversar sobre nossos respectivos dias. Uma mulher que quero abraçar e beijar. A única mulher com quem quero me despir e dormir é a minha máquina de histórias macroísta, sexy, divertida e inteligente: Annabelle. Finalmente, quando entro no quarto, ela já está profundamente adormecida, pois acabou de voltar de Nova York e, embora sejam dez da noite aqui, em Los Angeles são 1 hora da manhã no fuso horário dela, e ela está completamente exausta e vai ficar muito brava se eu tentar acordá-la para dar uns amassos. Então fico observando-a dormir um pouquinho. É bonito quando ela está dormindo — ela parece estar tão em paz e tudo é tão quieto quando ela não está falando. Meu Deus, eu a amo. E agradeço a Ele por ela ser minha mulher.

Agradecimentos

Muito obrigado às muitas pessoas que nos ajudaram a escrever este livro e que, de alguma forma, conseguiram continuar casadas. À nossa destemida advogada, Laura Dail e à Agência Literária Laura Dail; Andy Cohen; à talentosa e paciente editora Suzanne O'Neill; sua maravilhosa assistente Emily Timberlake; e, é claro, à fabulosa Tina Constable. Agradecemos também à talentosa equipe da Crown: Jenny Frost, Jill Flaxman, Annsley Rosner, Patty Berg, Laura Duffy, Elizabeth Rendfleish, Patty Shaw, Amy Boorstein e Jill Browning.

Aos amigos, à família e aos adeptos: nossos amados pais Shirley e Harry Gurwitch, Ilene e Bob Kahn e seus respectivos companheiros Pati Demont e John Tartaglia. À devota irmã de Jeff, Marcy Kahn. Annie Hamburger e Big Heart Produções; Kimberly Rubin; Elyse Roth; David Borgenicht; Chris Burney e o Teatro Second Stage; à revista *The Nation*; Paul Glickman, diretor de jornalismo da KPCC. Nosso sincero obrigado a Steve Hibbert, Sue Wolfe e Eric Simonson diretor de nosso programa em Los Angeles. A Annie Howell e à emissora Planet Green. A todas as famílias fanáticas por esporte do time de beisebol Toluca Titans, bem como aos pais e ilustres professores da Escola Episcopal St. James por terem grande senso de humor.

A nossos primeiros leitores: Robin Shlien, Neena Beber, Gia Palladino Wise, Tonya Pinkins, Yvonne e Peter Johansen, Chris Romeo, Erika Schickel, Sybil Sage, Holter Graham, Debra Goldstein, Alicia Diaz

AGRADECIMENTOS

Granados, Tamara Krinsky, e a sempre perspicaz e inabalável irmã de Annabelle, Lisa Gurwitch e ao melhor amigo de Jeff, Peter Berson.

Nossas performances ao vivo: Lauren Correo; Gary Mann e Paul Stein e o ambiente de trabalho da Comedy Central; Romie Angleich de "Produced, Published or On Their Way"; Lita Weisman da Borders; Jaclyn Lafer e Maggie Rowe da Sit'n' Spin; Wendy Hammers e Tasty Words; Matt Price da 4 Stories and a Cover; Jane Edith Wilson e Gary Lucy da Lit Up; Daniel Gallant e o Nuyorican Poetry Café.

Temos de citar Raphael Friedan, que ajudou a organizar o manuscrito e muitas vezes nos deu ideias: "Talvez você tenha levado minha avó, Betty, muito a sério, Annabelle."

Devemos um agradecimento especial à emissora Pull-thru, Bonnie McElroy, Kathy Tague, Susan Elsberry, Dra. Elaine Kamil, Dr. Alan Klein e Dr. Danielpour, Dr. Harry Cynamon, Beth Harrison da clínica Bowel Management do Hospital Infantil de Los Angeles, e ao Dr. Alberto Peña, que inovou nas cirurgias.

Também nosso muito obrigado às babás de Ezra: Kathryn Aagesen, Jolie Franciscus e Brady Wright.

Jeff gostaria de agradecer ao restaurante Palms Thai, em Hollywood, por deixá-lo editar o fim do livro lá após o almoço, e Annabelle gostaria de agradecer ao Starbucks, cujos cafés com leite de soja substituíram o sangue em suas veias.

E, para concluir, seremos eternamente agradecidos a nosso incrível, inspirador e inimaginavelmente talentoso filho, Ezra Kahn, por dividir sua história conosco.

Tragicamente, nosso querido médico e amigo Columbus McAlpin faleceu no dia 3 de setembro de 2004. Deixou esposa e filhos, e a perda para a sociedade foi imensa. Todas as crianças cujas vidas ele salvou e cujos casos acompanhou sem descanso eram conhecidas como os filhos de Columbus. Ezra sempre fará parte desse legado. Temos sorte por BigMac estar de plantão em 24 de fevereiro de 1998.

sobre os autores

Annabelle Gurwitch é atriz e escritora. Começou a trabalhar com comédia quando foi coapresentadora da *Dinner and a Movie* da TBS. Anabelle transformou a experiência ruim que teve com Woody Allen no livro *Fired!*, a peça fora da Brodway, virara livro e documentário. Seu filme foi premiado na tevê na categoria de comédia especial e foi exibido em vários lugares, desde o Southwest Film Festival até o Departamento do Trabalho em Capitol Hill. É comentarista regular em *Day to Day* e *All Things Considered* na NPR e colunista de humor para a revista *The Nation*.

Ela apresentou programas na ABC, VH1, Style e HBO. Seus créditos como atriz incluem programas como *Médium, Boston Legal* e *Seinfeld*, e filmes como *Soltando os cachorros, Melvin Goes To Dinner* e *Creche do papai*. Seu trabalho fora da Brodway rendeu um lugar na lista das *Dez melhores apresentações de teatro no ano de 2002 do New York Times*. Seus textos já apareceram no *Los Angeles Times, Child* e *Glamour*, www.freshyarn.com, e em duas antologias: *Note to Self* e *Rejected!* Atualmente apresenta o programa *Wa$ted!* no canal Planet Green. Este é seu segundo livro e segundo casamento.

Jeff Kahn é escritor/artista que iniciou sua carreira no programa *Remote Control* da MTV e no *The Ben Stiller Show*. Alguns anos depois, ele recebeu um Emmy Award pelo roteiro de *The Ben Stiller Show*. Foi um acontecimento tão inesperado e chocante que ele literalmente chorou. Jeff fez o roteiro de vários programas, incluindo *Later With Greg Kinnear*, *Austin Stories* e *Dilbert*. Também escreveu e protagonizou inúmeros pilotos para a tevê, em particular *American Girls* estrelando Margaret Cho. Ele pode ser visto na HBO em reprises de *Curb Your Enthusiasm*, *Entourage* e *Larry Sanders Show* e nos filmes *Trovão tropical*, *Virgem de 40 anos* e *O pentelho*. On-line, Jeff participa do show *The Writter's Room*. Seus textos podem ser lido em www.FreshYarn.com e no incrivelmente cômico livro de sua esposa *Fired!* Este é o primeiro livro de Jeff e seu primeiro casamento.

Este livro foi composto na tipologia Adobe Garamond Pro,
em corpo 12/17,1, impresso em papel offwhite 80g/m²,
no Sistema Cameron da Divisão Gráfica
da Distribuidora Record.